VICTOR LEGRAND

Président du Tribunal de Commerce de la Seine
(1899-1901)

Juges

et Consuls

1563-1905

à Monsieur L. Deilles,
témoignage amical
mai 1906
Victor Lagrange

AVANT-PROPOS

PRÈS *avoir recueilli les noms des Juges et Consuls qui ont exercé leur magistrature à Paris de 1563 à 1905, c'est-à-dire depuis l'édit de Charles IX instituant, sur l'initiative du chancelier Michel de L'Hospital, la juridiction consulaire en notre Ville, nous avons pensé qu'une notice historique devait nécessairement précéder la nomenclature un peu aride des représentants pendant près de trois siècles et demi de la Justice des Marchands.*

Cette notice a été faite grâce à l'Académie de Législation de Toulouse, qui, en 1865, mit au concours l'histoire critique de la Législation Consulaire. Le mémoire déposé par M. Génevois, avocat à Nantes, fut primé. C'est ce mémoire dont nous ferons la publication partielle dans un livre destiné simplement à être offert à des collègues et à des amis.

Une intéressante brochure parue en 1897 sous le titre « Les Juridictions Consulaires au Moyen Age », due à M. F. Morel, avocat à la Cour de Paris, nous a donné, en quelques pages, le commentaire du règlement des litiges commerciaux à Rome.

Nous devons citer encore les auteurs dont les travaux nous ont fourni les sources les plus sûres :

CHERUEL (A.), *Institutions de la France* (1870).

GLASSON, *Nouvelle Revue historique de Droit français et étranger* (1897). Étude sur les juges-consuls des marchands.

GRAGNON-LACOSTE, *Précis historique de la juridiction consulaire* (1860).

LEVASSEUR (Émile), *Histoire des classes ouvrières avant 1789* (Paris 1900).

LYON-CAEN, *Annales de l'École des Sciences Politiques* (1886). — Étude sur la juridiction consulaire en France et dans les principaux États.

MALINGRE (Claude), historiographe du roi, *Les Antiquités de la ville de Paris* (1640).

NOUGUIER, *Les Tribunaux de Commerce* (1840).

OILLARD, *Compétence des Tribunaux de Commerce* (1844).

RIVIÈRE, *Revue pratique de Droit français*, tome XX. — Étude sur les tribunaux de commerce.

SAVARY (Jacques), *Le Parfait Négociant.* — *Parères ou avis et conseils sur les matières du commerce* (1673).

SAVARY (Philémon) et SAVARY DES BRUSLENS, fils de Jacques, *Dictionnaire du Commerce* (1725).

TOUBEAU (Jean), prévôt des marchands, consul et juge à Bourges au XVIIᵉ siècle, *Institutes du Droit consulaire ou Éléments de la Jurisprudence des Marchands.* (Paris, 1700.)

VINCENS (Émile), *Exposition raisonnée de la Législation commerciale* (1821).

Il nous a paru que l'historique de la juridiction devait s'arrêter à 1807, date de la promulgation du Code de Commerce qui nous régit. Le nouveau Code n'a fait que confirmer et étendre les pouvoirs des anciens Juges et Consuls. Mais le rôle social du Tribunal de Commerce de la Seine au XIXᵉ siècle, ses fonctions de gardien de l'honneur commercial, de protecteur de l'épargne publique, lors des désastres financiers qui ont accompagné des chutes retentissantes, mériteront d'être l'objet d'une étude spéciale dès que le temps aura pansé les blessures et fait oublier la tourmente.

Nous avons reproduit, à titre de souvenirs historiques, les jetons des Juges-Consuls de Paris, dont les Tribunaux de Niort, La Rochelle, Sens, entre autres, adoptèrent le revers représentant la Justice ailée, les yeux bandés, tenant le glaive à droite, la balance à gauche, avec la devise : « Insuper alas addidimus », *ainsi que les jetons très particuliers des Prieurs et Juges-Consuls de Rouen. Ceux de Paris ne se trouvent pas dans le* Recueil des Jetons de la Ville et de l'Échevinage parisien, *dressé par feu d'Affry de la Monnoye, ni dans le* Livre des Métiers, Corporations et Institutions de Paris, *de Nicolas Boileau, publié par MM. de Lespinasse et Bonnardot.*

On sait que ces jetons ainsi que quelques livres de bougies de cire, grand luxe du temps, étaient remis aux Juges et Consuls à leur entrée en fonctions, à leur sortie de charge et à l'occasion de certaines solennités.

Ces traditions régnaient dans la plupart des Consulats, à Toulouse et à Dieppe, où, comme à Rouen, les Juges mercantiles s'appelaient Prieurs et Consuls; à Bourges, où le Président était nommé le Prévôt-Juge; dans d'autres sièges encore où, particularité curieuse, parut pendant quelque temps un Consul surnuméraire, faisant fonctions de Procureur du roi et sans voix délibérative.

Les jetons des six corps des Marchands, quelques médailles commémorant leur intervention auprès du pouvoir royal avaient droit aussi à une reproduction. Représentés par six délégués — sex viri — dans toutes les cérémonies publiques, les six corps jouissaient de certaines prérogatives auprès du roi, ils procédaient au recrutement de leurs magistrats, ils choisissaient les prévôts des marchands et les échevins. Les autorités placées à leur tête ont été les ancêtres des consuls; ils ont rendu la primitive justice dans leurs communautés professionnelles sous les noms de syndics, jurés, prud'hommes, gardes des métiers, visiteurs. Leur ordre hiérarchique était ainsi fixé : les Drapiers, les Épiciers, les Merciers, les Bonnetiers, les Pelletiers et les Orfèvres.

L'union des six corps, bien qu'elle fût troublée parfois par des questions de préséance, faisait leur force et assurait leur hégémonie. Ils avaient charge des élections consulaires et ils justifiaient la confiance dont ils étaient investis.

JUGES ET CONSULS

PREMIÈRE PARTIE

CHAPITRE PREMIER

I

La Juridiction commerciale à Athènes et à Rome.

'Asie, berceau de la civilisation, fut aussi le berceau du commerce, et les Indiens furent les premiers commerçants. On trouve dans les lois de Manou, mille ans avant l'ère chrétienne, les règles du prêt à la grosse. L'Inde fut un immense marché où se rendaient les premiers peuples commerçants et, notamment, les Babyloniens ; ce commerce considérable, qui enrichit plus tard Tyr, Alexandrie, les villes phéniciennes, était-il livré à lui-même sans règles établies, sans lois certaines ? L'hypothèse est bien peu probable. Supposer qu'un commerce aussi florissant n'ait été régi par aucune loi, qu'une navigation aussi étendue ait pu se passer de règlements, c'est une hypothèse que la force des choses ne permet pas d'admettre. Mais ces peuples en périssant, Tyr sous les coups d'Alexandre, Carthage sous ceux des Romains, entraînèrent dans leur ruine les monuments de leur législation (1).

Dès les temps les plus reculés, le besoin se fit sentir d'une juridiction spéciale-pour le commerce, et si l'ensemble des institutions léguées par l'antiquité au moyen âge et se rapportant à la justice des marchands est assez modeste, si même nous n'en connaissons que très imparfaitement le fonctionnement et les grandes lignes, l'existence de juges mercantiles est manifeste dans un passé très lointain, les historiens nous en ont fait connaître mieux que la trace embryonnaire.

La pensée d'une prompte justice, comme la nécessité de soumettre les négociants aux décisions de leurs pairs, se retrouve chez les Grecs. Rhodes, Corinthe, Athènes et un grand nombre d'autres villes considérables furent célèbres par leur commerce. Aussi y comprit–on de bonne heure l'utilité de créer des préfets des marchands dont les sentences, au dire d'Aristote, étaient aussi charitables qu'équitables. « Le droit consulaire, d'après un ancien écrivain, a toujours été singulièrement distingué des autres, et c'est pour ce sujet que les gens appelaient les sentences de leurs prévôts des marchands 'EPANIKA. Ἐμπορικά, dit encore Aristote, parce qu'elles se rendaient sommairement, promptement et au soulagement des litigants. »

Il y eut à Athènes des juges de commerce; on n'en saurait douter quand on lit ce passage de Xénophon au livre des *Revenus de l'Attique* : « Proposez des gratifications aux juges du tribunal de commerce qui termineraient les procès avec le plus d'équité et de célérité, de manière que celui qui voudrait partir ne fût pas arrêté. »

« Cette célérité, dit Montesquieu dans l'*Esprit des Lois*, était une nécessité chez ce peuple dominateur devant qui tous les peuples de la Grèce venaient porter leurs différends. »

Démosthène apprend, de son côté, dans ses discours contre Apaturius et contre Phormion, qu'il existait à Athènes des magistrats particuliers pour vider les litiges commerciaux. Ces juges étaient au nombre de six en exercice; on les appelait thesmothètes. Ils se transportaient sur les navires, entendaient les différends des marchands, et afin qu'ils ne fussent point dérangés du soin de leurs intérêts, ils décidaient immédiatement.

Il existait aussi un magistrat *élu* appelé nautodice, qui instruisait

---

(1) ALAUZET, *Code de Commerce*, Introduction.

les procès et différends des maîtres de navires et des marchands et les poursuivait au palais, ainsi qu'en témoigne l'orateur Lydias en l'*Oraison des injures publiques*.

Les peuples grecs, et notamment les Athéniens, eurent encore recours à la voie de l'arbitrage pour terminer les procès des marchands. Ils envoyaient même, à cet effet, des arbitres jusque dans les pays étrangers.

Dans le même discours contre Apaturius, Démosthène apprend encore que, pour protéger le commerce d'Athènes, les lois permettaient de retenir en prison les débiteurs qui ne payaient pas aux négociants les sommes auxquelles ils avaient été condamnés par les sentences.

Les formes de la procédure nous échappent malheureusement; il apparaît que les thesmothètes étaient des sortes d'enquêteurs investis de pouvoirs très étendus; on peut les comparer, toutes proportions gardées entre les époques, soit aux lieutenants qui, en France, substituaient les baillis et prévôts dans l'exercice de leur magistrature, soit à nos procureurs actuels.

S'il y avait lieu, le tribunal des nautodices était saisi. Ce tribunal, composé de juges spéciaux choisis parmi les commerçants et pourvus d'un mandat d'un an, siégeait au Pirée.

Les épagogues (ἐπαγωγαί), qu'on peut assimiler à des arbitres, statuaient dans l'intervalle des sessions après enquête et instruction sur place.

Si le commerce et la guerre furent deux passions dominantes du peuple hellène, les Romains n'eurent guère que la dernière. Leurs lois, qui méritent l'admiration quand il s'agit de choses civiles, laissent voir le peu de cas qu'ils faisaient du commerce. Aussi aucun tribunal spécial ne paraît-il avoir existé chez les Romains.

On a prétendu, il est vrai, que l'empereur Claude avait accordé aux commerçants de Cadix le privilège d'être affranchis de la juridiction des tribunaux que César avait installés en Espagne.

Ce fait, fût-il démontré, ne saurait être considéré que comme une mesure locale.

Il serait tout aussi exagéré de regarder comme des magistrats mercantiles les édiles qui avaient la surveillance du marché aux esclaves et au bétail. Leur mission consistait à trancher les difficultés qui pouvaient naître à l'occasion d'une vente, d'un louage ou d'un contrat analogue passé sur le *forum boarium*. Il en est de même pour le préfet de l'annone qui statuait sur les contestations entre armateurs et capitaines et sur les actions des vendeurs de grains en paiement de leur prix. Ce magistrat n'intervenait, de même que l'édile, qu'entre certains marchands et pour certains litiges, et comme il avait pour principale tâche de punir les coalitions des joueurs à la hausse et les manœuvres des accapareurs, il apparaît surtout comme un juge répressif.

En réalité, les Romains avaient simplement mis les litiges commerciaux au rang des causes extraordinaires qui devaient être traitées rapidement : *extra ordines, levato velo, de plano, sine strepitu judicii.*

On institua à Rome, après l'expulsion des rois (509 ans avant J.-C.), des magistrats qui prirent le titre de consuls et dont la fonction ne fut abolie qu'en 541 après J.-C., sous Justinien.

Les consuls ne restaient qu'un an en charge ; ils évoquaient devant leur tribunal les affaires extraordinaires et rendaient la justice sommairement et sans frais. Cicéron nous apprend que sous son consulat, lorsqu'il se présentait devant lui des affaires pour fait de marchandise ou d'industrie, il consultait les hommes de l'art et de l'expérience.

Les préteurs remplaçaient les consuls quand ceux-ci allaient commmander les armées.

Prætor jurisdicandi causa factus est S. F. Marci filius Camillus, anno Urbis 386.

On trouve dans le *Corpus juris civilis* un passage indiquant que les contestations qui s'élevaient à Rome entre artisans de la même profession étaient jugées par leurs propres prud'hommes. Il n'était permis à aucun de s'affranchir de cette juridiction, et les décisions qu'on y rendait étaient absolues. (Lib. III, tit. xiii.) *Per iniquum esse perspicimus eos, qui professiones aliquas seu negotiationes exercere noscuntur, judicum, ad quos earum professionum seu negotiationum cura pertinet, juridictionem et perceptionem declinare conari.*

En ce qui concerne le droit maritime, malgré les flottes considérables qu'ils entretinrent à certaines époques, les Romains ne connurent guère que les lois rhodiennes, les *leges Rhodiæ*, qui remonteraient au temps de Josaphat, roi de Judée, c'est-à-dire soixante ans après le règne de Salomon. La législation romaine en a pris l'essentiel en y ajoutant quelques décisions : *nautæ caupones, de exercitoria actione, de lege Rhodia, de nautico fœnore, pro derelicto, de naufragiis, de navibus, de nautis, etc.*

Comment donc expliquer cette absence à Rome d'un code

commercial et d'un tribunal chargé de l'appliquer? M. Pardessus (1) en donne la raison. Pendant plusieurs siècles, tant que les Romains demeurèrent dans les limites de leur territoire, se bornant à trafiquer entre eux, le droit civil fut suffisant pour régler les négociations des commerçants et pour donner les moyens de trancher les contestations qui les divisaient. Les principes généraux sur les choses qu'il était permis ou interdit de vendre et sur les diverses clauses dont la vente était susceptible, les droits sur la répression des infidélités dont les vendeurs se rendaient coupables, pouvaient s'appliquer aux achats et ventes faits avec intention de spéculer, les seuls qui soient proprement des actes de commerce, comme à ceux qui n'avaient que la consommation individuelle pour objet. Il en était de même des règles sur la validité, les effets ou la rescision des contrats, sur les qualités et les risques de la chose vendue, mise en gage, déposée, transportée d'un lieu dans un autre, et c'était aussi par le droit commun sur la capacité de contracter que dut être réglée celle des mineurs, des fils de famille, des femmes qui se livraient au commerce.

Le droit civil avait également prévu, avec une admirable sagacité, tous les cas que la position d'un débiteur insolvable pouvait faire naître relativement à l'annulation des actes faits en fraude des créanciers, à leurs droits sur les biens abandonnés par le débiteur ou dont le juge leur avait attribué la possession, à l'ordre de préférence ou de collocation des diverses classes de créanciers, au pacte rémissoire, etc. Toutes ces règles ne durent éprouver aucune modification parce que le débiteur était commerçant ou que les engagements qui avaient causé son insolvabilité appartenaient au commerce.

D'ailleurs dès l'origine, dans certaines parties, le code civil était plus commercial que partout ailleurs, comme on peut juger par la situation du débiteur insolvable, qui ressemblait beaucoup plus à notre faillite qu'à notre déconfiture.

L'insolvabilité, même pour le non-commerçant, entraînait l'infamie, le dessaisissement des biens et la nomination d'un syndic. Ajoutons que jusqu'à la décadence de l'Empire, le choix du *judex*, de *l'arbiter* était soumis à la volonté des parties (2); que, pour les questions de négoce, les plaideurs pouvaient choisir comme arbitre un citoyen

---

(1) *Lois maritimes antérieures au VIIIe siècle.*
(2) KELLER, *De la procédure civile et des actions chez les Romains.*

exerçant leur profession, de telle sorte que, bien que ne comparaissant point devant une juridiction commerciale, ils étaient en réalité jugés par l'*arbiter* qui avait le pouvoir souverain d'apprécier les points de fait.

Si l'on tient compte enfin de ce que la magistrature prétorienne avait un esprit particulièrement large, de ce qu'elle était toujours à l'affût des nouveautés, des améliorations et qu'elle avait dans son édit annuel le meilleur moyen de presque immédiatement mettre en vigueur ce qui lui paraissait profitable au trafic, on ne sera pas autrement étonné que les Romains, bien que venant après les Grecs, n'aient point institué la juridiction mercantile que nous avons trouvée chez ces derniers. Rome ne posséda point de tribunaux de commerce parce que l'excellence de son Code civil, la pratique de l'arbitrage sous des formes déguisées, les usages de ses magistrats ordinaires, législateurs autant que juges, les rendaient superflus (1).

II

La Juridiction commerciale au moyen âge.

En Gaule, l'administration romaine eut surtout le mérite d'une organisation judiciaire remarquable par l'unité et l'équité. Une seule loi régissait tout l'Empire. Elle était appliquée par des magistrats spéciaux qui procédaient par des enquêtes testimoniales. Les invasions des barbares ne portèrent nulle part autant de trouble et de confusion qu'en Gaule. Au lieu d'une loi, la Gaule en eut cinq : les lois salique, ripuaire, gombette pour les Burgondes, le *Forum judicum* pour les Wisigoths, enfin le code Théodosien pour les Gallo-Romains. Les lois barbares, rédigées sans méthode, sans idée philosophique, s'occupaient principalement de pénalité. Le tribunal se composait de *rachimbourgs* ou hommes de droit ; c'étaient des hommes libres, des *arhimans* réunis en jury sous la présidence du *graf* ou *comte*. Incapables d'apprécier les preuves écrites ou orales, ces juges y substituèrent le duel judiciaire et des épreuves par le feu, l'eau, le fer rouge, etc. Ce fut ce qu'on appela le *jugement de Dieu* et l'*ordalie*. Charlemagne s'efforça vainement de mettre un terme aux abus de ces tribunaux barbares. Les Capitulaires ne font

---

(1) F. MOREL, *Les Juridictions consulaires au moyen âge.*

qu'attester le mal qu'il voulait corriger. On ne reconnut plus de lois générales ; chaque seigneur, assisté de ses pairs, suivit la coutume, c'est-à-dire une tradition orale que modifiaient sans cesse les intérêts et les passions des juges.

Aussi l'obscurité règne-t-elle sur les faits du commerce et leur juridiction pendant cette période de temps qui sépare l'antiquité des temps modernes, période dont les limites ne peuvent être fixées d'une façon rigoureuse mais qu'on peut placer entre la chute de l'Empire d'Occident en 476 et la prise de Constantinople par les Turcs en 1453. Cette époque fut le moyen âge ; temps de barbarie, mais aussi temps d'élaboration pendant lequel les débris des états de l'antiquité se rapprochent et se coordonnent pour former les états modernes.

C'est le régime de la féodalité.

Si les invasions et les croisades percèrent les grandes routes par où passa avec la fusion des races et des langues le négoce des peuples, il est certain que la féodalité, suite directe de l'invasion, affecta profondément les relations commerciales. Les guerres qui ensanglantèrent le moyen âge, le joug qui pesait sur les classes laborieuses, étaient des entraves insurmontables au développement du commerce qui ne vit que de sécurité et de liberté.

Les besoins toujours croissants des populations suffirent pour entretenir un trafic nécessaire à l'existence même. Il faut chercher là, dans les temps qui suivirent l'établissement des barbares dans la Gaule et sous les premiers rois de France, au moins jusqu'à l'époque des croisades, le berceau de notre commerce.

Pendant des siècles il dut se borner à la vente des produits du sol et à l'exercice des métiers industriels. Les communications n'étaient ni sûres ni faciles; et les chefs barbares, devenus barons féodaux, songeaient plutôt à piller les marchands qui passaient sur leur terre qu'à favoriser leur trafic en les protégeant.

Pourtant, dans ces temps malheureux, tout le territoire n'était pas soumis aux seigneurs, tous les hommes n'étaient pas des serfs. Des cités florissantes et populeuses s'étaient reconstituées, surtout dans le Midi de la France, sur les débris des municipalités romaines. Ceux qui fuyaient la servitude vinrent augmenter la population des villes. De quoi vivaient donc ces *vilains*, plus tard ces bourgeois qui n'avaient ni terres, ni serfs, si ce n'est de l'industrie et du commerce? Et quel essor leurs professions durent-elles prendre quand l'affranchissement des communes vint leur donner la vie en leur donnant la liberté.

Indépendamment de ces grandes cités où les barbares s'étaient pourtant assimilés aux Gaulois vaincus,. où les arts étaient cultivés, où la civilisation n'avait point péri, il devait exister sur les côtes de France, et principalement dans les provinces baignées par la Méditerranée, un trafic maritime relativement plus étendu que le commerce intérieur. Quoique alors la navigation ne consistât qu'en un cabotage restreint, des relations se suivaient, non seulement entre les ports d'une même nation, mais encore entre les nations elles-mêmes. Les produits du sol s'échangèrent continuellement par la voie de la mer. Quand le trafic du monde entier se faisait entre l'Asie et l'Arabie, le grand commerce de l'Europe s'était réfugié à Constantinople, devenu un entrepôt général. Les denrées des Indes y arrivaient par la Perse, alors florissante; et, de là, le petit cabotage, suivant les côtes de la Grèce et de l'Italie, après mille transbordements, venait apporter en France les marchandises étrangères et charger pour les ports. précédemment quittés. Il est d'ailleurs aisé de juger, par la perfection de la législation maritime à cette époque, que le commerce avait une réelle existence. Les *jugements. d'Oléron*, attribués à Éléonore d'Aquitaine et qui furent promulgués vers l'an 1250, ne sont que la réunion en forme de lois, des usages, des coutumes suivis par le commerce maritime dans les ports de l'Océan; et ces usages eux-mêmes n'étaient que le souvenir et l'application des lois antérieures remontant à des époques lointaines. Les temps barbares n'avaient porté aucune atteinte à la législation maritime.

On peut citer encore comme éléments de cette législation :

Le *Consulat de la Mer*, recueil de maximes en usage sur les bords de la Méditerranée. Il contient des consultations ou *parères* sur les faits du commerce maritime;

Les *règlements du Wisby*, contenant les usages de la mer Baltique;

Les *tables d'Amalfi*;

Le *guidon de la Mer*.

Il semble bien qu'à l'origine les institutions judiciaires spéciales au commerce avaient surtout pour objet le règlement des contestations nées du commerce maritime. Que sont donc ces *custodes maritimi* dont il est question dans les Capitulaires de Charlemagne? Ils sont chargés de la garde des côtes; des attributions de police leur sont dévolues; est-ce aller trop loin que de dire qu'ils devaient en même temps connaître des contestations privées pouvant s'élever à raison du commerce maritime? Il est dit aux Capitulaires : « *Volumus ut comites qui ad custodiam maritimam deputati sunt, quicunque ex eis in suo ministerio residet de justitia facienda non se excuset propter illam custodiam, sed si ibi secum suos scabinos habuerit, ibi placitum teneat et justitiam faciat.* »

Sans doute, pendant longtemps les juridictions locales tinrent en échec ces sortes d'agents dont le caractère n'était pas exclusivement judiciaire ; les rois ne possédaient pas les provinces du littoral ; leur domaine était « accourcy », selon la pittoresque expression de Jean du Tillet, par les grands vassaux, usant en leur fief de souveraineté, hors l'hommage ; mais vint un temps où « l'obéissance est retournée à la couronne jusqu'au deux mers », selon le même du Tillet. C'est l'époque où les *custodes maritimi* virent leurs attributions judiciaires prendre des proportions considérables. Les primitives institutions judiciaires maritimes furent portées par les Français dans les pays conquis lors des croisades. Le fait est attesté par le récit d'une contestation relevant du royaume de Jérusalem, publiée par La Thaumassière comme constituant le chapitre ccxvi de l'assise des Barons : « Difficile est à croire, y lit-on, qu'il y ait usage en ce royaume de Jérusalem qui soit contraire à l'usage de France, alors que céans qui le y establirent au conquest de la Terre-Sainte furent français. » La juridiction maritime portait à Jérusalem le nom de la Cour de la chaîne, et ce nom lui venait de ce que l'entrée des ports était fermée par une chaîne ; ses attributions étaient exclusivement commerciales. La même institution exista en Chine. Marco Polo, qui y séjourna dix-sept ans, nous rapporte le fait ; il paraît même possible d'affirmer que son existence remonte au xᵉ siècle. En Europe et tout près de nous, en Italie, la juridiction maritime était instituée. Il en existait une à Trani en 1063 ; Roger, roi de Messine, en établit une à Messine en 1129 ; Pise posséda la sienne dès 1161 ; Valence en jouit de même, et nous trouvons une constitution de Jacob, roi d'Aragon, en date de 1268, qui permet aux marchands de Barcelone d'élire des consuls de mer : « *Concedimus et donamus integram licentiam et potestatem vobis : ponere et eligere consulem vel consules, quem et quos volueritis.* »

Notons enfin que sur les côtes de Normandie, naturellement soustraites aux règles de la Méditerranée et des rôles d'Oléron, les contestations relatives aux affaires maritimes étaient jugées dès le xiiiᵉ siècle par un tribunal maritime du nom de Connétablie.

Les croisades apportèrent un élément vivifiant à la civilisation et au commerce, en donnant à l'Europe la connaissance et le goût des produits lointains.

Et si d'abord la France ne s'éleva pas au niveau des autres nations, son commerce dut cependant ressentir un contre-coup énergique du développement général qui s'opéra dans l'existence de ses voisins. La civilisation des puissantes républiques de l'Italie, des opulentes cités des Flandres et du merveilleux royaume des Maures d'Espagne, ne devait-elle pas pénétrer dans cette France qu'elle étreignait de tous côtés? Les besoins généraux de la société prirent alors un accroissement énorme. Les classes riches aspirèrent vivement à un bien-être matériel et à un luxe jusqu'alors inconnus. Leurs vêtements furent faits avec de précieuses étoffes, les murs de leurs demeures furent couverts de tapisseries de la Flandre; ils demandèrent de belles armes à l'Espagne et à l'Italie. N'était-ce pas alors que l'art gothique accomplissait ses prodiges? Ne fallait-il pas un trafic pour procurer aux naïfs ouvriers de ces temps les matières premières sur lesquelles s'exerçait leur génie, soit en peignant les vitraux des grandes cathédrales, soit en créant ces inimitables joyaux qui font encore aujourd'hui notre admiration?

Constatons que les croisades en important des besoins nouveaux, et l'affranchissement des communes en délivrant, dans le même temps, de la tyrannie des seigneurs les seules personnes qui pouvaient exercer une profession mercantile, donnèrent lieu à une expansion énorme du négoce.

Bientôt les rois s'aperçurent que les échanges, qui enrichissaient ceux qui les faisaient, pourraient être une source de revenus. C'était aussi l'époque où ils intervenaient volontiers dans les affaires de leurs puissants vassaux et où ils favorisaient les aspirations populaires. La bourgeoisie, en s'enrichissant, pouvait devenir une force à opposer à la féodalité. Dès lors, on remarque deux tendances bien distinctes dans les idées de la royauté : d'une part, favoriser le commerce de toutes manières; de l'autre, le surcharger d'impôts. Ces deux idées, exclusives l'une de l'autre, semblent pourtant marcher de front dans l'esprit des rois du moyen âge. Il est certain que l'établissement des foires, leur nombre, leur fréquence, la faveur avec laquelle les marchands étrangers étaient reçus dans nos ports, les privilèges qu'on leur accordait n'avaient d'autre but que de favoriser le commerce. Les rois, du reste, l'avouent hautement dans les préambules de leurs ordonnances. On y lit à chaque ligne que le commerce, en enrichissant ceux qui l'exercent, enrichit aussi le pays; « que le fait de marchandise est d'une utilité extrême pour la chose publique »; mais, en même temps, et sans prendre le temps d'expliquer ce que l'on comprendra bien d'ailleurs, les coffres du roi ou du puissant seigneur ne sont pas oubliés. Impôts à l'entrée des marchandises dans le royaume, dans la province, dans la ville; péages sur les ponts, sur les routes, sur les rivières; taxes foraines, redevances de toute nature, confiscation arbitraire; rien n'était négligé pour faire payer cher aux commerçants la protection qu'on voulait bien leur accorder. Du reste, et surtout quand les rois sont à peine maîtres de quelques provinces, pas de plan général pour favoriser ou réglementer le trafic. Tout se fait suivant le besoin ou plutôt suivant l'idée du moment. Toutes les prescriptions sont purement locales, libérales un jour, restrictives le lendemain. Telle est la situation du commerce jusqu'au xvᵉ siècle.

CHAPITRE II

I

Les anciennes Juridictions : Le Prévôt de Paris ; Les Nautes ; La Hanse ; Le Prévôt des marchands ; Le Roi des merciers.

PARIS, la plus ancienne juridiction, remontant à 1032, sous Hugues Capet, était celle du prévôt de Paris. Représentant du roi, ce magistrat, dans l'origine, réunissait toutes les fonctions administratives de la ville. Il rendait la justice, commandait les troupes, percevait les impôts et présidait à toutes les parties de l'administration. Cette magistrature, investie d'un pouvoir excessif, fut longtemps vénale et donna lieu à de graves abus, que réforma saint Louis en 1254. Joinville nous a laissé le récit de cette réforme. Dès lors, le prévôt de Paris fut nommé par le roi. Le premier fut Étienne Boileau, que l'on qualifie à tort, très souvent, de prévôt des marchands. Il est le rédacteur du *Livre des Métiers*.

C'est là le monument le plus ancien (1260) et le plus complet des ordonnances de police ; il constitue un véritable code, fixant dans sa première partie l'organisation de cent un métiers ; dans la seconde, les droits de police ou de voirie auxquels les marchands pouvaient être assujettis, et, dans la troisième, les juridictions qui devaient connaître des contestations entre marchands.

La juridiction de la prévôté de Paris avait son siège au Châtelet et détenait ce privilège remarquable qu'elle pouvait appeler devant elle des procès de toutes les parties de la France, pour les actes qui avaient été scellés de son sceau. Ce privilège donna lieu à des contestations, et le prévôt l'emporta.

Des lettres patentes de Charles V, en date du 8 février 1367, déclaraient que le droit royal de son tribunal était si ancien qu'il était impossible de trouver trace du contraire, et que la connaissance du sceau de Paris et l'exécution des lettres qui en étaient revêtues appartenaient exclusivement au prévôt de cette ville. Plusieurs corporations, chapitres, abbayes et congrégations, auxquels les rois avaient voulu accorder le privilège d'une juridiction spéciale ne reconnaissaient pour juge que le prévôt. Ses arrêts étaient exécutoires dans la France entière pour tout ce qui regardait l'approvisionnement de Paris. Ce droit, qui remontait à une antiquité immémoriale, lui fut positivement confirmé par lettre patente de Charles VI du 1er mars 1388, par arrêt du Parlement de Paris du 5 juillet 1551, et enfin par arrêt du Conseil du 21 avril 1667. Le prévôt de Paris, qu'il ne faut pas confondre non seulement avec le prévôt des marchands, mais encore avec le prévôt de l'Ile ou prévôt des maréchaux, juge d'épée chargé de la police de l'Ile de France, ni avec le prévôt des monnaies, ni avec le prévôt de l'hôtel qui présidait le tribunal souverain de la grande prévôté de France, assisté de six maîtres de requêtes, et jugeait les causes des maisons royales et de la cour ; le prévôt de Paris, dit Charles du Moulin, avait le premier rang dans Paris après le souverain et les seigneurs du Parlement représentant le prince ; il était au-dessus de tous les baillis et sénéchaux. *Præpositus parisiensis est major post principem in villa parisiensi, et post dominos parlamenti principem repræsentantes ; omnesque baillivos et senescallos antecedit.*

Alors que Paris n'était point encore le siège d'un pouvoir central, le commerce était déjà réglementé. Des pêcheurs apparaissent d'abord à Lutèce, dans l'île de la Cité ; les Nautes parisiens leur succèdent. Ils sont déjà formés en corporation sous l'Empire romain, ils prennent le monopole de la navigation sur la Seine et instituent des magistrats préposés à leur commerce.

Une ancienne inscription relatée dans les *Mémoires* de Trévoux (1717) parle de ces magistrats : *Tib., Cæsare, Aug., Jovi optimo, maximo, aram Nautæ Parisiaci posuerunt* : sous le règne de Tibère, César, Auguste, les Nautes parisiens ont élevé cet autel à Jupiter très bon et très grand.

La corporation des marchands de l'eau prit le privilège exclusif de la navigation sur la haute Seine, en se substituant aux Nautes. On l'appela la Hanse, nom que les associations allemandes ont pris de tout temps et gardent encore. Louis VII confirmait les privilèges de la Hanse en 1170, reconnaissant qu'ils étaient fort anciens. *(Consuetudines eorum tales sunt ab antiquo.)*

Mais la Hanse a été certainement organisée avant que la royauté lui conférât des privilèges ; elle avait une importance considérable ; elle était administrée par quatre jurés, qui prirent bientôt, comme dans les communes, le titre d'échevins, et par un prévôt qui fut successivement désigné par les noms de maître de la marchandise, de prévôt des marchands de l'eau, de prévôt des marchands.

Du Haillan et Malingre estiment, en invoquant les *Scabini* ou échevins visés dans les Capitulaires de Charlemagne et considérés, dès alors, comme de véritables magistrats municipaux, que ces mêmes magistrats devaient exister à Paris bien avant la création par Philippe-Auguste, en 1190, de la juridiction du prévôt des marchands.

Quoi qu'il en soit, Émile Levasseur, dans son *Histoire des classes ouvrières avant 1789*, démontre que les dignitaires de la Hanse constituèrent sous Philippe II « le Bureau de ville » et furent assistés par des prud'hommes dont le nombre, à partir de 1296, fut porté à vingt-quatre et qui prirent le nom de « conseillers de ville ».

Ils tenaient leurs assemblées au « Parloir aux Bourgeois ». Ce local, avant 1381, se trouvait, suivant les uns (1), près la place Maubert, suivant d'autres, au port Saint-Landry, près Notre-Dame ; Bonamy (2) le place près du couvent des Frères Prêcheurs de la rue Saint-Jacques, non loin de l'emplacement où fut fondé, en 1563, le collège de Clermont, devenu le lycée Louis-le-Grand. Le second local paraît avoir été à l'extrémité de la Vallée de la Misère, aujourd'hui quai de la Mégisserie ; le troisième, rue Saint-Leufroy, sous saint Louis ; le quatrième, entre Saint-Leufroy et le Châtelet.

C'est au Parloir que se réglaient les affaires de la marchandise et se jugeaient les procès. Comme la corporation était nombreuse et étendait ses opérations sur un vaste territoire, l'autorité du prévôt rivalisa avec celle des juges royaux et bientôt même intervint, de par la volonté royale, dans la gestion des affaires municipales. En 1285, le Bureau de ville perçoit une taxe sur les habitants de

---

(1) DUPLESSIS, *Annales de Paris.*
(2) *Mémoire à l'Académie.*

Paris pour l'entretien du pavé. En 1293, un arrêt est rendu « de par le prévôt de Paris et le prévôt de la marchandise de l'eau » pour fixer le tarif des droits de visite des jurés maçons. En août 1309, la Hanse est chargée de l'entretien des berges, ponts et chemins de halage. En mai 1324, les marchands de l'eau obtiennent que les procès de la corporation seront directement portés devant le Parlement. On les voit intervenir dans le service des fontaines publiques, dans la construction des ponts, dans le pavage des rues, diriger même des travaux, autoriser, moyennant redevance, l'établissement de bains ou de lavoirs sur la rivière.

En 1350, le prévôt des marchands et les échevins décident de leur propre autorité que la « taille » d'un particulier sera diminuée. Les magistrats de la marchandise devenaient donc, peu à peu, grâce à la faveur royale, des administrateurs municipaux sous l'autorité du prévôt de Paris. Leur sceau représentait une barque antique avec un mât soutenu par trois cordages ; il portait en légende : « *Sigillum mercatorum aquæ Parisius.* » Vers le milieu du xive siècle, le sceau se modifie : il porte quelques fleurs de lis et le mât a une voile ; puis, au commencement du xve siècle, le navire est surmonté d'un chef d'azur semé de fleurs de lis. Le sceau des juges-consuls imite celui de la marchandise de l'eau ; il représentait un navire d'or, au pavillon de France, avec cette devise : « *Omnibus remedium nisi fractæ fidei.* »

Dès cette époque, la municipalité de Paris a les mêmes armoiries que la corporation. Le prévôt des marchands et les échevins représentent dorénavant les bourgeois de Paris et leurs corps de métiers. Ils défendent leurs privilèges, protègent leurs intérêts, répartissent l'impôt de capitation, fixent le prix des denrées arrivées par eau, ont la police de la navigation et gardent dans leurs attributions l'entretien et la conservation des édifices publics, ponts, fontaines, remparts. Le dernier prévôt des marchands fut M. de Flesselles, assassiné en 1789.

A côté de la prévôté de la marchandise existait la juridiction du roi des merciers. On attribuait à Charlemagne la création de cet office. Le roi des merciers avait l'inspection des poids et mesures ; il délivrait les brevets d'apprentissage et les lettres de maîtrise ; il surveillait la bonne ou mauvaise qualité des marchandises ; il percevait des droits considérables et se faisait représenter dans les provinces par des lieutenants. Cette charge, abolie par François Ier en 1544, fut rétablie l'année suivante. Elle disparut définitivement en 1597.

II

Premières Ordonnances et Lettres royales.

Les décisions royales concernant le commerce et les commerçants, « la marchandise et les marchands », seraient très longues à énumérer. Il est préférable d'indiquer les plus intéressantes qui se trouvent dans le *Recueil général des anciennes lois françaises de 420 à 1789*, publié par Isambert, Decrusy et Taillandier.

Nous ne citons qu'au point de vue archéologique le premier acte législatif qui parle des marchands. (Lettres données à Paris par Philippe Ier, en juillet 1061, en faveur des maîtres chandeliers et huiliers de Paris, qui leur permettent la vente en détail.) Passons sur le *Livre des Métiers*, dont nous avons parlé. Il date, nous l'avons vu, de 1260.

Mentionnons, en suivant l'ordre chronologique, une ordonnance donnée à Paris, le 7 mars 1294, par Philippe le Bel, portant concession aux marchands ultramontains, moyennant un droit sur leurs marchandises, de faire le commerce aux foires de Champagne et de Brie, avec stipulation que les difficultés seront vidées par les officiers desdites foires ; des lettres données à Compiègne en 1295, par lesquelles le roi et la reine accordent aux Lombards la faculté de faire le commerce des marchandises dans les lieux qui leur seront assignés, moyennant une redevance suivant l'usage des foires de Champagne ; des lettres datées d'Arras, le 25 juillet 1304, en faveur des marchands de Brabant, qui leur permettent d'entrer en France et d'importer et d'exporter des marchandises à certaines conditions. Toutefois, sous le nom de capitaines de foires, il existait des magistrats étrangers, que l'on pourrait comparer aux consuls actuels, qui résidaient en France, avec mission de protéger leurs concitoyens dans les foires. On trouve, en 1297, un Médicis de Milan, qui prenait le titre de capitaine de la communauté des marchands italiens. *(Capitaneus et rector universitalis mercatorum Italiæ.)*

Sous Philippe le Bel, on constate l'existence des courtiers. Le commerce avait donc pris une extension assez grande pour nécessiter, dès cette époque, l'aide d'intermédiaires.

En juillet 1315, sous Louis X, nous trouvons des lettres homologuant l'accord fait entre les officiers du roi et les marchands sur la Seine, relatif au droit de navigation ou péage sur chaque marchandise. Philippe VI permit à tous marchands, de quelque pays qu'ils fussent, d'apporter et de vendre à Paris toutes sortes d'étoffes et de toutes couleurs. (Lettres données à Paris en juillet 1336.) Nous avons du même roi une déclaration portant règlement pour le commerce entre les sujets du roi et les marchands de Gênes et de Savone (Longpont, 4 décembre 1337), des lettres portant concession de privilège aux marchands étrangers d'Aragon et de Majorque dans la ville d'Harfleur (Vincennes, novembre 1339). Ces lettres sont remarquables à plus d'un titre. On y voit que le prévôt et le Conseil des bourgeois de ladite ville d'Harfleur doivent « bailler et ordonner auxdits marchands, courtiers bons, loyaux et suffisants, pour leur vendre leurs marchandises », et si ces courtiers faisaient vendre à des gens dont les marchands étrangers n'étaient pas payés, ceux-ci avaient recours contre eux pour le dommage qu'ils avaient ainsi encouru par leur faute.

Les contestations entre les étrangers et les autres marchands doivent être jugées par le prévôt et deux bourgeois de la ville, lesquels, « les courratiers et témoins entendus, feront bon et brief droit, sommairement et de plain, et de jour à jour, le plus tôt qu'il pourra être fait bonnement ».

Nous n'avons pas la prétention de voir là le germe de la procédure devant nos tribunaux de commerce, mais nous constatons la tendance qui se manifeste déjà de soustraire les affaires commerciales aux lenteurs de la procédure du droit commun.

Les foires étaient alors le grand moyen de commerce. Les marchands de tous pays y étaient attirés par les privilèges qu'on leur accordait. De nombreuses ordonnances réglaient l'ordre de ces grandes assemblées. Relativement à celles de Champagne et de Brie, de beaucoup les plus importantes alors, diverses ordonnances furent rendues, notamment en 1261, 1294, juillet 1311, juin 1317, mai 1327, décembre 1331, juillet 1344. Mais la volonté royale n'était pas toujours exécutée, et si elle se manifeste si souvent pour dire la même chose, c'est que les abus l'étouffaient bien vite. L'ordonnance rendue par Philippe VI à Vincennes, le 6 août 1349, sur les privilèges et la tenue des foires de Champagne et de Brie, n'est que le développement des précédentes : « *Si comme il est de nouvel venu à notre cognaissance, dont plusieurs bons et loyaux marchands, repairants en icelles (foires), les ont dévoyées et laissées pour ces causes (fraudes et perte des privilèges), au grand grief, préjudice et dommage de nous et de notre royaume, et de tous les pays et marchands repairant lesdites foires. »* Ces assises commerciales étaient ouvertes à tous les étrangers : « Italiens, Outremontants, Florentins, Milanais, Lucquois, Genevois, Venitiens, Allemans, Provençals et d'autres pays ». La justice y était rendue, d'après l'ordonnance que nous analysons, par une cour des foires, composée des gardes des foires et quelquefois de notables ; on devait juger avec équité et célérité. Ces espèces de tribunaux de commerce ne connaissaient pas, eux non plus, de l'exécution de leurs jugements : « *Tous officiers de Champaigne, tant baillifs comme autres, seront subjects auxdits gardes desdites foires pour accomplir la teneur des mandements adressés auxdits officiers. »* (*Article 27 de l'ordonnance.)*

C'est à cette ordonnance de 1349 que quelques auteurs font remonter l'origine des tribunaux de commerce. Nous discuterons cette date plus loin. Mais, déjà, le territoire est envahi depuis longtemps. Les rois sont prisonniers des Anglais ou privés de leur raison. Les grands vassaux tout-puissants se disputent l'ombre du pouvoir et les lambeaux de la France. Le pays est ruiné par les impôts et les gens de guerre. La misère des peuples est au comble. Le commerce est impossible et attend des jours meilleurs. Les gouvernements, d'ailleurs, ne s'occupent pas de lui. Les documents législatifs sont muets à cet égard ; et c'est sans doute une ironie de l'histoire qui nous fait trouver à la date du 14 mai 1403, pendant la folie de Charles VI, une lettre du roi, en réponse à celle de Tamerlan, pour assurer la liberté du commerce entre leurs sujets respectifs. Et puis, l'occupation étrangère cesse. Charles VII a reconquis son royaume. La sécurité renaît et le commerce avec elle. Aussitôt on vient à son secours. Le roi accorde trois foires franches par an à la ville de Lyon (lettres d'Angers du 13 février 1443) et rétablit celles de Champagne et de Brie avec exemption de tous les impôts pendant les dix premiers jours (château de Sarry-les-Châlons, 19 juin 1445).

Louis XI, qui s'appuyait sur le menu peuple contre les grands, et qui inaugura le système de gouvernement des temps modernes par les moyens purement intellectuels, comprit l'importance qu'il pouvait tirer du commerce, non seulement dans l'intérêt de la royauté qu'il voulait forte, mais aussi dans l'intérêt de la France qu'il voulait prospère. La tâche était lourde.

A son avènement, le royaume n'avait pas encore réparé les ruines que lui avaient faites des guerres qui durèrent un siècle. Mais l'histoire dit comment il trouva la France et comment il la laissa. Le commerce suivit la fortune du pays. Le système de Louis XI lui est tout favorable.

Attirer les marchands étrangers, donner toute latitude au trafic, tel est le but auquel tendent ses nombreuses ordonnances. Il accorda des privilèges aux marchands de Brabant, des Flandres, de Hollande et de Zélande. (Lettres de février 1461.) Il les exempta du droit d'aubaine en cas de décès, du droit de naufrage, de certaines charges extraordinaires dans les ports; leurs procès durent être jugés par le gouverneur ou le juge le plus voisin. Des lettres d'avril 1464 portent concession de privilèges aux marchands de la Hanse teutonique, et la liberté du commerce la plus entière leur est accordée pendant dix ans par lettres du 25 août 1473.

Le bienfait des privilèges commerciaux est étendu aux villes hanséatiques (août 1483), à la République de Venise et même aux Anglais, « nos ennemis anciens », comme disent les documents du temps. Mais les Anglais faisaient un commerce considérable, surtout à Bordeaux, où ils venaient chercher des vins en échange des laines qu'ils importaient. Des lettres du 8 janvier 1475 portent exemption des droits et d'obligations nombreuses en faveur des navires anglais qui viennent à Bordeaux. Enfin une ordonnance du 26 mai 1472 avait accordé aux habitants de La Rochelle la liberté de trafiquer en tout temps avec l'étranger, même quand on serait en guerre avec lui. Les marchands étrangers sont donc attirés en France par tous les moyens; mais il faut qu'ils aient des facilités pour se défaire de leurs marchandises. Aussi Louis XI ne néglige pas les foires. Il en établit deux par an à Bayonne (mai 1462), quatre dans la ville de Lyon (mars 1462), avec exemption de droit d'entrée et de sortie pour les marchands et les marchandises.

Les marchands étrangers ont le droit de tester; ils sont exempts du droit d'aubaine; leurs contestations sont jugées par le sénéchal de Lyon, gardien des foires, « sans longs procès et figure de plaids », aussi Louis XI est-il considéré comme le véritable fondateur des foires, à raison de l'importance considérable qu'il leur donna.

Il existait aussi une foire à Saint-Denis, près Paris. (Elle avait été fondée par Dagobert.) Les marchandises qui y étaient apportées et achetées étaient exemptes de tout droit. En même temps, le roi prenait des mesures pour éviter les effets de la concurrence étrangère. Les foires de Genève attiraient une partie du commerce français. Il ne faut pas que l'argent de la France sorte du royaume. De là, les lettres du 20 octobre 1462, portant défense à tous les marchands étrangers de passer ou de faire passer leurs marchandises par le royaume en allant à ces foires ou en en revenant. Des dispositions toutes contraires existaient relativement aux foires de Lyon, qui avaient été créées en partie pour contrebalancer celles de Genève.

On le voit, le système de Louis XI fut patriotique et libéral ; et si nous avons insisté un peu sur ce règne, c'est qu'il nous semble qu'en commerce comme en politique il ouvrit une ère nouvelle. N'oublions pas non plus qu'alors la France, qu'on avait vue réduite à quelques villes pendant l'occupation anglaise, avait reconquis son ancien territoire.

Elle y avait joint de nouvelles provinces et devait prochainement acquérir la Bretagne, c'est-à-dire être à peu près complète. Le système favorable au commerce devenant général, s'étendant de jour en jour sur de nouvelles contrées qu'il liait en un seul faisceau, dut encore singulièrement augmenter le trafic, le nombre des opérations commerciales et leur importance.

Les successeurs de Louis XI continuèrent à mettre ses idées en pratique ; et si, à sa mort, on observe une certaine réaction, celle qui se manifeste toujours dans les hommes et dans les choses quand un régime despotique a pris fin, cette réaction ne fut pas l'œuvre du gouvernement. Les idées de Louis XI étaient en avance sur celles de son siècle et surtout sur celles de son peuple ; mais elles étaient tellement vraies qu'elles ne purent être mises en oubli un seul instant, et qu'elles restèrent la règle de la législation commerciale. La légère réaction que nous constatons à la suite du règne de Louis XI émane du peuple commercial lui-même. Elle se manifeste aux États généraux tenus à Tours en 1484. On se plaignit touchant le fait de la marchandise « que les impôts grevant les transports par terre et par eau étaient trop lourds ». On demanda que les différends fussent « vuidez par les juges ordinaires le plus soubdainement que faire se pourra, sans figure de plaids ». On prétendit que les foires étaient trop nombreuses ; qu'elles donnaient trop de facilités aux marchands étrangers pour emporter l'argent de France ; on demandait qu'elles ne se tinssent pas si souvent, et surtout que celles de Lyon fussent supprimées. On tint en partie compte de ces doléances.

On abolit quelques péages (mars 1485), sans doute rétablis peu de temps après ; on ne changea rien à la juridiction. Quant aux foires, on supprima celles de Lyon et on en transféra deux à Bourges et deux à Troyes (juin 1486). On rétablit aussi les foires de Champagne et de Brie que celles de Lyon avaient fait tomber en désuétude et on leur donna des franchises complètes.

Ce fut là tout ce qu'obtinrent les idées réactionnaires émises aux États généraux ; et loin de diminuer le nombre des foires, Charles VIII en institua une nouvelle à Saint-Germain, et Louis XII rétablit celles de Lyon. Ainsi, on peut dire qu'à partir du règne de Louis XI, le commerce, sans jouir d'une liberté absolue et illimitée qu'il ne possède même pas aujourd'hui, vit cependant cesser le système des entraves et des persécutions. Tous les peuples de la vieille Europe purent s'y établir et y trafiquer à des conditions souvent plus favorables que les Français.

Tous les privilèges accordés par Louis XI furent confirmés et étendus par les rois ses successeurs, dont presque toutes les mesures eurent pour but d'encourager les marchands français et étrangers.

Voici les principales par ordre chronologique :

Amboise, septembre 1485 : Lettres portant confirmation des privilèges aux habitants et marchands de la Hanse teutonique. — Lyon, février 1535 : Édit portant que ceux qui auront contracté des dettes en foire seront justiciables des juges institués à cet effet, et que les sentences seront exécutées tant sur la personne que sur les biens du débiteur. Le conservateur - gardien des foires était le juge — Châtellerault, 3 novembre 1536 : Édit accordant à tous les marchands du royaume la faculté de commercer librement avec l'étranger. — Saint-Denis, 11 juin 1549 : Lettres patentes exemptant de tous droits les marchandises portées aux foires du Landit et de Saint-Denis. — Amiens, septembre 1549 : Édit sur l'imposition foraine, sorte d'impôt analogue à celui de la douane. — Saint-Germain-en-Laye, août 1550 : Déclaration qui permet aux marchands portugais de s'établir dans le royaume, sans lettres de naturalité. — Wateville, 4 novembre 1550 : Déclaration réglant l'entrée des épiceries et autres denrées coloniales par les ports de La Rochelle, Nantes, Bayonne et Rouen. — Wateville, 4 novembre 1550 : Édit confirmant les privilèges accordés aux étrangers fréquentant les foires de Lyon. — Paris, 7 novembre 1551 : Déclaration confirmant les privilèges des marchands fréquentant les foires de Brie et Champagne. — Fontainebleau, 3 février 1551 : Lettres de confirmation des privilèges des marchands des villes impériales, trafiquant dans le royaume. — Paris, 20 février 1552 : Édit pour les marchands fréquentant la rivière de Loire. — Reims, 12 octobre 1552 : Édit confirmant les privilèges aux marchands des foires de Lyon. — Saint-Germain-en-Laye, 7 avril 1553 : Déclaration qui exempte définitivement les marchands fréquentant les foires de Lyon, d'imposition foraine, domaine forain, etc. — Octobre 1554 : Déclaration exemptant de tous droits, subsides ou impôts les marchands écossais trafiquant en France. — Paris, 14 février 1557 : Édit permettant la libre importation et exportation de toutes les marchandises, excepté des grains et munitions de guerre. — Amboise, 26 mars 1559 : Les Suédois peuvent s'établir en France, faire le commerce, transmettre leurs biens de toutes les façons. Leurs différends entre eux peuvent être vidés par les juges de leur pays, ceux avec les Français sont vidés par des juges français.

Pour offrir le tableau saisissant de ce qu'était le commerce français sous Henri II, citons le préambule d'une déclaration de ce prince, datée de Saint-Germain-en-Laye, août 1550, et qui permet aux marchands portugais de s'établir dans le royaume sans lettres de naturalité. Elle débute ainsi : « Comme les marchands et autres « Portuguais appelés nouveaux chrestiens, nous ayent par gens exprès « qu'ils ont envoyés par deçà fait entendre que ayant cogneu, « pour avoir depuis quelque temps en ça traffiqué dans nostre « royaume, la grande et bonne justice qui s'exerce en iceluy et les « gracieux traitements que ont et reçoivent nos bons et loyaux subjects, « et au contraire quelle punition et démonstration nous faisons faire « des perturbateurs du commun repos ; de sorte que cela fait que « l'entrecours de la marchandise est mené et conduit en telle liberté « que sans aucune suspicion d'injure les marchands peuvent aller, « traffiquer et fréquenter tels endroits de nostre dit royaume, païs, « terres et seigneuries de nostre obéissance, que bon leur semble, et « en toute seureté exercer leurs arts et manufactures.

« Considérans aussi que pour avoir de tous temps nos prédéces- « seurs et nous singulièrement favorisé les marchands de nostre dit « royaume, nous les avons en beaucoup de villes d'iceluy advantagiés « de beaux et grands privilèges par le moyen desquels ils font de « grands gaings et augmentent de jour en jour leur trafficq.

« Et que, pour la commodité de situation de nostre dit royaume, « par lequel, outre qu'il est fort fertile et abondant en bleds, vins et « autres commodités requises pour la vie humaine, qui est un grand « moyen aux marchands d'iceluy d'espargner, étant ceux des autres « païs contraints faire grandes dépenses à la nourriture de leurs « familles, gens, facteurs, serviteurs et entremetteurs, fluent et passent « plusieurs villes, grandes rivières et fleuves navigables sur lesquels « se fait un grand trafficq, et en outre est pour la plus grande partie « environné tant de la mer du levant que celle du ponant sur laquelle « les estrangers voisins de nostre dit royaume, qui plus que nuls « autres de toute l'Europe font train de marchandises, fréquentent et « marchandent ordinairement de sorte que le moyen de bien vivre « est ouvert à chacun qui se veut employer en quelque sorte que « ce soit. »

A ce tableau, on voit que nous n'exagérons rien de l'importance que prit le commerce en France depuis l'époque que nous avons assignée à sa renaissance. Veut-on avoir la preuve que les gouverne- ments comprenaient la nécessité de le protéger et de le favoriser ? Qu'on lise le préambule d'un autre édit de Henri II, du 14 février 1557, qui permet la libre importation et exportation de toutes les marchandises :

« L'on a toujours veu et cogneu par commune expérience, que
« le principal moyen de faire les peuples et subjects du royaume,
« païs et provinces, aisés, riches et opulents, a esté et est la liberté
« du commerce et trafficq qu'ils font avec les voisins et les estrangers,
« auxquels ils vendent, troquent et eschangent les denrées, marchan-
« dises et commodités qu'ils leur portent des lieux et païs dont ils
« sont, pour en apporter d'autres qui y défaillent avec or, argent et
« autres choses utiles, nécessaires et profitables, dont s'ensuit par ce
« moyen que le prince, le païs et subjects tout ensemble sont réci-
« proquement accomodez de tout ce qui leur est nécessaire... »

Ne sont-ce pas là les véritables principes de l'économie commerciale ?

Ne faut-il pas, pour qu'ils se trouvent manifestés d'une façon si énergique, que leur application ait été rendue possible par l'expérience, c'est-à-dire par un développement considérable du commerce et de l'industrie?

La liberté du commerce et son développement sont deux choses corrélatives et inséparables. L'une est la cause, l'autre est l'effet. Cherchons donc plus avant encore et voyons si nous ne trouverons pas d'autres indices certains de l'importance commerciale que nous voulons établir vers le milieu du xvie siècle.

Quelque temps avant cette époque, on voit la législation se préoccuper de produits du sol et manufacturés auxquels elle n'avait jusque-là porté aucune attention. Les produits naturels que notre pays exportait consistaient principalement en blés et en vins. Nombre d'ordonnances en fournissent la preuve, en imposant la circulation des vins, en autorisant ou défendant l'exportation des grains, même de province à province, suivant l'abondance ou la disette dans les récoltes.

Quant aux tissus ou aux métaux, ils paraissent avoir été importés de l'étranger. Nous trouvons plusieurs ordonnances de François Ier relatives aux importations des draps d'or, d'argent, velours, taffetas, soie, damas, etc., qui semblent indiquer que la fabrication française est encore en arrière sous ce rapport; mais elle paraît avoir pris les devants en peu de temps. En effet, en 1551, on se préoccupe de réglementer la plantation des mûriers, propres à la nourriture des vers à soie, et trois ans après, en 1554, des lettres du roi, confirmant les statuts des ouvriers de draps d'or et d'argent de la ville de Lyon, montrent, dans leur préambule, que la fabrication de cette ville était arrivée à un tel degré de prospérité, que les soies ne se tiraient plus du dehors, mais au contraire, se prenaient chez nous pour alimenter le marché étranger.

C'est encore vers le même temps qu'on rencontre de nombreuses ordonnances au sujet des mines de métaux qui existaient en certaine abondance. Mentionnons enfin, mais pour mémoire seulement, à cause du peu d'importance de cette industrie à son début, les manufactures de verrerie à la façon de Venise, dont le monopole fut accordé à un Italien sous le règne de Henri II.

Quoi qu'il en soit, le commerce intérieur et d'exportation de la France n'eût pas suffi, peut-être, pour nécessiter une juridiction spéciale. Aussi n'est-ce pas là que nous devons chercher la cause de sa puissance au xvi⁰ siècle.

Mais nous avons vu quels avantages étaient faits aux marchands étrangers et à l'importation ; c'est là surtout que nous trouvons les éléments de sa fécondité. Des événements d'une importance immense se rencontrèrent pour la développer. Les grandes découvertes du xv⁰ siècle, l'invention de la boussole, la découverte de nouveaux mondes et de nouvelles routes, allaient métamorphoser la vieille société commerciale. La France se trouvait dans une merveilleuse position géographique pour profiter de la révolution qui s'accomplissait. Dès ce moment il ne nous est pas possible, à l'aide de documents purement législatifs, de suivre l'accroissement du commerce qui s'y manifesta. Ces découvertes avaient doublé la surface de la terre et avaient fait connaître des produits qui devinrent de suite de première utilité, soit pour la consommation, soit pour la manufacture. Les voyages furent plus longs. Il fallut des navires plus grands. Le trafic, changeant de route, changea de nature. De terrestre et intérieur qu'il était, il devint maritime et international.

Au lieu des produits des pays voisins, la France vit s'échanger sur ses marchés les produits de l'univers entier.

Alors, les gouvernements durent prendre souci d'une situation nouvelle, source de produits immenses pour le pays. Ils durent faciliter par tous les moyens possibles un accroissement inépuisable de richesses. En un mot, ils durent mettre les institutions en rapport avec les besoins nouveaux. N'était-il pas, par suite, nécessaire de donner au commerce une justice prompte, équitable et peu coûteuse ? N'était-ce pas un besoin impérieux de son développement progressif ou soudain, en tout cas, de son importance ?

Nous l'avons déjà répété bien des fois : il faut au commerce liberté et sécurité; non seulement cette sécurité matérielle qui consiste à ne pas piller les marchandises sur les routes, comme aux temps barbares, mais bien cette sécurité morale dérivant des lois et qui permet aux commerçants d'avoir une confiance entière dans les institutions qui les protègent.

Parmi celles-là, rangeons en première ligne la justice. Il faut que les transactions s'exécutent avec bonne foi, et c'est à la justice à faire respecter cette bonne foi. Il ne faut pas que les capitaux restent improductifs; que le sort des opérations demeure en suspens; et dans l'intérêt du commerce comme dans l'intérêt social, il est nécessaire que la justice ne soit pas trop lente. Elle doit être facilement abordable. Il faut que ceux qui veulent implorer son assistance ne soient point rebutés par de longs détours avant de l'approcher. Il faut enfin qu'elle inspire toute confiance en ses lumières à ceux qui lui remettent leurs plus chers et leurs plus sérieux intérêts.

Le commerce, avec ses besoins nouveaux, pouvait-il trouver ces conditions dans les institutions judiciaires de la France à l'époque où il prit le développement que nous avons dit ?

III

Les Institutions judiciaires en 1563.

On sait quelle était l'organisation judiciaire et comment elle avait pris naissance. On sait que, dans l'origine, toute justice était rendue par les pairs ; que le roi, ou le seigneur haut-justicier, tenait sa cour entouré de vassaux qui lui devaient le service de la justice comme celui de la guerre. A cette cour étaient portées toutes les difficultés pendantes entre les vassaux du seigneur. Cet état de choses ne dura pas. Le roi comme le seigneur n'eurent plus le temps ou se fatiguèrent de tenir la cour, et ils commirent ce soin à un officier de leur suite, le sénéchal. Puis, la civilisation exerçant son empire irrésistible, on commença à juger, non plus suivant la seule équité ou le résultat d'un combat judiciaire, mais on discuta les usages et les lois dont on fit des compilations. Les clercs remplacèrent bientôt dans la cour les seigneurs ignorants, qui leur cédèrent volontiers leurs sièges, et la juridiction des seigneurs et des pairs se trouva changée en un véritable tribunal de légistes. Pendant que cette transformation s'opérait, la royauté étendait son pouvoir et les bornes du territoire de la France. Le roi se faisait représenter partout où il en était besoin par un officier chargé, entre autres choses, de rendre la justice à sa place, de tenir la cour en son nom. C'était le bailli ou le sénéchal, suivant la coutume du Nord ou du Midi. Ce bailli, soucieux des intérêts de son maître, attira à lui progressivement toutes les causes qui ressortissaient de la justice des seigneurs. Puis le nombre des baillis devint insuffisant. On créa des magistrats avec des attributions purement judiciaires qui formèrent les présidiaux. Au xvie siècle, on pouvait les considérer comme nos tribunaux de première instance. Mais chaque juridiction nouvelle laissa subsister les anciennes; de sorte que, à l'époque à laquelle nous nous attachons, malgré l'importance que prenait la justice royale exercée par les baillis, les sénéchaux, les prévôts et autres juges inférieurs, la justice seigneuriale restait debout, au moins nominalement, et, avec elle, la justice ecclésiastique, celle de l'Université, celle des communes, celle des conservateurs des foires, celle des finances, divisée elle-même en plusieurs branches; enfin « tout procès de quelque importance était promené de siège en siège, « ballotté par des demandes de renvoi et des incompétences perpé- « tuelles, et nécessitait souvent l'intervention du roi pour terminer, par « un coup d'autorité, par une évocation ou autre arrêt du conseil, des « questions insolubles d'après les coutumes qui servaient de lois (1) ».

Ainsi, une confusion inextricable dans les juridictions était déjà un obstacle à une bonne justice. Il faut ajouter à cela des lois ou des coutumes différentes dans chaque province; partout, une procédure compliquée, que les légistes appelés à prendre la place des seigneurs avaient bien eu soin de faire prévaloir pour s'emparer exclusivement des charges de judicature, et une négligence remarquable de la part des juges à s'acquitter de leurs fonctions. En feuilletant les recueils des anciennes ordonnances de nos rois, on voit, presque à chaque page, les juges rappelés à leurs devoirs « à peine de priva- tion de leur office ». Nous n'avons pas besoin de parler de la vénalité des charges ou de celle des magistrats pour faire de la justice inférieure le plus triste tableau.

---

(1) Meyer, *Esprit, origine et progrès des institutions judiciaires des principaux pays de l'Europe,* t. II.

L'ignorance même de ceux qui la rendaient faisait l'effroi des plaideurs. Un poète contemporain des États généraux de 1560 et de l'édit libérateur de 1563, Théophile de Viau, le disait ingénument :

> Lors il me prit un tremblement
> En craignant que leur ignorance
> Me jugeast prévostablement.

L'idée grande et sainte de la justice n'était demeurée intacte que dans les Parlements. Ces cours souveraines exerçaient dignement la belle et noble mission qui leur était confiée. Malheureusement, toutes les affaires n'allaient pas jusqu'à elles, et tous les intérêts des plaideurs qui n'avaient ni le temps, ni la possibilité de monter si haut, étaient, sinon sacrifiés, du moins singulièrement compromis. Il serait long d'énumérer toutes les ordonnances rendues pour *réformer* la justice, soit de la propre initiative des rois, soit sur la demande des États généraux. Elles furent nombreuses et fréquentes, et prouvent, ou bien que l'organisation judiciaire était détestable, ou bien que les lois organiques n'étaient pas exécutées, en tout cas que l'administration était mauvaise. La main du même roi que nous venons de voir tracer un tableau si flatteur de l'état de commerce en France, en 1550, est loin d'employer les mêmes couleurs quand il s'agit de peindre la justice à la même époque. En citant textuellement le préambule de l'édit de janvier 1551, qui érigeait des sièges présidiaux dans toute l'étendue du royaume, nous pensons prouver surabondamment tout ce que nous venons de dire.

« Considérans le grand soin et diligence dont nos prédécesseurs
« roys, de très-honeste mémoire, ont usé, et nous consécutivement
« depuis nostre advènement à la couronne pour l'établissement, ordre
« et conduite de la justice, et pour la faire promptement administrer
« à nos subjects, ayant sur ce fait plusieurs ordonnances bonnes,
« utiles et nécessaires pour l'abréviation des procez, sans que jusques
« icy l'on en ait peu tirer le fruict que nosdicts prédécesseurs et
« nous en avions espéré ;

« Mais au contraire, par la même foy des parties, et souvent
« par l'excessif gaing et proffict qu'en tirent les ministres et suppôts
« de la justice, par les mains desquels il faut passer, lesdites ordon-
« nances, quelque bonnes qu'elles soient, semblent quasi avoir produit
« et donné moyen de plus grande longueur auxdits procez pour les
« subtilitez et involutions que l'on a exquis et trouvé à prolonger
« l'expédition d'iceux, et pervertir l'ordre et la formalité de justice ;

3

« de sorte que la plupart de nos subjects délaissans et abandonnans
« leur manière de vivre avec leurs arts, industries et tous autres nota-
« bles et vertueux exercices auxquels ils sont appelez, employent le
« temps de leur vie à la poursuite d'un procez sans en pouvoir voir
« la fin, et consument leurs meilleurs ans, avec leurs biens, facultez
« et substances, en chose si serve et si illébérale qu'est cette occu-
« pation, comme chacun sçait... »

Le commerce qui devenait de plus en plus florissant, pouvait-il
se contenter d'une pareille justice et n'aurait-il pas été étouffé
sous la mauvaise foi demeurant impunie avec une sauvegarde
insuffisante à le protéger? Le gouvernement dut comprendre que
c'en était fait du trafic qui se généralisait si on ne venait donner
sécurité complète aux transactions. D'ailleurs, les commerçants
devaient se plaindre de leur situation et demander qu'elle fût
améliorée. Si nous en croyons les ordonnances diverses qui consti-
tuent les tribunaux consulaires, elles ont été rendues « à la requeste
des marchands ». Tenons donc pour certain que les marchands
demandèrent des institutions judiciaires plus favorables pour eux, et
que les rois, y voyant profit pour le commerce, pour l'État et pour
le Trésor, s'empressèrent de leur donner satisfaction.

Nous avons donc établi, pensons-nous, que l'importance du
commerce et la mauvaise administration de la justice de droit commun
ont été les deux causes principales de la création des tribunaux
consulaires. Toutefois, il ne faut pas aller chercher trop loin et dans
un ordre d'idées tout à fait différent, la pensée qui présida à la
naissance de notre justice consulaire. On connaissait déjà le principe
fort juste que les commerçants sont seuls capables de bien juger une
cause commerciale. Il y avait des exemples en Italie, où les tribunaux
de commerce existaient depuis longtemps. Il y avait des précédents
purement locaux et accidentels qui donnaient probablement de bons
résultats et qu'il suffit d'étendre et de généraliser. Ainsi nous avons
indiqué plusieurs ordonnances accordant des privilèges à des marchands étrangers et qui enlevaient aux tribunaux de droit commun
la connaissance des litiges de ces marchands, même avec les Français,
pour l'attribuer à une juridiction spéciale offrant en général une
certaine analogie avec la justice consulaire.

Ces prescriptions étaient-elles tombées en désuétude ? Nous ne
le pensons pas, car nous les voyons renouvelées en 1559 en faveur
des Suédois. D'un autre côté, de pareilles franchises devaient être

profitables, non seulement aux étrangers, mais aussi aux cités où ils étaient attirés. Les villes devaient donc les considérer comme un de leurs privilèges, et on sait qu'elles en étaient assez jalouses pour ne pas les laisser périr.

Mais le principe existait ailleurs plus visible et plus général. Ne savons-nous pas que les foires, le plus puissant agent commercial durant les siècles précédents, avaient une juridiction spéciale exclusive du droit commun ?

Toutes les contestations entre marchands pour fait de marchandise étaient jugées par le sénéchal ou gardien, qui parfois s'entourait de notables commerçants. Et un tel respect était porté aux arrêts de ce tribunal qu'ils étaient exécutés même en pays étranger (1).

Dans la suite, l'établissement des tribunaux consulaires ne changea point la compétence du conservateur des foires, tant la base sur laquelle elle reposait était solide. Nous voyons donc là le germe ou plutôt l'exemple qui, modifié et étendu, donna naissance à l'institution de 1563, quand le commerce fut devenu assez important et les commerçants assez nombreux pour la rendre nécessaire.

En effet, les marchands se sont longtemps réunis aux foires. Ils accompagnaient eux-mêmes leurs marchandises et les exposaient pour les vendre. Les grosses affaires se traitaient donc dans des villes et à des époques déterminées. Mais un pareil état de choses ne fut plus suffisant, lorsque les produits exotiques, faisant invasion sur le marché, les transactions prirent le développement dont nous avons rendu compte.

Dès lors, il ne fut plus question pour les marchands d'accompagner leurs marchandises à travers toutes les routes du pays, ni d'attendre une époque fixe pour s'en défaire. Ils durent se réunir dans le lieu où ils se trouvaient, et, en fait, sinon en droit, les Bourses de commerce se formèrent partout où il existait un centre commercial.

Qu'est-ce, en effet, qu'une Bourse, sinon une foire où les marchandises se vendent sans être exposées aux regards, où les prix s'établissent, où les nouvelles s'échangent. La conséquence que nous cherchons devient facile à saisir. Si le principe d'une juridiction spéciale aux anciennes foires était excellent, on devait pouvoir arriver à un résultat analogue pour les réunions quotidiennes de commerçants qu'on réglementa plus tard sous le nom de Bourses de com-

---

(1) MERLIN, *Répertoire*. V. Conservateur.

merce, mais qui devaient exister par le fait même de la présence d'un certain nombre de commerçants dans la même ville. Nous n'hésitons donc pas à penser que les juridictions locales pour les étrangers et celles des grandes foires furent des exemples précieux dont on se servit pour la composition des tribunaux consulaires quand les besoins du commerce réclamèrent cette institution. La Bourse de Toulouse, fondée en 1549, et celle de Rouen, en 1556, avaient une véritable juridiction consulaire. Si bien que quelques auteurs font remonter à 1549 l'origine de ces tribunaux que nous ne plaçons qu'en 1563.

Ce n'est pas tout. Il existe un document qui nous indique bien plus clairement encore les essais auxquels on se livrait, la tendance où l'on était de créer une juridiction spéciale aux affaires commerciales et surtout de les affranchir de toute la procédure alors en usage. C'est l'édit de François II, du mois d'août 1560, sur l'arbitrage forcé.

« Statuons et ordonnons, dit l'édit, que dorénavant nuls mar-
« chands ne pourront tirer par procez les uns les autres, pour fait
« de marchandises, par devant nos juges ou autres, ains seront
« contraints eslire et s'accorder de trois personnages, ou plus grand
« nombre, en nombre impair, si le cas le requiert, marchands ou
« d'autre qualité, et se rapporter à eux de leurs différends, et ce qui
« sera par eux jugé et arbitré tiendra comme transaction ou jugement
« souverain, sans qu'il soit loisible contrevenir à icelle par approxi-
« mation ou appellation ou autrement. Et seront tenus nos juges à
« la requeste des parties, mettre ou faire mettre à exécution, som-
« mairement et de plain, sans figure de procez, comme s'ils étaient
« donnés par eux.

« Et où lesdites parties ne pourraient ni voudraient convenir de
« tels personnages, en ce cas le juge ordinaire des lieux les y con-
« traindra, et au refus ou délay de les nommer, les choisira et
« nommera, sans que les parties soient reçues à appeler de ladite
« nomination. »

Le même édit d'août 1560 établit aussi l'arbitrage forcé pour les procès de partage entre parents, en ligne directe à l'infini, et en ligne collatérale jusqu'au degré de cousin germain. De même, pour les procès relatifs aux comptes de tutelle et autres administrations, pour les restitutions de dot, pour les domaines, les plaideurs devaient élire trois parents, amis ou voisins, dont la sentence avait force de chose jugée et était mise à exécution par les juges des lieux, nonobstant opposition en appel.

N'est-ce pas là une preuve manifeste, qu'on cherchait des expédients contre un état de choses mauvais ? Rien n'était assurément plus libéral que de faire rendre la justice sans magistrats, par tout citoyen choisi par les parties, sans frais et sans procédure. Cette idée fut plus tard adoptée avec enthousiasme par les assemblées de la Révolution (1).

Mais au xvi⁰ siècle, le remède était probablement trop énergique et, soit qu'on s'aperçût bientôt qu'on s'était trompé, soit que, dès lors, le tribunal arbitral contînt toutes les imperfections qui en ont fait supprimer les derniers vestiges en 1856, toujours est-il qu'on chercha bien vite autre chose et qu'on en vint à constituer de véritables tribunaux composés de marchands et nommés par eux. L'idée fut plus heureuse, et doit être comptée au nombre des plus beaux titres de gloire du chancelier L'Hospital. A l'aide de quelques modifications nécessitées par les circonstances, elle est restée la source de la meilleure institution judiciaire qui existe.

Un auteur, que nous avons déjà cité (2), attribue l'origine des tribunaux de commerce au désir qu'ont eu les rois d'affaiblir les communes. Ses arguments sont assez curieux et nous les reproduisons. Quoi de plus étonnant, dit-il, que de voir qu'en France seulement une institution élective fut donnée au peuple par les rois, dans un pays purement monarchique ! Comment attribuer au développement du commerce la création de tribunaux de marchands choisis par des marchands, quand d'autres nations, bien plus commerçantes que la France, ne connaissaient et n'ont jamais rien connu de pareil !

Il faut donc chercher dans la sphère des intérêts purement politiques l'idée d'une mesure si exorbitante des usages et des intérêts monarchiques, et cette idée, on la trouve dans les relations des communes et de la royauté. Dans l'origine, les rois furent excessivement favorables à l'affranchissement des communes; mais lorsque

(1) V. les lois des 16-24 août 1790; — 3 septembre 1791 (tit. III, ch. v, art. 5); — 10 juin 1793; — 11 vendémiaire an II; — 12 brumaire an II; — 10 frimaire an II (art. 26 et suiv.); — 17-21 nivôse an II; — 28 nivôse an III; — 5 fructidor an III (art. 210 et 211).— Une violente réaction se manifesta ensuite contre une institution dont on avait évidemment exagéré le but utile. A partir des lois des 3 vendémiaire et 9 ventôse an IV, les juges ordinaires furent seuls saisis. Il ne resta debout lors de la confection du code de commerce que l'arbitrage forcé en matière de société commerciale (ordonnance de 1673), qui disparut dans la loi du 17 juillet 1856.
(2) MEYER, *Institutions judiciaires*, t. II.

celles-ci furent devenues puissantes, et, sous le nom de tiers état, purent faire entendre leur voix aux États généraux en refusant des subsides, on commença à craindre leur influence politique et on chercha à diminuer leur force en diminuant leurs privilèges. « En accordant à une partie des bourgeois un des plus grands privilèges dont on privait la commune, on pouvait être sûr de la détacher de ses intérêts, et de se faire un parti, dans la commune même, prêt à sacrifier les droits de la masse entière pour se conserver quelques avantages : en favorisant les bourgeois les plus aisés, et surtout ceux qui étaient en état de faire avec le plus de facilité des avances pécuniaires, on se réservait la ressource des subsides et des impôts, lors même que la commune entière les aurait refusés. Les rois de France commencèrent donc à favoriser les négociants des communes pour en faire un parti séparé, que dans ces communes mêmes ils opposaient aux autres bourgeois...

« Sous prétexte de protéger le commerce, ils accordèrent aux négociants la faculté de nommer, dans leur sein, une espèce de magistrats qui seuls auraient le droit de terminer leurs différends, sauf néanmoins l'appel aux cours souveraines. Et cette invention satisfit tellement aux vues des rois, que, dans moins de quatorze ans, ce qui n'avait été qu'une faveur particulière, octroyée aux Bourses de commerce de Toulouse et de Rouen, devint loi générale du royaume par l'édit de 1563 et l'édit de 1565. Extension tellement subite qu'il est impossible de l'attribuer aux effets favorables d'une pareille institution, lesquels auraient à peine pu se faire remarquer dans un si court intervalle; mais qui prouve uniquement le désir que manifestaient partout les commerçants de se séparer du reste de leur commune moyennant ce privilège que ne remplaçait qu'imparfaitement l'ancien droit d'élection des magistrats municipaux. »

CHAPITRE III

1

Époque précise de la création des Tribunaux consulaires.

S i presque tout le monde est d'accord sur les causes qui ont amené la création des tribunaux consulaires en France, il n'en est pas de même sur le point de savoir à quelle époque précise on doit la placer.

Vincens prétend que « le plus ancien des tribunaux de commerçants qui existent encore en France est celui de Lyon, appelé *Conservation*. Il remonte au moins au xive siècle, et, en certains cas, il a exercé une juridiction criminelle (1) ». Il n'en dit pas plus long sur ce tribunal ; il ne donne aucun argument à l'appui de son opinion, de sorte qu'il nous est permis de croire que l'auteur a confondu le *conservateur* des foires de Lyon, qui avait bien une juridiction criminelle, conséquence nécessaire de la police des foires, qui lui appartenait, avec un tribunal spécial pour les commerçants, distinct de la conservation des foires, dont nous n'avons retrouvé aucune trace à cette époque. Le nom de *Conservation*, qui est le titre sous lequel fut connu plus tard le tribunal consulaire de Lyon, rapproché du titre de *Conservateur*, nous confirme dans notre opinion. La seule chose qui pourrait nous faire hésiter, c'est qu'il fixe l'existence de la *Conservation* au moins au xive siècle, tandis que les foires de Lyon n'ont été établies que le 8 mars 1462, ou, au plus tôt, en 1443. Mais nous avons tout lieu de

---

(1) Vincens, *Législation commerciale*, t. I, p. 58.

croire que l'auteur s'est trompé. Jousse, en parlant de la *Conservation* de Lyon, dit qu'elle avait été fondée en 1462, c'est-à-dire dans la même année que les foires; et c'était si bien alors un tribunal forain que Jousse cite encore une déclaration du 18 février 1578 et une du 23 décembre de la même année, rendues toutes deux en faveur de la *Conservation* de Lyon et relatives à des affaires qui ne pouvaient se produire que dans les foires de cette ville (1).

Il est du moins certain que, le plus grand trafic se faisant pendant les foires, la Conservation prit rapidement une importance si considérable qu'elle finit par absorber le tribunal des juges-consuls, qui avait été établi parallèlement à elle et qui fonctionna à Lyon pendant quelques années (2). Nous ne pouvons donc pas voir là un tribunal consulaire comme celui de Paris. Il y a une trop grande différence, au moins à l'origine, entre le sénéchal ou le prévôt de Lyon, gardien des foires, juge royal et les consuls procédant de l'élection des marchands.

Gouget et Merger font perdre dans la nuit des temps l'origine des tribunaux de commerce. Ils étaient connus des anciens. Au moyen âge, les républiques italiennes en envoyèrent le modèle en France. « Dès le XIIe siècle, il existait à Paris, la juridiction des bourgeois appelée *Parlouer* ou *Parloir aux bourgeois*. Chopin rapporte dans le premier livre de son commentaire sur la coutume de Paris, n° 12, une sentence rendue en 1291 par cette juridiction, où présidait alors Jean Arrode, prévôt de la marchandise, à Paris. »

Les auteurs passent ensuite en revue les ordonnances qui ont créé les Conservations des foires, notamment celle de Philippe de Valois en 1349, les juridictions spéciales aux conflits des marchands étrangers, celles qui établissent les Bourses de commerce à Toulouse et à Rouen, les édits de 1560 sur l'arbitrage forcé, de 1563 sur les juges-consuls de Paris, de 1565 sur l'extension de la juridiction de Paris « aux villes métropoles, capitales, et celles où il y a un juge royal ».

Demandons-nous s'il existait, au XIIIe siècle, un tribunal consulaire à Paris et ce que l'on doit penser de l'exemple de Chopin, rapporté par les auteurs du *Dictionnaire de Droit commercial*. Il est certain, d'abord, que le prévôt des marchands et les échevins de Paris ont exercé une

---

(1) JOUSSE, *Commentaire de l'ordonnance de 1673*, titre XII.
(2) On trouvera plus loin un historique de la Conservation et du tribunal consulaire de Lyon.

certaine juridiction relativement aux marchandises qui entraient dans la ville, surtout pour les denrées destinées à l'alimentation publique.

De nombreuses ordonnances fixent les bornes de leur pouvoir sur cette matière, et on peut se convaincre que leur compétence était loin de s'étendre à tous les procès qui s'élevaient entre marchands pour faits de marchandise. Il est possible que Gouget et Merger aient voulu faire allusion à ce tribunal. Pour nous, nous ne pouvons pas le considérer comme le plus ancien de nos tribunaux de commerce, parce qu'il est plutôt municipal et de police qu'exclusivement commercial. Quant à la sentence rendue en 1291 par le prévôt des marchands de Paris, nous l'admettons volontiers. Mais ce prévôt, Jean Arrode, n'exerçait-il pas son pouvoir judiciaire en vertu de l'ordonnance de 1260 ? ordonnance qui, comme nous l'avons vu, consacre toute sa troisième partie à fixer les juridictions qui doivent connaître des différends entre les marchands, mais qui n'est qu'un arrêté de police. Si, à cette époque reculée, les pouvoirs exécutif, législatif et judiciaire étaient confondus, en admettant que les commerçants pussent faire vider certaines contestations par des magistrats spéciaux, qui n'étaient pas ceux de la justice ordinaire, voyons-nous là un tribunal consulaire ? En aucune façon. Nous trouvons bien, comme dans toutes les conservations foraines, un élément, un modèle, et si l'on veut, le germe de ce qui existera plus tard ; mais c'est trop informe, trop indéterminé, pour qu'on puisse donner à ces innombrables juridictions, toutes différentes les unes des autres, le titre d'une institution générale, si bien définie et si bien déterminée, qu'elle est arrivée jusqu'à nous sans qu'on en ait changé les principes. Enfin, s'il existait un tribunal consulaire à Paris, au xiiiᵉ siècle, pourquoi les commerçants du xviᵉ en auraient-ils demandé un ? On aurait pu modifier, étendre ce qui existait déjà ; cependant rien de semblable n'apparaît dans l'édit de 1563 qui fonde quelque chose de tout nouveau sans faire aucune allusion, comme c'était cependant la coutume, à ce qui existait précédemment. On pourrait insister et nous dire : « Il y avait si bien une magistrature consulaire à Paris, antérieurement au xviᵉ siècle, qu'on cite même le lieu où se tenaient ses audiences : c'était au *Parloir aux bourgeois*. »

Le Parloir aux bourgeois existait bien à Paris, mais il n'avait rien d'exclusivement commercial : c'était l'Hôtel de Ville.

Lorsque le Parloir fut transféré place de Grève, il occupait un local dénommé « la Maison aux piliers ». Nul doute que le prévôt des marchands, qui était le *maire*, n'y tînt ses plaids quand il exerçait son pouvoir judiciaire, mais c'était la maison de la *commune* et non celle du commerce. Dans toutes les villes il existait un bâtiment où les bourgeois pouvaient s'assembler pour discuter sur leurs intérèts communs, et qu'on appelait le Parloir. Son nom même indiquait sa destination (1). Le *Parloir aux bourgeois* ne peut être exactement la même chose que le *Parloir aux marchands*. Il n'y eut légalement un établissement de cette nature à Paris qu'en 1563. Il fut créé par l'édit qui instituait les juges-consuls et qui autorisait les marchands à s'imposer pour acheter une maison dans laquelle ils pourraient se réunir, et qui serait appelée la *Place commune des marchands* (2).

Merlin fixe la création des justices consulaires sous François Iᵉʳ, en 1549, à l'époque de la fondation de la Bourse de Toulouse. Or il est à remarquer qu'en 1549, François Iᵉʳ était mort depuis trois ans. Nous voulons seulement nous demander si l'édit de juillet 1549, rendu évidemment sous Henri II, doit être considéré comme l'acte de naissance de l'institution.

Merlin n'en cite que la fin, qui porte établissement à Toulouse d'une Bourse de commerce, à l'instar du Change de Lyon, et qui permet aux marchands « d'élire entre eux et de faire chacun an un « prieur et deux consuls, pour cognaître en première instance, de tous « les procez, qui, pour raison de marchandises, foires et assurances, « seraient intentés entre les marchands et fabricants à Toulouse ; aux « jugements desquels les prieur et consuls pourraient appeler telles « personnes qu'ils jugeraient à propos (1). » Ce serait là, suivant Merlin, le premier tribunal consulaire, le second aurait été créé à Rouen en 1556, en même temps que la Bourse ; celui de Paris ne serait que le troisième.

L'opinion de Merlin est très respectable, mais sur un fait historique, sur une simple date, nous nous permettrons d'émettre un autre avis.

Nous pensons que l'édit de 1549 n'a pas pour but de créer une juridiction spéciale et nouvelle à Toulouse, mais bien d'y établir une Bourse de commerce, et qu'il en est ainsi de l'édit de 1556 pour Rouen. Nous trouvons la preuve de notre opinion dans le préambule de l'édit de juillet 1549, que Merlin ne cite pas, et qui s'exprime en ces termes :

---

(1) Voir l'ouvrage de MM. H. BORDIER et Ed. CHARTON sur *l'Histoire de France, d'après les documents originaux et les monuments de l'art de chaque epoque*, t. Iᵉʳ.

(2) Et encore cette partie de l'édit de 1563 ne fut probablement pas exécutée ; la Bourse de Paris ne fut définitivement établie qu'en 1724.

« Henri, etc..., comme nostre bonne ville et cité de Toulouse, pour la
« situation où elle est et la commodité des rivières, soit l'une des plus
« propres et convenables pour le trafic et exercice du commerce, au
« moyen de quoi les bons et grands marchands de diverses et estranges
« nations s'y soient par cy-devant retirés et habitués ; toutefois, comme
« l'on voit et que nous sommes advertis, ledit trafic et commerce n'y
« est à présent exercé comme il debvrait, et ainsi qu'il est en nostre
« bonne ville de Lyon et autres qui ne sont plus commodes et à
« propos, pour cet effet, la principale cause provient de ce qu'il n'y a
« pas, comme audit Lyon, Anvers et autres grosses villes marchandes,
« de lieu qu'on appelle *Change, Estrade* ou *Bourse*, où deux fois le jour,
« les marchands, facteurs et trafiqueurs puissent convenir pour
« répondre et rendre raison les uns aux autres de leurs trafics et faire
« leurs entreprinses qu'ils ont par ensemble accoustumé faire en
« aucuns lieux et endroits, pour tirer et amener par deçà en nostre
« royaume les riches marchandises des païs étrangers et faire argent
« de celles qui sont en nostre dit royaume (2). »

Si le préambule d'une loi révèle l'esprit qui l'a inspirée, il s'agissait bien, en 1549, de fonder une Bourse à Toulouse, et si l'édit contient
des dispositions étrangères à cet objet, elles sont assurément acces-
soires. Or, nous avons eu déjà occasion de faire remarquer qu'il existe
une analogie frappante entre les Bourses et les anciennes foires, à ce
point qu'on peut affirmer que la nouvelle institution est la fille de
l'ancienne. Rien d'étonnant, dès lors, que l'on trouve, dans l'une
comme dans l'autre, des éléments, nous dirions volontiers des acces-
soires identiques, et parmi eux une juridiction spéciale. Le prieur et
les consuls de Toulouse et de Rouen sont les continuateurs évidents
des sénéchaux ou conservateurs des foires, qui, eux aussi, pouvaient,
comme les consuls de Toulouse, appeler parfois les commerçants qui
fréquentaient la foire pour les aider à résoudre les difficultés qui étaient
soumises à leur tribunal. Le législateur le dit lui-même dans l'édit de
1566 : « Les marchands fréquentant la place s'assembleront tous les
« ans avec les marchands étrangers fréquentant les foires de Rouen,
« pour eslire à la pluralité des voix un prieur et deux consuls mar-
« chands muables et électifs, lesquels jugeront les procez, ainsi que
« ceux de Toulouse et les *conservateurs de foires de Lyon*. » Relativement
à la justice, nous ne voyons rien de nouveau dans l'édit de 1549, si ce
n'est le mode d'élection des juges. Nous n'y trouvons pas autre chose
que la continuation de ce qui existait depuis Philippe de Valois. Si le

législateur eût entendu créer la juridiction consulaire en 1549 ou en 1556, comment expliquer l'édit de 1560, établissant l'arbitrage forcé pour toutes les contestations commerciales ? Cet édit faisait disparaître tous les tribunaux de commerce existant en dehors des conservations des foires, et s'il n'était pas mort aussitôt que né, c'en était fait peut-être de notre juridiction des marchands.

Au contraire, l'édit de 1563, signé par Charles IX, sur la proposition du chancelier Michel de L'Hospital, a pour but principal l'établissement de juges-consuls à Paris. C'est le plus ancien document législatif qui existe, réglant exclusivement la juridiction commerciale. Il fixe, pour la première fois, d'une manière précise et détaillée, les attributions des nouveaux juges et la procédure à suivre devant eux ; ce qui ne se rencontre pas jusque-là, parce que, antérieurement, la juridiction des marchands n'avait été considérée par le législateur que comme un point secondaire dans les règlements des foires et des Bourses de commerce. Cependant, lui aussi contient la création d'une Bourse à Paris. Mais les trois articles 14, 15 et 16, relatifs à la *Place commune des marchands,* et qui ne furent pas exécutés, sont, pour ainsi dire, cachés dans le texte, dont le but apparent est la création du tribunal des juges-consuls et de la procédure en matière commerciale. Il est surtout remarquable que le législateur de 1563, en établissant une Bourse de commerce à Paris, cite pour exemple les institutions semblables qui existaient antérieurement à Lyon, à Toulouse et à Rouen ; de même qu'en créant celle de Rouen on dut prendre pour modèle celle de Toulouse ; comme en instituant cette dernière, on prend celle de Lyon pour exemple, tandis que pour fonder le tribunal des juges-consuls de Paris, la loi ne trouve pas à faire allusion à une institution semblable préexistante.

Il y a donc quelque chose de nouveau dans l'édit de 1563, qui ne se rencontre pas dans les établissements qui l'ont précédé. C'est pour cela que nous en faisons le point de départ véritable de la législation qui est devenue celle de nos tribunaux de commerce. Le législateur lui-même l'entend ainsi ; car si l'édit de 1563 n'a pas un mot pour rappeler les précédents, dont il ne serait que la continuation, les documents qui lui succèdent ne manquent jamais de faire souvenir qu'il est le type qui leur a servi de modèle. « Les nobles, bourgeois,

_____

(1) MERLIN, *Nouveau répertoire.* V. Consuls des marchands.
(2) DALLOZ, *Répertoire général.* V. Bourse de commerce, n° 7.

« marchands de nostre bonne ville de Nantes (est-il dit dans l'édit
« d'avril 1564), ayant entendu le bon ordre qu'il nous a pleu, par nos
« lettres d'édit du mois de novembre dernier, concéder et octroyer
« aux marchands de nostre bonne ville de Paris.... nous auraient très
« humblement fait supplier et requérir que, pour les mêmes consi-
« dérations, nostre plaisir fût leur accorder et octroyer le mesme ordre
« de justice y estre guardé, pour estre relevés des grands frais et
« longueurs de ladite justice... ». Quand nous arriverons à l'ordonnance de 1573, nous lirons, dans l'article premier du titre XII :
« Déclarons commun pour les sièges des juges et consuls l'édit de leur
établissement dans nostre bonne ville de Paris, du mois de novembre
1563... ». Cet édit est donc bien la base de l'édifice qui s'est élevé à
travers les temps, et dont le caractère n'a pu être altéré par les
changements que les années y ont apportés.

Toutefois, nous le répétons, c'est l'heureux développement et
l'heureuse modification d'un principe qui existait antérieurement ;
nous repoussons l'opinion qui fait remonter aux temps fabuleux l'origine des tribunaux consulaires, mais nous sommes donc d'accord sur
l'époque générale à laquelle ils sont devenus une nécessité. C'est vers
la moitié du xvi⁰ siècle. Quant à la date précise de leur naissance, nous
venons de dire pourquoi nous la plaçons en 1563.

II

Édit de novembre 1563.

Il convient maintenant d'analyser l'édit et d'en dégager les principes, pour constater plus facilement dans la suite les modifications
que les siècles y ont apportées. Après un préambule fort court, destiné
à faire connaître les motifs pour lesquels il a été rendu, l'édit, dans
ses deux premiers articles, s'occupe de l'élection des juges consulaires.
C'est la partie qui deviendra plus tard le titre premier du quatrième
livre du Code de commerce, qu'on intitulera : « *De l'organisation des
tribunaux de commerce* ».

L'article premier est transitoire et fait connaître la manière dont les
magistrats consulaires ont été choisis pour la première fois. Le prévôt
des marchands et les échevins de Paris, trois jours après la publication

de l'édit, réunirent cent notables bourgeois de la ville lesquels élirent parmi eux cinq marchands, dont le premier fut nommé juge, et les quatre autres, consuls des marchands. Leur charge devait durer une année.

Jean Toubeau, prévôt des marchands et aussi consul et juge à Bourges, au xvii⁰ siècle, donne l'explication suivante du mot consul dans ses Instilutes du Droit consulaire : *Il y a apparence, dit-il, que Charles IX, en établissant des juridictions consulaires, voulut nommer les magistrats qui devaient les exercer* Consuls, *à l'exemple des Romains qui donnaient ce nom à leurs premiers magistrats. En effet, le mot consul vient de consulere, qui veut dire veiller, et il convient en ce que de la même manière que les anciens consuls veillaient au gouvernement de la République, de même aussi nos consuls veillent au bon ordre du commerce et donnent tous leurs soins au public.*

Les seules conditions à remplir pour être revêtu du consulat étaient d'être « natif et originaire du royaume, marchand et habitant de la ville de Paris ». Les magistrats devaient prêter serment devant le prévôt des marchands. Ainsi, dès l'origine, nous trouvons la liste des notables et nous voyons l'élection apparaître immédiatement. Le prévôt des marchands et les échevins de Paris n'intervinrent qu'une fois dans le choix des juge et consuls. A partir de la seconde année de leur existence, les marchands procèdent seuls, sans que l'intervention d'une autorité étrangère au commerce se manifeste. Les tribunaux se perpétuèrent en naissant d'eux-mêmes.

Lorsque les premiers juges, institués ainsi que nous venons de le dire, arrivèrent au terme de leur magistrature et trois jours avant la fin de l'année pendant laquelle ils furent en charge, ils assemblèrent soixante marchands. Ceux-ci en élirent trente qui, de concert avec les juge et consuls sortants, choisirent les nouveaux magistrats. Ils prêtèrent serment entre les mains des anciens et furent, eux aussi, installés pour une année. Telle fut la forme qui dut être « doresnavant gardée et observée » sans appel possible devant une autre autorité que celle du roi (art. 2).

C'est ce qui résulte du texte même de l'édit de novembre 1563 (1);

(1) L'original de l'édit porte au bas :
« Donné à Paris au mois de novembre 1563 et de notre règne le troisième, ainsi signé : Par le Roi, en son Conseil de Lanbespine, et scellé du grand scel de cire verte. »
Puis apparaît l'enregistrement du Parlement :
« *Lecta, publicata et registrata, audito et hoc requirente Procuratore generali Regis, de mandato expresso ejusdem domini Regis, cui tamen placuit ut hi qui in judices mercatorum assumentur jus-*

mais il faut remarquer que le Parlement exigea, pour enregistrer l'édit, que les magistrats consulaires vinssent prêter serment devant lui.

Près de deux siècles après cette exigence du Parlement, en 1753, pendant l'exil du Parlement et son remplacement provisoire, à Paris, par une chambre royale, on n'osa pas ordonner aux nouveaux consuls de prêter serment devant cette chambre et on essaya de décider ceux qui sortaient de charge à conserver leurs fonctions, mais ils refusèrent, disant que leurs pouvoirs étaient expirés ; qu'ils ne pouvaient pas les conserver sans illégalité et qu'ils ne voulaient pas se déranger de leur commerce pendant plus d'un an. Quelques jours après, au commencement de l'année 1754, des lettres de cachet prorogèrent les pouvoirs des juges en exercice. (*Mémoires de Barbier*, tome III.)

Si nous comparons cette manière de procéder avec ce qui se pratique de nos jours, nous voyons que le principe fondamental, l'élection, n'a pas changé. Le mécanisme était d'une simplicité qui ne manquait pas de grandeur. Nous aimons à nous figurer la nombreuse famille des négociants représentée par les notables, choisir elle-même ses magistrats dans son sein. Nous aimons à nous figurer les nouveaux juges jurant à leurs anciens de conserver scrupuleusement les traditions de sagesse et d'équité qu'ils leur lèguent.

L'article 3 de l'édit de Charles IX règle la compétence des juges-consuls. « Ils connaissaient de tous procès ou différends mus entre « marchands, pour fait de marchandises seulement, leurs veuves, « marchandes publiques, leurs facteurs, servants ou commettants, « tous marchands, soit que lesdits différends procèdent d'obligations, « cédules, récépissés, lettres de change ou crédit, responses, assu- « rances, transport de dettes, novation d'icelles, calculs ou erreurs « en iceux, compagnies, sociétés. » On peut se convaincre, par ces termes mêmes, que le nouveau tribunal était compétent pour toutes les affaires commerciales alors journellement traitées. Toutefois, il faut signaler trois exceptions remarquables : il ne connaissait pas des faillites et banqueroutes, qui restèrent dans les attributions des juges ordinaires (1) ; du commerce maritime, qui fut laissé à l'amirauté ;

---

jurandum præstent quod præstari solet ab his a quorum sententiis ad curiam appellatur, idque per modum prout semper et secundum ea quæ in registro curiæ præscripta sunt. Parisiis in Parlamento, decima octava die januarii, anno Domini millesimo quingentesimo sexagesimo tertio.

« *Sic signatum :* DU TILLET. »

(1) Jusqu'au Code de commerce, la faillite ne fut pas regardée comme un événement purement commercial. Les particuliers non commerçants qui cessaient leurs paiements étaient déclarés en faillite. Il n'y avait pas de différence entre la faillite et la déconfiture.

enfin, des contestations soumises antérieurement aux conservateurs des foires.

Nous signalerons les particularités que chaque époque fit naître ou disparaître dans la législation. L'article 3 nous en fournit une en autorisant les juges-consuls qui, comme aujourd'hui, devaient siéger au nombre de trois au moins pour que leurs sentences fussent valables, à prendre, en outre, le conseil de « telles personnes qu'ils aviseront, si la matière y est « subjecte et s'ils en sont requis par les parties ». On a vu là la source de l'institution des juges suppléants. La législation s'est sensiblement perfectionnée sous ce rapport. Il n'en est pas moins vrai que le moyen de compléter les tribunaux, en cas d'absence ou d'empêchement d'un juge, était suffisant pour l'époque. Les termes de l'édit de 1563 nous révèlent encore une idée dont l'application nous semble faite d'une façon assez heureuse. Quelle que soit la capacité des juges, il peut se faire qu'un différend s'élève sur une matière qui leur soit complètement étrangère. Rien de plus légitime alors que de leur permettre de s'entourer de tous les renseignements propres à les éclairer, notamment d'appeler auprès d'eux des hommes spéciaux dont le conseil peut leur être utile. Cette faculté leur était accordée par l'édit de 1563. C'était sage, et si cette disposition a été abrogée dans la suite, si rien de pareil ne se retrouve dans la législation actuelle, c'est qu'on arrive au même résultat au moyen des renvois devant les arbitres.

Après le recrutement des juges et la compétence vient la procédure. Sous ce rapport, les principes anciens sont encore en vigueur. La célérité et l'économie président aux sages dispositions de la loi. « Et pour couper chemin à toute longueur et oster l'occasion de fuir « et de plaider », les ajournements doivent être libellés et contenir demande certaine ; le ministère des avocats et des procureurs est prohibé ; les parties sont tenues de « comparoir en personne à la première « assignation, pour être ouïes par leur bouche, s'ils n'ont légitime « excuse de maladie ou d'absence ; esquels cas enverront par écrit « leur réponse signée de leur main propre, ou, audit cas de « maladie, de l'un de leurs parents, voisins ou amis, ayant de ce, « charge et procuration spéciale. » (Art. 4.) Si, lors de la première comparution, les parties sont contraires en fait, on leur fixe un seul délai pour produire leurs pièces ou leurs témoins. Les témoins entendus ou le délai écoulé, le différend est jugé sur-le-champ, si faire se peut, en tout cas, « sommairement et sans figure de procez ». (Art. 5 et 6.) Nous n'avons pas besoin de faire remarquer que si les temps et l'usage ont apporté quelques tempéraments à la rigueur de ces prescriptions, l'esprit qui les a inspirées règne encore dans celles qui nous régissent et que les changements n'ont eu lieu que dans la forme et dans les détails.

Sous le bénéfice de ces observations, les articles 7, 8 et 9 ont passé dans nos codes.

L'article 7 proclame la gratuité des fonctions des juges-consuls.

Elles ont toujours été honorifiques, et, à notre avis, elles sont la plus belle récompense qu'un commerçant puisse recevoir de ses concitoyens. C'est un brevet d'honneur et de capacité que l'on doit être fier d'obtenir ; car, s'il est beau de juger ses semblables, il est encore plus flatteur d'exercer un si grand pouvoir en vertu de l'élection, d'être choisi parmi ses pairs pour être l'arbitre de leur honneur et de leur fortune.

Les articles 8 et 9 règlent les appels qui doivent être portés devant le Parlement, comme aujourd'hui devant la Cour. Le taux du dernier ressort était de 500 livres tournois. L'exécution provisoire était de droit. « Es cas qui excéderont ladite somme de 500 « livres tournois sera passé outre à l'entière exécution des sentences « desdits juge et consuls, nonobstant oppositions ou appellations, « et sans préjudice d'icelles ». (Art. 9.) L'article 10 prononçait la contrainte par corps contre tout débiteur condamné pour une somme n'excédant pas 500 livres tournois, et l'article 11 fixait les intérêts moratoires qui devaient être calculés au denier 12 (environ 8 1/2 %).

Les articles 12 et 13, relatifs à l'exécution des jugements, n'ont pas vu leur principe altéré. Tous les officiers de la justice ordinaire doivent exécuter les sentences des juges-consuls suivant leur forme et teneur ; mais s'il surgit des difficultés sur l'exécution, elles sont de la compétence des juges ordinaires.

Enfin, pour ne rien omettre, mentionnons l'article 18, qui permet aux magistrats consulaires de « choisir et nommer pour leur scribe et « greffier, telle personne d'expérience, marchand ou autre, qu'ils « aviseront, lequel fera toutes expéditions en bon papier, sans user « de parchemin ». (Le haut prix du parchemin aurait grevé la procédure de frais inutiles.)... « Et lui défendons très étroitement de prendre pour ses salaires et vaccations autre chose qu'un sol tournoi par feuillet, sous peine de punition corporelle (1). » Aujourd'hui, le greffier du Tribunal de commerce est un officier ministériel qui a le droit de présenter son successeur et n'a plus à craindre pareille sanction.

Telle est l'économie de cet édit de 1563. Trouve-t-on dans les précédents quelque chose d'aussi complet et d'aussi déterminé ? Est-ce ainsi que procèdent les quelques articles réglant la juridiction foraine et même les édits de 1549 et de 1556, qui établissent les consuls à Toulouse et à Rouen ? Les articles 14, 15, 16 et 17, que nous avons passés sous silence et qui créent la Bourse de Paris, sont-ils le but principal ou un accessoire dans ce document ? Avons-nous donc tort de le considérer comme la base d'une institution dans laquelle nous retrouvons encore, presque sans altération, les principes qu'il contient? On nous objecterait en vain que l'on peut, en cherchant bien, trouver antérieurement chacune des idées qui se révèlent dans l'édit ; que, notamment, les conservateurs des foires pouvaient s'entourer des lumières des marchands notables ; qu'ils ne connaissaient pas de l'exé-cution de leurs jugements ; que le principe d'économie et de célérité dans la justice marchande était connu et appliqué de tout temps ; que les tribunaux de Toulouse et de Rouen se recrutaient par l'élection... Nous répondrons en répétant sans cesse que le législateur de 1563 a certainement trouvé les éléments de son œuvre existant avant lui ; mais en les rassemblant quand ils étaient épars, en les coordonnant d'une façon telle qu'on pouvait immédiatement en faire une application

---

(1) On peut juger par le mémoire suivant, cité par Nicodème et par le *Praticien des Consuls*, combien peu de frais étaient prélevés par les juridictions consulaires.

Mémoire des droits qui se lèvent dans la juridiction consulaire de Paris :

« Pour la présentation du demandeur, cinq sols.

« Pour la présentation du défendeur, cinq sols.

« Pour le droit d'appel de cause, attribué à l'office de premier huissier, deux sols six deniers.

« Pour les sentences et autres expéditions du greffe, deux sols, du rolle de quinze à seize lignes à la page et trois mots à la ligne.

« Pour le droit des controlles des dépens taxés par les sentences ou par exécutoires, six deniers pour livre.

« Pour le droit de garde des archives, réuni à l'office de controlleur des dépens, six deniers pour livre des dépens taxés.

« Pour le droit de syndic des procureurs, pareillement réuni à l'office de controlleur des dépens, un sol pour livre des dépens taxés.

« Pour le scel de chacune sentence, portant condamnation de cent livres, et au-dessus, vingt sols.

« Pour le scel des sentences au-dessous de cent livres jusqu'à cinquante livres, dix sols.

« Pour celles au-dessous de cinquante livres, six sols.

« Pour le controlleur des greffes, six deniers pour livre de tous les droits du greffe.

« Je soussigné, greffier du consulat de Paris, certifie le présent mémoire véritable. Fait ce 15 avril 1715.

Tome Ier.

« *Signé* : VERRIER. »

générale, il a créé une chose nouvelle qui a survécu quand les débris des institutions qui ont servi à la former sont depuis des siècles ensevelis dans l'oubli. C'est pour cela que si l'on ne veut pas remonter à l'antiquité pour suivre pas à pas un système qui, dans son développement, change de nature et d'apparence suivant les temps et les lieux, si bien que ce que l'on trouve à la fin ne ressemble en rien à ce qui était au commencement ; si l'on veut une date précise à laquelle on puisse fixer la naissance d'une institution venant au monde grande et forte, dans toutes les conditions possibles de vitalité, il faut nécessairement s'arrêter à celle de novembre 1563.

III

Modifications successives de l'institution.
Ordonnance de Blois (mai 1579).
Déclarations d'avril 1565, de 1610 et de 1611. — Procédure.
Ordonnance de 1667.

A peine fondée, l'institution prit un accroissement rapide. De tous côtés, les commerçants demandèrent à être jugés par leurs pairs, promptement et économiquement. Quelques tribunaux furent alors créés par des édits spéciaux dans certaines villes. Ainsi, à Orléans, en février 1563 (ancien style) ; à Nantes, en avril 1564 ; à Bordeaux, à Poitiers, à Tours, etc. Enfin en 1565, il en fut établi dans toutes les métropoles, capitales et villes de commerce où il y avait un juge royal. On alla même trop vite, et sur la demande des États généraux rassemblés à Blois, en 1576, l'ordonnance de mai 1579 (art. 239 et 240) supprima une partie des sièges. « Et quant à la suppression « requise par les députés du tiers état, des sièges et juridictions des « juges-consuls par nous établis en plusieurs villes de nostre royaume, « ordonnons que lesdits sièges demeureront seulement ès principales « et capitales de nostre royaume, ès quelles il y a grand train et trafic « de marchandises ; et à ceste fin, enjoignons à nos procureurs « généraux de nos départements de nous envoyer les noms et villes « qui peuvent commodément porter lesdits sièges et juridictions, « pour y estre par après, plus particulièrement par nous pourveu ;

« et, pour le regard de la suppression desdits sièges aux autres villes,
« avons différé pour y pourvoir cy-après. (Art. 239.)

« Et, néanmoins, nous avons dès à présent supprimé et révoqué
« l'établissement desdits sièges fait ès villes inférieures, ès quelles il
« n'y a affluence de marchands, et avons renvoyé et renvoyons les
« causes pendantes et indécises auxdits sièges par devant nos juges
« ordinaires des lieux ; auxquels nous enjoignons de vuider sommai-
« rement les procez de marchand à marchand et pour fait de marchan-
« dises, sans tenir les parties en longueur de procez, ni les·charger
« de plus grands frais qu'elles eussent supportés devant lesdits juges
« et consuls, sous peine de concussion. » (Art. 240.)

On comprend parfaitement qu'il faille un certain trafic dans une
ville pour y nécessiter un tribunal consulaire. C'était faire en quelque
sorte abus de l'institution que de l'étendre dans des lieux où les
magistrats n'avaient presque rien à juger. Et, sous un autre rapport,
le recrutement des juges devait être fort difficile là où les commerçants
étaient très peu nombreux, là où les nécessités et les habitudes commerciales n'exigeaient pas, chez les principaux, des connaissances et une
éducation propres à en faire de bons juges. Il faut deux choses pour
qu'un tribunal soit possible : des causes à lui soumettre et des hommes
capables de les juger. On était loin de rencontrer ces deux conditions
dans toutes les villes pourvues d'un juge royal.

Toutefois, le trafic, petit ou grand, étend partout ses ramifica-
tions, et il eût été souverainement injuste de laisser les marchands
de toutes les localités qui n'étaient pas assez commerçantes pour
avoir un tribunal consulaire, exposés aux frais et aux longueurs de
la justice ordinaire. Leur position était tout aussi intéressante, sinon
davantage, que celle des habitants des grands centres commerciaux.
Eux aussi avaient le droit de demander la célérité et l'économie dans
l'expédition de leurs affaires litigieuses. Ce n'était pas leur faute s'ils
n'avaient pas un trafic et un personnel suffisants pour leur procurer
les avantages d'une institution dont d'autres, plus heureux, ressentaient
les bienfaits. L'ordonnance de Blois donna satisfaction à tous les
intérêts en supprimant les sièges de juges-consuls partout où ils
étaient inutiles, et en renvoyant devant le juge ordinaire les causes
commerciales, mais en les faisant juger sans procédure et sans frais
comme devant le tribunal consulaire. Voilà donc encore un principe
qui, mis en pratique presque à l'origine, s'est conservé intact jusqu'à
nous.

Un autre principe ressort de l'article 239 de l'ordonnance de Blois, consacré par l'article 615 de notre code de commerce, et qui veut que les tribunaux de commerce soient établis seulement où il en est besoin. Fondée sur le développement du commerce et de l'industrie, l'existence des tribunaux consulaires doit lui être corrélative. C'est ce qui n'avait pas été compris en 1565, quand on généralisa pour toute la France la création de tribunaux consulaires (1). C'est ce qui fut si bien compris, quatorze ans après, que la législation inaugurée par l'ordonnance de 1579 est encore en vigueur. Toutes les fois que le commerce est devenu assez important dans une ville pour qu'il ait été d'une bonne administration de la doter d'un siège de juges-consuls, il ne s'est pas fait attendre. C'est ainsi qu'en 1710, alors qu'on comptait cinquante juridictions commerciales, on en créa vingt nouvelles. A l'époque où Jousse écrivait son *Commentaire sur l'ordonnance de 1673*, il y en avait soixante-dix-sept. Il y en avait deux cent dix-neuf en 1865.

Si la création des tribunaux consulaires donna satisfaction à un besoin légitime, la loi trouva cependant une opposition, sinon ouverte, du moins cachée, parmi ceux qui devaient surtout la respecter. La nouvelle institution enlevait aux juges ordinaires la connaissance d'affaires nombreuses, et en même temps, avec le système d'épices qui se pratiquait alors, malgré les avis réitérés de l'autorité, une source abondante de revenus. Rien d'étonnant dès lors que ces juges fissent tous leurs efforts pour retenir la proie qu'on leur enlevait, en cherchant à garder dans leur juridiction nombre de causes qui, en vertu du nouvel ordre de choses, devaient se porter devant le tribunal des juges-consuls. Cela devait leur être d'autant plus facile que l'édit de 1563, quoique parfaitement rédigé pour l'époque, laissait matière à interprétation. Quel qu'ait été, d'ailleurs, le prétexte ou le moyen, il est certain que le fait se produisit, que les marchands se plaignirent et que, moins de deux ans après sa création, le roi dut venir au secours du nouvel établissement. C'est ce qui ressort de la déclaration donnée à Bordeaux le 20 avril 1565, déclaration qui a son importance sous le rapport de l'histoire et de la compétence des tribunaux de commerce.

Charles IX déclare que les marchands de sa bonne ville de Paris

---

(1) L'Assemblée nationale commit la même faute en laissant presque à la volonté des villes la faculté d'avoir un tribunal de commerce.

lui ont envoyé un délégué pour lui remontrer « que depuis que pour
« bonnes causes et justes considérations, nous avons en nostre dite
« ville establi la juridiction d'un juge et quatre consuls des marchands,
« les juges ordinaires et conservateurs des privilèges et autres, nos
« juges, ont, par divers moyens, empesché et chacun jour empeschent
« le cours de ladite juridiction, sous couleur que le pouvoir que nous
« avons attribué auxdits juge et consuls n'est si amplement et parti-
« culièrement déclaré par ledit édit qu'il est requis ; et le contenu en
« iceluy est par eux respectivement interprété et restreint à leur
« advantage. Ce qui a causé plusieurs difficultez et controverses dont
« sont procédés diverses sentences, défenses, jugements et arrests
« contraires à nostre édit, qui rend ladite juridiction illusoire s'il n'y
« était par nous pourveu.

      « Sçavoir faisons que désirant singulièrement justice estre admi-
« nistrée à nos subjects, par les juges que leur avons commis, sans
« qu'aucun excède le pouvoir à lui attribué, et que par entreprise ou
« autrement, l'un empesche l'autre au cours de la juridiction qui lui
« est commise, et après avoir fait voir en nostre conseil la requeste
« et remonstrance desdits marchands, avec plusieurs sentences, juge-
« ments et arrests donnés tant en nostre Cour de Parlement à Paris,
« que par autres nos juges ; les reliefs d'appel et requestes respondues
« pour relever plusieurs appels de sentences données par lesdits juge
« et consuls pour sommes non excédantes la somme de 500 livres
« tournois et défenses faites à nos sergents de faire aucuns exploits
« ou ajournements et d'exécuter les sentences et mandements d'iceux
« juges et consuls... ». On voit, comme le dit ce préambule qu'on
n'avait rien oublié pour rendre la nouvelle juridiction complètement
illusoire... « Avons... pour faire cesser à l'avenir les difficultez et
« empeschements susdits, dit, déclairé, etc...

      « ARTICLE PREMIER. — Que les juge et consuls des marchands
« establis en nostre ville de Paris cognaissent et jugent en première
« instance de tous différends entre marchands habitants de Paris,
« pour marchandise vendue ou achetée en gros ou en détail, sans
« que pour raison de ce, nostre Parlement à Paris, ou autres nos
« juges, en puissent prendre aucune cognaissance et juridiction, soit
« par appel ou autrement, sinon ès cas qui excéderont la somme de
« 500 livres tournois, suivant ledit edit ; et laquelle en tant que
« besoin est ou serait, nous leur avons interdite et très expressément
« défendue, interdisons et défendons par ces présentes. »

Ce n'est là que la reproduction sommaire et pure et simple de ce que contient l'édit de 1563 ; mais l'article suivant innove.

« ART. 2. — Et quant à la marchandise vendue ou achetée,
« ou promise livrer, et payement pour icelle destiné à faire en ladite
« ville par les marchands en gros et en détail, tant habitant ladite
« ville qu'autres juridictions et ressorts de nostre royaume, par cédu-
« les, promesses ou obligations, encore qu'elles soient passées sous
« le scel de notre Châtelet de Paris, avons iceux juge et consuls
« desdits marchands de nostre dite ville de Paris, déclaré et décla-
« rons juges compétents ; et à eux en tant que besoin est, de nouvel
« attribué et attribuons la cognaissance et juridiction des différends
« qui naîtront entre lesdits marchands pour les cas que cy-dessus... »

C'est le principe qui a été conservé dans l'article 420 du Code de procédure civile :

« En matière commerciale, le demandeur peut assigner, à son
« choix, devant le tribunal du domicile du défendeur, devant celui
« dans l'arrondissement duquel la promesse a été faite et la mar-
« chandise livrée, devant celui dans l'arrondissement duquel le paie-
« ment devait être effectué. » Peut-être, ces idées étaient-elles dans l'esprit du rédacteur de l'édit de 1563 ; mais elles ne sont pas révélées dans le texte, et l'on comprend que, dans le cas prévu par l'article 2 de la déclaration de 1565, l'esprit de chicane des défendeurs aidant, les juges ordinaires eurent ample matière pour dérober à la juridiction qui s'élevait parallèlement à la leur, et sous le prétexte d'incompétence *ratione personæ*, nombre de causes qui n'étaient pas spécialement prévues par l'édit de 1563. La déclaration de 1565 ne fit, peut-être, que rappeler la juridiction dans les limites qu'on avait cru d'abord lui assigner ; toujours est-il qu'elle fixe pour les juges-consuls un droit nouveau ; qu'elle leur attribue une compétence plus étendue, puisqu'elle leur était contestée, et que nous pouvons la regarder comme un développement notable de l'institution.

La fin de l'article 2, quoique relative à la compétence, a cependant rapport à un ordre d'idées différent de celui qui vient de nous arrêter un instant. On doit y voir aussi une augmentation des attributions de la justice consulaire, puisque la connaissance de nombre de causes qui lui était disputée lui est formellement reconnue.

En ces temps de privilèges, un grand nombre de personnes

avaient celui de faire juger en vertu de lettres *de committimus*, par des tribunaux spéciaux, les contestations qu'elles pouvaient avoir (1).

Ainsi, certains fonctionnaires publics, les attachés de l'Université et d'autres, avaient le droit de plaider, même en matière civile, devant des tribunaux particuliers. Or, il arrivait, paraît-il, que quelques-unes de ces personnes faisaient le commerce en même temps qu'elles exerçaient une fonction. Si elles avaient une contestation à raison de leur trafic, elles devaient nécessairement décliner la compétence de la juridiction consulaire, en invoquant le privilège qu'elles avaient d'être traduites devant leurs juges particuliers, et ceux-ci, pour bien des motifs, ne demandaient pas mieux que de se déclarer compétents. Le marchand se trouvait donc obligé de plaider devant une juridiction qui n'était pas commerciale et d'en subir la procédure longue, coûteuse et peut-être partiale. C'est un tel abus que la fin de l'article 2 de la déclaration de 1565 a pour but de faire cesser. « Pour raison de quoi nous voulons tous lesdits mar-
« chands, et autres de nos officiers qui font trafic de marchandises,
« y être convenus, appelés et jugés, nonobstant les fins d'incompétence
« ou de renvoi qu'ils pourraient requérir en vertu de nos lettres *de*
« *committimus*, par devant les gens tenant les requestes de nostre
« hostel ou requeste de nostre Palais à Paris ; comme payeurs de
« nos compagnies ou autres de nos officiers faisant trafic ; ou par
« devant les conservateurs des privilèges des Universités, comme
« messagers ou autres officiers d'icelles qui sont marchands, par le
« moyen des privilèges qu'aucuns d'eux voudraient prétendre leur avoir
« été donnés par nos prédécesseurs, confirmés par nous et vérifiés en
« nos cours. Dont pour ce regard, et en tant qu'ils sont marchands,
« nous les avons dès à présent, comme pour lors, déboutés et
« déboutons, et auxdits privilèges pour ce regard, dérogé et déro-
« geons : nous voulons iceux juge et consuls y avoir aucun égard,
« mais leur permettons de passer outre nonobstant oppositions ou
« appellations d'incompétence qui pourraient être interjetées en fraude
« et sans préjudice d'icelles. Demeurant lesdits privilèges en autre
« chose en leur entier. »

---

(1) S'il n'est plus délivré de lettres *de committimus*, la loi n'a pas complètement supprimé le privilège qui en résultait. Ainsi, encore aujourd'hui, par exemple, les magistrats de l'ordre judiciaire ne sont, en certain cas, justiciables que de la Cour de cassation ; les délits des grands officiers de la Légion d'honneur, comme ceux des auxiliaires inférieurs de la justice, sont jugés par les Cours, etc. Toutefois, ces attributions de juridictions spéciales n'ont plus lieu qu'en matière criminelle ; en matière civile, « tous les Français sont égaux devant la loi ».

L'article 3 réitère aux Cours souveraines la prohibition de connaître des causes qui ne seraient pas sujettes à appel et aux procureurs « d'occuper et soi charger desdites causes d'appel ni de celles des « marchands qui voudront, pour fait de marchandises, décliner la « juridiction desdits juges et consuls ». Pour qu'il y ait une sanction pénale à ces prescriptions, l'article 4 permet au tribunal consulaire d'infliger aux contrevenants une amende de dix livres tournois, au maximum, applicable moitié aux pauvres de l'aumône générale de la ville, moitié à l'entretien de la Bourse de Paris. Enfin, l'article 5 et dernier de la déclaration enjoint aux sergents de faire tous exploits qui leur seront demandés de marchand à marchand, d'assister aux audiences du tribunal et de mettre ses jugements à exécution, à peine de dommages-intérêts, et malgré les défenses qu'aucun juge pourrait leur faire.

La parole souveraine fut dès lors respectée et la justice consulaire put garder sa place et consolider son autorité, sans qu'aucune institution rivale essayât d'y porter obstacle. Il fallut, au contraire, modérer l'extension qu'elle prit. On est surpris de rencontrer bientôt une déclaration qui rappelle les juges-consuls à l'observation de la règle de leur établissement, et qui leur défend d'empiéter sur la juridiction des juges ordinaires.

La déclaration de 1610 est en quelque sorte la contre-partie de celle de 1565. Cela tient, suivant nous, à deux causes : d'une part, comme on a pu le voir par les nombreux exemples que nous avons donnés, la langue juridique n'était pas encore formée en France. Les actes législatifs étaient rédigés en peu de mots, de façon à laisser une large place à l'interprétation. En outre, on dirait, à les lire, qu'ils semblent vouloir régler quelques faits particuliers, plutôt que de former un ensemble de dispositions applicable à toute une matière.

On y tient compte surtout de ce qui se passe, du présent, et on paraît peu se préoccuper de l'avenir. L'expérience personnelle des rédacteurs ne leur permettait pas de prévoir toutes les circonstances qui surgissent dans une longue délibération. Ainsi, la mauvaise rédaction de la loi donnant ouverture à plusieurs interprétations, dans un temps où la dispute était à la mode et les légistes fort ergoteurs, on put croire que la compétence des juges-consuls s'étendait à nombre de cas qu'il leur était interdit de connaître. D'autre part, ce résultat dut se produire naturellement et pour ainsi dire forcément. La justice des nouveaux tribunaux était expéditive et économique. Elle est, et il est probable qu'elle a toujours été d'une équité parfaite. Rien d'étonnant dès lors que les parties elles-mêmes aimassent mieux plaider devant les juges des marchands, toutes les fois que cela pouvait être, que de porter leurs contestations devant les juges ordinaires. De sorte qu'une tendance naturelle chez les justiciables, favorisée par l'obscurité du texte de la loi, dut amener devant les juges-consuls de nombreuses affaires qu'ils ne pouvaient pas juger. Il paraît qu'ils n'eurent pas toujours le soin de se déclarer incompétents d'office; c'est ce qui leur fut ordonné par la déclaration du 2 octobre 1610.

« Louis, etc... Combien que par l'édit d'établissement des juges-
« consuls, la juridiction d'iceux ait été limitée pour connaître des
« différends d'entre marchands et pour faits de marchandises seule-
« ment; toutefois, lesdits juges connaissent ordinairement de toutes
« sortes de conventions, ores qu'elles ne soient pour fait de marchan-
« dises, de cédules et obligations particulières; de prêts en deniers,
« lesquels ne sont pas pour faits de marchandises, de gages de
« serviteurs, salaires de mercenaires; de ventes de blés et vins par
« laboureurs et vignerons pour ce qui est de leur crû, leur donnant
« la qualité de marchands; de loyers de maisons ou héritages,
« maisons et fermages et toutes autres affaires qui leur sont présentées,
« encore que cela ne soit de leur juridiction et connaissance et que
« plusieurs ne soient capables du jugement des affaires qui ne sont
« de leur vaccation, n'ayant la connaissance des ordonnances et
« coutumes; ce qui cause un grand désordre auquel nos cours ont
« voulu apporter remède par plusieurs arrêts auxquels lesdits consuls
« n'ont obéi, à quoi, désirant pourvoir;

« Nous avons dit et déclaré, voulons que, suivant notre édit de
« création et établissement, les juges-consuls connaîtront seulement
« des différends entre marchands et pour fait de marchandises seule-
« ment, leur faisant expresse inhibition prendre aucune juridiction et
« connaissance des procès et différends pour promesses, cédules et
« obligations en deniers de pur prêt qui ne sont causés pour vente
« et délivrance de marchandises, de loyers de maisons, fermes,
« locations, moissons de grains, vente de blés, vins et autres denrées
« faites par bourgeois, laboureurs et vignerons étant de leurs crus et
« revenus, salaires ou marché par maçons, charpentiers, autres ouvriers
« et mercenaires; ains ordonner aux parties de se pourvoir devant leurs
« juges, ores qu'ils ne demandent leur renvoi, à peine de nullité des

« jugements qui interviendront, dépens, dommages et intérêts, pour
« lesquels, en cas de contravention, ils pourraient être pris à partie. »

Il est évident que toutes les conventions mentionnées dans cette
déclaration, dont les juges-consuls s'étaient arrogé la connaissance,
n'avaient pas le moindre caractère commercial. C'est donc à bon droit
que ces matières furent renvoyées et sont restées dans le domaine
de la justice civile. Pourtant un passage de cet acte donna matière à
des difficultés et nécessita une interprétation législative qui fut donnée
en 1611 par une nouvelle déclaration. Il était dit que les tribunaux
consulaires n'étaient pas compétents pour connaître des « procès
et différends pour cédules ou obligations de pur prêt non causés
pour vente ou délivrance de marchandises ».

En d'autres termes, il fallait que la cause commerciale fût *écrite*
dans l'acte litigieux.

C'était aller trop loin, soustraire beaucoup de causes commerciales à leur juridiction naturelle. Aussi, dans une déclaration du
4 octobre 1611, rendue en interprétation de la précédente, il est dit
que les juges-consuls connaîtront « de différends entre marchands,
« même pour argent prêté ou baillé à recouvrer l'un à l'autre, par
« obligations, cédules, missives, lettres de change et pour cause de
« marchandises ».

« Ces derniers mots : *pour cause de marchandises*, font voir qu'il
n'est pas nécessaire, à la vérité, que dans les billets, cédules, etc., il
soit fait mention que ces billets sont pour cause de marchandises, et
que cette cause est toujours présumée entre marchands et négociants ;
mais si, par les termes du billet ou de l'obligation, il paraît que
le litige naît pour une autre cause que pour fait de marchandise,
alors l'affaire n'est plus de la compétence des juges-consuls. C'est
ainsi que les deux déclarations que l'on vient de rapporter doivent
être conciliées (1) ». C'est aussi l'interprétation qui a été donnée à la
matière par un arrêt de règlement du Parlement de Paris, portant
défense aux négociants et à tous autres de se servir de promesses ou
de billets qui ne seraient pas remplis des noms des créanciers et des
causes, à peine de nullité, et attribuant aux juges-consuls la juridiction desdites promesses ou billets faits de marchand à marchand et
pour cause de marchandise, et la connaissance aux juges ordinaires
de toutes autres promesses.

---

(1) Jousse, *Commentaire de l'ordonnance de 1673*, art. 1er du titre XII.

Avant d'arriver à la célèbre ordonnance du commerce qui nous arrêtera quelques instants, nous voulons, pour ne rien omettre, extraire de quelques documents les parties qui se rapportent à la juridiction consulaire, quoique les textes que nous allons citer ne soient que la confirmation de ce que nous avons déjà vu. C'est, d'abord, un règlement du Parlement de Paris, rendu le 28 janvier 1658, par toutes les chambres assemblées, sur diverses matières de procédure, qui porte, entre autres choses, dans son article premier, que les sentences des consuls, rendues dans les causes de marchand à marchand,, et pour le fait de marchandise, à quelque somme que puisse s'élever la condamnation, doivent être exécutées, nonobstant appel arrêté.

C'est la confirmation pratique des articles 8 et 9 de l'édit de 1563 relatifs à l'appel et à l'exécution provisoire que l'on trouvait, paraît-il, moyen d'éluder en faisant rendre au Parlement, par surprise, des arrêts sur requête dans des cas où la loi l'interdisait. Puis vient l'ordonnance de 1667, qui fut le code de procédure de l'époque, et à laquelle notre loi a fait de fréquents emprunts. Elle consacre tout son seizième titre à la forme de procéder devant les juges et consuls des marchands. Les principes contenus en l'édit de 1563 y sont reproduits intacts. Ils reçoivent seulement un certain développement que l'expérience avait rendu nécessaire. En comparant le texte de l'édit de création avec celui que nous allons citer, on pourra se convaincre que la différence ne porte que sur des détails et ne consiste qu'en quelques innovations heureuses qui n'altèrent en rien les deux conditions que l'on cherche à réunir dans cette procédure : économie et célérité. Voici les termes de cette ordonnance.

« ARTICLE PREMIER. — Ceux qui seront assignés par devant les « juges et consuls des marchands seront tenus de comparoir en « personne à la première audience pour être ouïs par leur bouche.

« ART. 2. — En cas de maladie, absence ou autre légitime « empêchement, pourront envoyer un mémoire contenant les moyens « de leur défense ou demande, signé de leur main ou par leurs « parents, voisins ou amis, ayant de ce charge et procuration spéciale, « dont il fera apparoir, et sera la cause vidée sur-le-champ, sans « ministère d'avocat ni de procureur.

ART. 3. — Pourront néanmoins les juge et consuls, s'il est « nécessaire de voir les pièces, nommer, en présence des parties ou « de ceux qui seront chargés de leur mémoire, un des anciens consuls « ou autre marchand non suspect pour les examiner, et sur son

« rapport donner sentence qui sera prononcée en la prochaine
« audience. »

C'est là une innovation. L'édit de 1563 autorisait bien les juges
à appeler auprès d'eux « tel nombre de personnes de conseils qu'ils
« aviseraient », pour les aider à se faire une opinion. C'étaient des
juges suppléants ou des experts qui venaient prendre part à la
délibération, ou apporter aux magistrats, embarrassés pour résoudre
une question, le tribut de leurs connaissances. Ici, c'est autre chose.
Il semble que depuis la création des tribunaux consulaires, les
affaires se sont multipliées, que les juges ne peuvent entendre et
juger à l'audience que celles qui n'ont besoin que d'explications verbales.
S'il faut lire et étudier des pièces, les juges n'ont plus le temps.
Alors, il peuvent nommer un expert, qui ne vient plus donner lui-
même ses explications au tribunal, mais qui lui remet un rapport
sur lequel la sentence est rendue. C'est l'expérience seule qui a
amené cette innovation. On ne pouvait certainement pas prévoir
en 1563, qu'un siècle plus tard, les juges-consuls n'auraient pas
même le temps d'étudier les pièces qu'on servirait au procès.

« ART. 4. — Pourront, s'ils jugent nécessaire d'entendre la
« partie non comparante, ordonner qu'elle. sera ouïe par sa bouche
« en l'audience, en lui donnant délai compétent, ou si elle était
« malade, commettre l'un d'eux pour prendre l'interrogatoire que le
« greffier sera tenu de rédiger par écrit.

« ART. 5. — Si l'une des parties ne comparaît pas à la première
« assignation, sera donné défaut ou congé emportant profit.

« ART. 6. — Pourront néanmoins les défauts et congés être
« rabattus en l'audience suivante, pourvu que le défaillant ait sommé
« par acte celui qui a obtenu le défaut ou congé de comparoir en
« l'audience, et qu'il ait offert par le même acte de plaider sur-le-
« champ.

« ART. 7. — Si les parties sont contraires en faits et que la
« preuve en soit recevable par témoins, délai compétent leur sera
« donné pour faire comparoir respectivement leurs témoins, qui
« seront ouïs sommairement à l'audience, après que les parties
« auront verbalement proposé leurs reproches, ou qu'elles auront été
« sommées de le faire, pour être ensuite la cause jugée en la même
« audience, ou au Conseil, sur la lecture des pièces.

« ART. 8. - Au cas que les témoins de l'une ou l'autre partie
« ne comparent, elle demeurera forclose et déchue de les faire ouïr,

« si ce n'est que les juge et consuls, eu égard à la qualité de
« l'affaire, trouvent à propos de donner un nouveau délai d'amener
« témoins, auquel cas les témoins seront ouïs secrètement en la
« chambre du Conseil.

« ART. 9. — Les dépositions des témoins ouïs à l'audience
« seront rédigées par écrit, et s'ils sont ouïs en la chambre du
« Conseil, seront signées du témoin, sinon sera fait mention de la
« cause pour laquelle il n'a point signé.

« ART. 10. — Les juges et consuls seront tenus de faire mention
« dans leur sentence des déclinatoires qui seront proposés.

« ART. 11 — Ne sera pris par les juge et consuls aucunes
« épices, salaires, droits de rapport et du conseil, même pour les
« interrogatoires et auditions de témoins ou autrement; en quelque
« cas et pour quelque cause que ce soit, à peine de concussion et
« de restitution du quadruple. »

A l'exception de quelques détails de procédure, peut-être
inconnus cent ans plus tôt, les dispositions de l'ordonnance de 1667,
ne sont-elles pas la paraphrase ou le commentaire de 1563 ? Parmi
les innovations de 1667, nous devons signaler l'article 3 de
l'ordonnance qui est le germe des renvois devant arbitres ou devant
experts et surtout l'article 6 qui nous semble mériter une attention
spéciale.

Nous sommes frappés de la manière simple et économique avec
laquelle le défaillant pouvait faire rapporter le jugement qui le
condamnait par une simple sommation à la partie adverse, de
comparaître à l'audience suivante avec offre d'y plaider. Aujourd'hui,
ne faut-il pas avoir l'expédition d'un jugement et le notifier à la
partie condamnée, pour que celle-ci puisse former son opposition
contenant un nouvel ajournement ? Le tout, non sans frais et
perte de temps.

CHAPITRE IV

Ordonnances de 1673, de 1681. — Fin de la période de l'ancien régime.

ETONS un regard en arrière. Un immense changement s'est opéré pendant un siècle dans l'état politique et commercial de la France. En politique, l'unité est partout. L'unité territoriale s'est accomplie. La puissance royale a absorbé toutes les forces de la nation. Pour le commerce, des contrées nouvelles ont été découvertes. La route des Indes orientales et occidentales est devenue le grand chemin du trafic. Des Compagnies puissantes ont été fondées et encouragées par les rois pour exploiter ces nouvelles sources de la richesse publique. Le développement de la marine marchande a permis à Richelieu de créer une marine militaire, et la France eut un nouvel élément de force en même temps que le commerce eut une efficace protection. Quand le pouvoir royal n'eut plus d'obstacles à surmonter, quand toutes les rivalités furent écrasées, quand le roi n'eut plus qu'à faire éclore les germes des institutions qui avaient été semés par ses prédécesseurs, il rencontra un ministre merveilleusement doué pour le seconder. Colbert eut la gloire de réformer avec sagesse toutes les branches de l'administration et de mettre les lois de la France en harmonie avec sa grandeur et celle de la civilisation. Sa main se fit sentir partout de la manière la plus heureuse.

Par des ordonnances restées célèbres, les finances, la procédure civile et criminelle, la législation du commerce et celle de la marine furent successivement réorganisées. De toutes ces réformes, aucune ne modifia sensiblement les tribunaux consulaires. L'institution, perdue comme un rouage obscur mais non pas inutile dans la machine sociale, subsista à peu près telle qu'elle avait été créée. La célèbre ordonnance de 1673 ne négligea point de s'en occuper. Elle renferme tout un titre relatif à la juridiction des consuls qui intéresse son histoire. Il ne nous est pas permis de passer sous silence un tel document. Nous ne voulons donc ici que continuer à donner les textes intéressant les attributions des tribunaux de commerce, en recherchant les modifications qu'ils peuvent apporter à l'état antérieur de la législation.

« ARTICLE PREMIER. — Déclarons communs pour tous les sièges des juges et consuls l'édit de leur établissement dans notre bonne ville de Paris, du mois de novembre 1563, et tous autres édits touchant la juridiction consulaire enregistrés en nos cours de Parlement. »

Comme nous l'avons dit, les sièges des juges-consuls avaient été établis dans les diverses villes du royaume à différentes reprises, et tous les édits d'institution n'étaient pas littéralement copiés sur celui de 1563. Ainsi, pour citer un exemple qui a un certain intérêt historique, la juridiction commerciale de Lyon était loin de ressembler en tout à celle de Paris.

Il existait à Lyon, ainsi que nous avons eu souvent occasion de le répéter, une juridiction spéciale aux marchands fréquentant les foires, exercée d'abord par le sénéchal, plus tard par le prévôt des marchands et les échevins. Ce tribunal n'empêcha pas de créer un siège de juges-consuls, probablement en 1565, année où il en fut établi dans toutes les villes importantes ; mais dans nombre de cas, les attributions des deux tribunaux durent se confondre d'une façon préjudiciable à la bonne administration de la justice. Pour faire cesser une confusion qui devait être parfois inextricable, on réunit les deux tribunaux en un seul, sous le nom de *Conservation des foires de Lyon* (édit de mai 1655), et ce fut celui-là qui fut le seul compétent en toute matière commerciale, jugeant les contestations relatives aux affaires traitées pendant les foires, aussi bien que celles traitées dans l'intervalle. Il était composé de droit du prévôt des marchands et des échevins. Là, comme ailleurs, il y eut de nombreux conflits entre la justice commerciale et la sénéchaussée ou le présidial. Pour les faire cesser, il fallut encore un édit (août 1669) qui définit la compétence des juges-conservateurs. Elle était, à quelques différences près, celle des juges-consuls de Paris. Le pouvoir des juges de Lyon était pourtant quelquefois plus étendu. Ils connaissaient des faillites et banqueroutes et, en cas de fraude, « pro-« cédaient extraordinairement et criminellement contre les faillis, « auxquels et à leurs complices ils pouvaient faire et parfaire le « procès, suivant la rigueur des ordonnances, à l'exclusion de tous « autres juges ». Vincens y veut sans doute faire allusion, lorsqu'il dit que la *Conservation de Lyon* paraît avoir exercé une juridiction criminelle.

Le texte de l'édit de juillet 1669 donne les règles particulières à la compétence de la Conservation de Lyon. Il est à remarquer que les sentences des juridictions consulaires des autres villes du royaume ne pouvaient s'exécuter à Lyon, qu'autant qu'elles avaient été revêtues d'un *parentis* de la Conservation, par exception à la règle suivant laquelle les sentences de la juridiction consulaire étaient de plein droit exécutoires dans tout le royaume.

Il est probable que la différence entre les divers tribunaux consulaires du royaume et celui de Paris n'était pas aussi tranchée. Il pouvait cependant s'en rencontrer une certaine. L'article premier de l'ordonnance a pour but de la faire cesser et là, comme ailleurs, d'établir l'unité. Remarquons de suite que cette unité, telle que nous la comprenons et telle qu'elle existe aujourd'hui, ne put s'établir. La compétence, les attributions des juges-consuls bien définies par l'ordonnance de 1673, furent les mêmes partout, mais quelques dispositions de détails, purement locales, sans aucune importance sérieuse, et qui n'étaient pas spécialement prévues par l'ordonnance, restèrent en vigueur dans certaines villes. Par exemple, en ce qui concerne l'élection des magistrats, nous lisons dans Merlin (*Nouveau répertoire. V. Consuls des marchands*) « qu'à Montpellier, le prieur et les consuls étaient élus à la pluralité des voix des anciens juges-consuls et des autres bourgeois et marchands ; qu'à Bordeaux, trois jours avant l'expiration de leur année de magistrature, les juges-consuls sortants devaient appeler jusqu'à quarante marchands, bourgeois de cette ville, lesquels, sans partir du lieu et sans désemparer, devaient procéder avec eux et à l'instant, à l'élection des nouveaux juges ; que l'on convoquait à Bourges, pour l'élection, cinquante marchands ; qu'à Lille et à Valenciennes, les juges et consuls étaient obligés d'appeler vingt marchands et négociants pour procéder avec eux à l'élection, etc. ».

De telles différences ne touchent en rien à l'essence de l'institution. Nous trouverons plus loin, en citant l'article 8, une exception
plus importante. D'après cet article, les juges-consuls ne devaient
point connaître du commerce fait pendant les foires, lorsque l'attribution en était faite aux juges-conservateurs des privilèges des foires,
en sorte que, notamment, la Conservation de Lyon resta ce qu'elle
était.

Suivons le texte de l'ordonnance de 1673. Les articles 2 et 3
s'occupent des lettres et des billets de change.

« ART. 2. — Les juge et consuls connaîtront de tous billets de
« change faits entre négociants et marchands ou dont ils devront la
« valeur, et entre toutes personnes pour les lettres de change ou
« remises d'argent faites de place en place.

« ART. 3. — Leur défendons néanmoins de connaître des billets
« de change entre particuliers autres que négociants ou marchands,
« ou dont ils ne devront pas la valeur ; voulons que les parties se
« pourvoient devant les juges ordinaires, ainsi que pour les simples
« promesses. »

En 1673, comme aujourd'hui, les tribunaux consulaires connaissaient des lettres de change entre toutes personnes « même nobles,
officiers, ecclésiastiques, dit Jousse, parce que ces personnes ont
dérogé à leur qualité en subissant un pareil engagement et que ces
lettres sont une espèce de négoce » ; mais c'est une innovation à
l'édit de 1563, qui n'attribuait aux juge et consuls la connaissance
des lettres de change qu'entre marchands.

Cet édit avait parfaitement déterminé la compétence commerciale
pour les « différends entre marchands, pour fait de marchandise seulement », mais cela n'était pas suffisant. Il y a des cas où l'acte peut
être commercial de sa nature, d'autres où il est commercial pour
l'une des parties seulement ; enfin il peut s'élever des doutes sur le
caractère d'une convention conclue même entre commerçants. Ces
difficultés qui ont été résolues autant qu'il était possible par notre
Code de commerce, ne le furent que très imparfaitement par l'ordonnance de 1673, restée fort incomplète à cet égard. On ne voulut pas
encore poser le principe que les tribunaux consulaires pouvaient avoir
une compétence réelle, et que tout acte de commerce, quelle que soit
la personne de laquelle il émane, ressort de la juridiction commerciale. Il est vrai que bon nombre de cas qui sont énumérés dans
l'article 632 du Code de commerce ne devaient pas se présenter dans

la pratique. L'ordonnance ne se préoccupe que des plus fréquents et essaie d'expliquer par des exemples le principe que le Code de commerce a posé en disant que « la loi répute acte de commerce tout achat de denrées et marchandises pour les revendre, soit en nature, soit après les avoir travaillées et mises en œuvre ».

L'article 4 de l'ordonnance se trouve être un excellent commentaire anticipé du paragraphe premier de l'article 632 du Code de commerce.

« Art. 4. — Les juge et consuls connaîtront des différends « pour ventes faites par des marchands, artisans et gens de métiers, « afin de revendre ou de travailler de leur profession ; comme à « tailleur d'habits, pour étoffes, passements et autres fournitures ; « boulangers et pâtissiers, pour blé et farine... et autres semblables. » Le texte de l'édit de 1563 était assez général pour comprendre la série d'actes que l'ordonnance énumère. Elle ne fait donc que traduire un texte déjà ancien en l'appuyant d'exemples qui enlèvent tous les doutes qui pouvaient se produire relativement aux opérations qu'elle prévoit.

L'article 5 ne contient rien de nouveau : « Connaîtront aussi « des gages, salaires et pensions des commissionnaires, facteurs et « serviteurs des marchands, pour le fait du trafic seulement. »

L'article 6 a probablement été écrit pour faire cesser des difficultés d'interprétation ; car son principe, que le législateur moderne a conservé, n'avait pas besoin d'être proclamé. En voici les termes : « Ne pourront les juge et consuls connaître des contestations pour « nourritures, entretiens et ameublements, même entre marchands, « si ce n'est qu'ils en fassent profession. »

C'est ce que le Code de commerce a traduit, en disant (art. 638) que les actions intentées contre un commerçant, pour paiement de denrées et marchandises achetées pour son usage particulier, ne sont point de la compétence des tribunaux de commerce.

Effectivement, un tel acte n'est pas commercial. Il n'y a pas, de la part de l'acheteur, achat pour revendre. Le caractère de spéculation qui distingue l'acte de commerce venant à manquer, les actions qui peuvent naître de la convention sont de la compétence des tribunaux civils. L'article 6 de l'ordonnance serait donc une superfétation, s'il n'était besoin, dans une loi bien faite, de ne laisser aucune place à la discussion.

L'article 7 est une nouveauté. Il est relatif au commerce maritime : « Les juge et consuls connaîtront des différends, à cause des assurances,

« grosses aventures, promesses, obligations et contrats concernant
« le commerce de mer, le fret et le naulage des vaisseaux. » L'innovation était heureuse, mais elle était trop hardie, sinon pour le
commerce, au moins pour les juges de l'amirauté qui, jusque-là,
avaient eu la connaissance de ces différends. Il fut bientôt fait droit
à leurs réclamations, et l'article 7 de l'ordonnance, malheureusement,
fut abrogé.

« ART. 8. — Connaîtront aussi du commerce fait pendant les
« foires tenues ès lieux de leur établissement, si l'attribution n'en
« est faite aux juges-conservateurs des foires. »

On ne touchait pas facilement aux privilèges, cependant cet
article paraît avoir été fait pour mettre, autant que possible, l'unité
dans l'institution. Les foires avaient leur juridiction spéciale, mais
elle ne pouvait s'exercer que pendant les jours assignés au commerce
forain et pour les contestations qui lui étaient relatives. Si la ville
où elles se tenaient était pourvue d'un siège de juges-consuls, il se
rencontrait, pendant certaines périodes, deux tribunaux pour juger la
même nature d'affaires. Seulement, l'un s'occupait du commerce
engendré par la tenue de la foire, l'autre du commerce ordinaire.
Telles étaient les subtilités auxquelles l'ancien régime aboutissait avec
sa multitude de juridictions.

L'article 8 de l'ordonnance veut mettre un peu d'ordre dans la
question de compétence. Aux termes de cet article, le tribunal
consulaire établi dans une ville où se tient une foire connaît du
commerce fait dans cette foire. Voilà donc la juridiction foraine
supprimée. Sa raison d'être n'existe plus, en effet, en présence des
juges-consuls. Mais, d'autre part, si les juges-conservateurs ont
attribution de juridiction, ce qui existait presque partout, voilà le
tribunal consulaire muet et inutile pendant tout le temps que dure la
foire. En respectant le privilège des juges-conservateurs, il était donc
impossible d'arriver à un résultat satisfaisant et d'éviter les conflits de
juridiction. Mais il faut dire qu'à l'exception de celles de Lyon, les
foires paraissent tomber depuis longtemps en désuétude. Nous croyons
avoir prouvé qu'il en dut être ainsi par suite du développement
considérable du commerce qui ne permettait plus aux négociants
d'attendre à des époques déterminées et de faire de longs voyages
pour opérer leurs échanges.

Les bourses de commerce, qui surgirent partout, portèrent un
coup mortel aux foires. Il est du moins certain qu'en parcourant

les recueils des lois et ordonnances, depuis bien longtemps on ne trouve rien qui se rapporte à d'autres foires que celles de Lyon. On peut donc être amené à penser que l'article 8 de l'ordonnance de 1673 se réfère surtout à l'édit de 1655, relatif à la juridiction commerciale de Lyon, et qui avait supprimé complètement le siège des juges-consuls pour faire de la Conservation le seul tribunal de commerce, pour les temps de foire comme pour les autres. S'il existait encore d'autres foires, si les privilèges de leurs conservateurs n'étaient pas bien assurés, il faut considérer notre article comme une conquête pour la juridiction consulaire. L'édit de 1563 ne faisait allusion à rien de semblable. Il respectait la juridiction foraine dans son entier, si bien que les tribunaux que l'usage et l'exemple avaient fait établir pouvaient faire concurrence aux juges-consuls. S'il en était ainsi, l'ordonnance de 1673 ramena, autant que possible, la législation à l'unité en faveur des tribunaux consulaires.

« Art. 9. — Connaîtront pareillement de l'exécution de nos « lettres lorsqu'elles seront incidentes aux affaires de leur compétence, « pourvu qu'il ne s'agisse pas de l'état ou qualité des personnes. »

Les lettres auxquelles il est fait allusion dans cet article sont ce que l'on appelait « Lettres royaux ».

Sous cette dénomination, on comprenait un grand nombre de lettres émanées du roi et traitant d'une matière générale ou d'une affaire particulière à la personne qui les avait obtenues. Elles étaient adressées aux juges royaux. Telles étaient les lettres de grâce, de rescision, *de committimus*, de noblesse, de répit, d'émancipation, etc. Ces lettres portaient toujours sous-entendue la clause « sauf le droit du roi et d'autrui » ; c'est-à-dire, que toute personne qu'elles lésaient pouvaient y faire opposition. Les juges-consuls n'étant pas juges royaux, on ne leur adressait pas de lettres, de sorte qu'ils ne connaissaient pas des oppositions que des tiers y pouvaient faire par action principale. Mais il se présentait des cas où une partie plaidante se fondait sur des lettres royales obtenues par elle. C'était un argument qu'elle présentait et cet argument pouvait être combattu. Toutefois, ce n'était pas l'action principale; ce n'était qu'un incident que les juges-consuls pouvaient vider sans renvoyer l'affaire aux juges royaux. Dans ce cas, dit Jousse, les lettres devaient leur être adressées.

« Art. 10. — Les gens d'église, gentilshommes et bourgeois, « laboureurs, vignerons et autres, pourront faire assigner, pour vente

« de blé, vins et bestiaux et autres denrées provenant de leur cru,
« ou par devant les juges ordinaires ou par devant les juges-consuls
« si les ventes ont été faites à des marchands ou artisans, faisant
« profession de revendre. »

La déclaration de 1610 avait défendu de porter ces contestations
devant les juges-consuls (et son texte reste en vigueur) quand la
demande est formée par un marchand contre un particulier non
marchand. L'ordonnance se préoccupe de l'hypothèse inverse. En
donnant le choix aux propriétaires de denrées provenant de leur cru,
vendues à des marchands, d'assigner ces derniers devant les juges-
consuls ou devant les juges ordinaires, au gré du demandeur,
l'ordonnance aurait méconnu le principe que nul ne peut être distrait
de ses juges naturels, s'il n'avait pas été admis dès cette époque, à
plus forte raison qu'aujourd'hui, que les tribunanx de commerce ne
sont que des tribunaux d'exception et que la justice civile ordinaire
est la justice naturelle de tout citoyen avec plénitude de juridiction.
Cependant Pothier nous apprend, dans son traité de la *Procédure*,
que dans l'ancienne jurisprudence on décidait que les tribunaux
civils saisis d'une contestation commerciale étaient incompétents
ratione materiæ; que l'exception d'incompétence pouvait être proposée
en tout état de cause, et que, dans le silence des parties, elle devait
être appliquée d'office par le tribunal.

« ART. 11. — Ne sera établi dans la juridiction consulaire aucun
« procureur, syndic, ni autre officier, s'il n'est ordonné par l'édit
« de création du siège ou autre édit dûment enregistré. »

L'édit de 1563 ordonnait déjà que la procédure devant le tribunal
consulaire fût faite sans le ministère d'avocat ni de procureur. C'était
la conséquence de la disposition qui voulait que les parties fussent
« ouïes par leur bouche », et cela évitait des frais considérables. Le
principe d'économie, de toute antiquité, dans les procès pendants
devant les conservateurs des foires, fut donc maintenu en 1563, en
1667, en 1673 et depuis. Toutefois, si les procureurs étaient exclus
des audiences commerciales, il n'était pas défendu, en cas d'empêchement légitime, de se faire représenter par un parent ou un voisin,
porteur d'un mémoire signé de la partie (édit de 1563, ordonnance
de 1667). Il n'y avait pas loin de là à laisser les parties se faire représenter par un mandataire pourvu d'une procuration spéciale, et comme
tel on pouvait choisir un procureur ou un avocat. Rien n'est plus juste,
du moment que les frais de la procédure ne sont pas augmentés et que

les honoraires du mandataire sont quand même à la charge du mandant. Au temps de Jousse, il y avait déjà des agréés, car il dit, sous l'article II : « Quoiqu'il n'y ait point de procureurs en titre d'office « dans les juridictions consulaires, néanmoins il y a des personnes « préposées pour défendre et plaider les causes des particuliers qui ne « peuvent ou ne veulent pas plaider par eux-mêmes : ces personnes « sont choisies par les juges consuls et prêtent serment devant eux. »

S'il n'y avait jamais de procureurs en titre d'office, il y avait parfois un procureur syndic. Jousse nous apprend encore qu'il devait être gradué et que l'on renvoyait devant lui toutes les causes qui renfermaient des questions de droit pour les juger sur son rapport. Ce magistrat n'exerçait ses fonctions que lorsque l'édit de création du siège ou un édit postérieur l'avait institué. L'édit de 1563 ne porte rien de semblable pour Paris. Nous voyons le contraire à Lyon. Il existait un procureur syndic près de la Conservation avant 1669.

Alors, le prévôt des marchands et les échevins, juges-conservateurs, furent autorisés à rembourser le prix de la charge au procureur qui tenait son titre du roi et à nommer eux-mêmes un magistrat remplissant les mêmes fonctions. Le procureur, ainsi choisi par le tribunal lui-même, était élu pour trois ans. Il n'était pas rééligible. L'institution du ministère public près les tribunaux de commerce ne serait donc pas une nouveauté, et l'on pourrait peut-être trouver dans les débris de l'ancien régime une méthode applicable au nouvel état de choses.

Les derniers articles de l'ordonnance ne sont, eux aussi, que la reproduction de dispositions déjà connues.

L'article 12, relatif à la procédure, renvoie simplement à l'ordonnance de 1667. Les articles suivants comblent une lacune de celle-ci et sanctionnent les mesures prises pour assurer la séparation des juridictions.

Quand une affaire est de la compétence des juges-consuls, c'est en vain que les parties voudraient échapper à leur jugement par des faux-fuyants de procédure.

« ART. 13. — Les juge et consuls, dans les matières de compé- « tence, pourront juger, nonobstant tout déclinatoire, appel d'incom- « pétence, prise à partie, renvoi acquis et signifié, même en vertu de « nos lettres de *committimus*, aux requêtes de notre hôtel ou du palais, « le privilège des universités, des lettres de garde-gardienne et tous « autres. »

Nous avons vu l'article 2 de la déclaration de 1565 dire absolument les mêmes choses. Les juges-consuls peuvent passer outre dans les matières de leur compétence ; mais s'ils sont saisis d'une demande qui doit leur rester étrangère, ils doivent renvoyer les parties dès qu'elles le demandent.

« Art. 14. — Seront tenus néanmoins, si la connaissance ne leur « appartient pas, de déférer au déclinatoire, à l'appel d'incompétence, « à la prise à partie et au renvoi. » C'est la déclaration de 1610.

Ces dispositions se retrouvent dans notre droit actuel, à cette différence que l'article 14 de l'ordonnance enjoint aux juges-consuls de déférer au déclinatoire, à l'appel d'incompétence et au renvoi ; ce qui fait supposer que ces exceptions devraient toujours être proposées par les parties ; tandis que l'article 424 du Code de procédure civile exige que le tribunal de commerce, incompétent à raison de la matière, renvoie les parties d'office, encore que le déclinatoire n'ait pas été proposé. Dans tous les autres cas, l'exception doit être proposée *in limine litis*, et est couverte par toutes défenses. La jurisprudence interprétant l'ordonnance dans le sens que le Code de procédure a donné à la législation décidait que les juges-consuls devraient se déclarer incompétents d'office, encore que les parties consentiraient à faire juger par eux une affaire qui ne serait pas de leur compétence. (Voir Jousse, *Commentaires de l'article 14.*)

L'article 15 est la sanction des précédents, en même temps que la traduction énergique de la déclaration de 1565.

« Art. 15. — Déclarons nulles toutes ordonnances, commissions, « mandements pour faire assigner et les assignations données en « conséquence par devant nos juges et ceux des seigneurs, en révo- « cation de celles qui auront été données par devant les juges et « consuls.

« Défendons, à peine de nullité, de cesser ou surseoir les procé- « dures et les poursuites en exécution de leurs sentences ni faire « défense de procéder par devant eux. Voulons qu'en vertu de notre « présente ordonnance, elles soient exécutées, et que les parties qui « auront présenté leurs requêtes pour faire casser, révoquer, surseoir « ou défendre l'exécution de leurs jugements ; les procureurs qui les « auront signées, et les huissiers ou sergents qui les auront signifiées, « soient condamnés chacun en cinquante livres d'amende, moitié au « profit de la partie, moitié au profit des pauvres, qui ne pourront « être remises ni modérées ; au paiement desquelles la partie, les « procureurs et les sergents seront contraints solidairement. »

Il semblerait à lire ces lignes que, même à l'apogée de la puissance de Louis XIV, les discussions qui s'élevaient entre les juridictions rivales n'avaient point cessé.

L'ordre qui règne dans notre hiérarchie judiciaire a rendu inutile le maintien de dispositions si sévères. Aucune juridiction ne peut empiéter sur l'autre, et ce n'est pas le moins grand bienfait qu'ait réalisé le législateur moderne que d'avoir mis l'harmonie là où autrefois il n'y avait que confusion.

L'article 16 concerne les veuves et les héritiers commerçants lorsqu'ils continuent leur commerce. C'est encore de la procédure, et cet article, ainsi que les précédents, aurait été plus à sa place dans l'ordonnance de 1667.

« ART. 16. — Les veuves et héritiers des marchands, négociants
« et autres, contre lesquels on pourrait se pourvoir par devant les
« juge et consuls, y seront assignés ou en reprise ou par nouvelle
« action ; et en cas que la qualité ou de commune ou d'héritier pur
« et simple, ou par bénéfice d'inventaire soit contestée, ou qu'il
« s'agisse de douaire, ou de legs universel ou particulier, les parties
« seront renvoyées par devant les juges ordinaires pour les régler ;
« et après le jugement de la qualité, douaire ou legs, elles seront
« renvoyées par devant les juge et consuls. »

L'article 17 n'est que la reproduction de la déclaration de 1565 qui, comme nous l'avons dit, posa les bases de l'article 420 de notre Code de procédure civile.

Enfin, l'article 18 est la conséquence de l'article 7 de l'ordonnance. Il veut que les assignations pour le commerce maritime soient données par devant les juges-consuls du lieu où le contrat a été passé, et non du lieu où le vaisseau sera parti ou de celui où il aura fait naufrage.

Telles furent les attributions des juges-consuls après l'ordonnance de 1673. Cette ordonnance fut appelée Code marchand ou Code Savary, du nom de son principal rédacteur, dont nous traçons en renvoi une courte biographie (1).

---

(1) Appelé par Colbert à collaborer à l'édit de 1673, Jacques Savary n'avait été ni juge, ni consul, ni prévôt des marchands, ni échevin, ni même quartenier. Il avait appartenu au corps des merciers, après avoir fait un stage chez un procureur au Parlement, puis chez un notaire au Châtelet.

Dans deux livres très importants : *Le Parfait négociant* et *Les Parères*, il a codifié les édits, ordonnances, coutumes, déclarations, arrêts réglementant le négoce. Ainsi qu'en témoigne une gravure remontant à 1675, conservée au musée Carnavalet et dont on trouvera plus loin la reproduction, ses œuvres étaient déposées sur le bureau de justice et les magistrats s'en inspiraient pour la

Dans l'histoire de la justice consulaire, il ne faut pas méconnaître l'importance de ce document, mais il ne faut pas non plus l'exagérer. Son principal mérite, en ce qui nous regarde, est d'avoir défini plus clairement les attributions des juges-consuls; c'est d'avoir traduit dans le langage du xviie siècle les vieux édits et les vieilles ordonnances; c'est de les avoir réunis et codifiés; c'est d'avoir civilisé la législation. En effet, nous n'avons pas eu à signaler de nombreuses innovations. Le vieil édit de 1563 est encore la loi fondamentale de l'institution. L'ordonnance est muette sur le mode de l'élection des juges, qui demeure soumis aux anciennes lois. La procédure reste ce qu'elle était d'après l'édit de 1563, modifié quelque peu, comme nous l'avons vu, par l'ordonnance de 1667. La compétence est donc étendue dans plusieurs matières; mais elle a été diminuée sur un point. Les articles 9 et suivants du titre IV enlevaient à notre juridiction la connaissance des différends entre associés pour l'attribuer à des arbitres. Il ne resta aux juges-consuls que l'homologation des sentences arbitrales. Il a fallu deux siècles pour revenir au point de départ qui était bon. La loi de 1856, en supprimant l'arbitrage forcé, n'a fait que rendre aux tribunaux de commerce une attribution dont ils jouissaient à leur naissance.

Si le titre XII, que nous venons d'analyser, trace avec une rectitude inconnue jusqu'alors les pouvoirs des juges-consuls sans les étendre beaucoup, des dispositions éparses dans l'ordonnance nous révèlent

---

solution des débats. Le Parfait negociant est le résumé des travaux préparatoires du Code marchand et des principes qui l'ont inspiré. Il fut réédité en 1676 à Genève, en allemand, avec le texte français en regard, en 1683 en hollandais, puis en anglais et en italien.

La vie de Savary serait intéressante à raconter si elle n'était pas en dehors de notre cadre. Disons seulement qu'il eut le tort de renoncer au négoce pour entrer dans la finance. Il suivit la fortune de Fouquet; la disgrâce de son protecteur lui fit perdre la régie des vendeurs de cuirs; la compagnie qu'il avait fondée et à la tête de laquelle il se trouvait pour l'administration des domaines du roi, élimina l'auxiliaire fidèle de celui qui avait encouru la colère royale. Savary ne put obtenir le remboursement de ses avances. Elles étaient trop considérables pour ne pas ébranler la fortune qu'il avait acquise dans le commerce, et il dut accepter les fonctions d'agent de la maison de Mantoue, en France, fonctions qu'il garda jusqu'à sa mort et qu'un de ses fils reprit après lui.

Savary jouissait d'une considération exceptionnelle et méritée. Chargé d'importants arbitrages et de consultations, il fut le conseiller et le guide, le jurisconsulte avisé, le dépositaire fidèle des saines traditions commerciales.

Il mourut de la pierre, le 7 octobre 1690, à 68 ans, quelques années après sa femme Catherine Thomas, qui lui avait donné dix-sept enfants : onze garçons et six filles.

A sa mort, dit son biographe, il était peu accommodé des biens de la fortune : ceux qu'il avait acquis dans le commerce avaient en partie disparu avec les espérances qu'il avait nourries en entrant dans la finance. On conçoit aussi qu'une nombreuse famille à l'éducation de laquelle il ne refusa jamais ni soins, ni dépenses, devint une sorte d'obstacle au rétablissement complet de ses affaires. Son caractère franc et incapable de bassesse, son désintéressement presque sans exemple et son étroite probité lui avaient d'ailleurs fermé les voies qui conduisent le plus ordinairement aux grandes richesses.

les services que l'on tira de l'institution à un point de vue tout à fait
différent. On donna aux juges-consuls un pouvoir non contentieux,
une certaine autorité administrative, si l'on peut s'exprimer ainsi ; du
moins, on mit le tribunal en rapports journaliers avec le commerce,
de façon qu'il fût informé de tous les faits graves qui pouvaient
survenir dans les affaires des commerçants, et, par suite, affecter le
crédit. En outre, dans tous les lieux où il existait une juridiction
consulaire, on se servit du greffe comme moyen de publicité pour
porter à la connaissance des juges et des commerçants les faits qui les
intéressent tous, quand ils intéressent la fortune de l'un d'eux.

C'est en vertu de dispositions diverses de l'ordonnance que les
livres des négociants et marchands, tant en gros qu'en détail, devaient
être signés, sur le premier et le dernier feuillet, par un consul ; ceux
des agents de change et de banque devaient être signés et paraphés
sur chaque feuillet. (Titre III, art. 3 et 4) (1).

Un extrait des actes de société était enregistré au greffe et affiché
dans un tableau. (Titre IV, art. 2.)

Il fallait publier à l'audience les clauses obligatoires à la communauté de biens. (Titre VIII, art. 1er.)

Un négociant ne pouvait obtenir des lettres de répit qu'en
remettant au greffe un état certifié de tous ses effets, tant en meubles
qu'immeubles. (Titre IX, art. 1er.)

Ceux qui voulaient obtenir le bénéfice de la cession des biens
devaient, tout en remplissant les formalités ordinairement observées,
« comparoir en personne à l'audience de la juridiction consulaire,
« pour y déclarer leurs nom, surnom, qualités et demeure, et qu'ils
« avaient été reçus à faire cession de biens ». La déclaration était
lue et publiée par le greffier et insérée dans un tableau. (Titre X,
art. 1er.)

Enfin, en cas de faillite, les négociants étaient tenus de remettre
au greffe tous leurs livres et registres. (Titre XI, art. 3.)

Ce sont là les attributions extrajudiciaires que l'ordonnance
avait conférées aux juridictions consulaires. Elles ont une telle
importance en pratique que nous les avons conservées toutes et
considérablement augmentées. A ce titre, nous ne devions pas les
passer sous silence.

---

(1) Aux termes de l'article 11 du titre XI, les faillis qui ne représentaient pas leurs livres signés
et paraphés par un consul pouvaient être déclarés banqueroutiers frauduleux et punis de mort.

Il résulte de tout cela que l'ordonnance du commerce est un nouveau point de comparaison pour la législation moderne.

Elle contenait une heureuse innovation en attribuant aux juges-consuls la connaissance de la plus grande partie du commerce maritime. C'était bon et c'était sage. Malheureusement cela portait atteinte aux prérogatives des officiers de l'amirauté, en possession, depuis des siècles, du pouvoir de juger les différends maritimes. Les réclamations furent d'autant plus vives qu'elles étaient intéressées. Le roi, tout prévoyant qu'il était, ne fut pas assez fort ou assez sage pour résister aux instances d'un des grands dignitaires du royaume, et l'un des plus grands bienfaits de l'ordonnance du commerce se trouva promptement anéanti.

Dans son commentaire de l'ordonnance de 1681, Valin explique naïvement comment la chose passa. C'est sans réflexion, dit-il, que l'article fut inscrit dans le titre XII de l'ordonnance de 1673, et c'est par erreur que les juges-consuls furent autorisés à connaître du commerce de mer.

Aussi, à peine cette ordonnance fut-elle publiée, que M. le comte de Vermandois, alors grand amiral de France, se pourvut au Conseil d'État du roi, par requête en opposition contre cet article; opposition fondée sur ce que, de tout temps, ces sortes de causes avaient été de la compétence de sa juridiction, et qu'elle serait ruinée si cet article subsistait. Sur cette requête, qui avait aussi pour motif la cassation d'une sentence des juges-consuls de La Rochelle, intervint, le 28 juin 1673, un arrêt rendu au Conseil d'État du roi, au camp tenu devant Maëstricht, qui ordonne que dans un mois « les officiers « de l'amirauté rapporteraient ès mains du sieur Colbert les édits et « déclarations, ordonnances et arrêts en vertu desquels ils préten-« daient avoir droit de connaître des assurances, grosses aventures, « promesses obligatoires et contrats concernant le commerce de la mer, « le fret et le naulage des vaisseaux, pour iceux vus et examinés, et, à « son rapport au Conseil, leur être fait droit ainsi qu'il appartiendra.

« Et cependant, Sa Majesté a sursis et surseoit à l'exécution de « l'article 7 du titre XII de l'ordonnance du mois de mars dernier.

« Ordonne, en conséquence, que les officiers des amirautés « continueront l'exercice de leurs charges et connaîtront du commerce « de la mer comme ils faisaient auparavant. Fait défense aux juges-« consuls de leur donner aucun trouble ni empêchement, à charge de « tous dépens et dommages-intérêts. »

Cet arrêt du Conseil avait principalement pour but de statuer sur une espèce particulière, et, quoiqu'il fût un précédent d'après lequel on pouvait pressentir la décision qui interviendrait sur l'opposition de l'amiral, il ne tranchait pas encore la question de principe, puisqu'il ordonnait un apurement de faits et chargeait Colbert d'un rapport sur la question. Les juges-consuls s'émurent. Ceux de La Rochelle qui étaient en cause et auxquels s'étaient joints ceux de Rouen, Paris, Marseille, Bordeaux, Bayonne et Dieppe, firent ce qu'ils purent pour conserver une attribution que le bon sens leur donnait. Leurs efforts furent vains, et, le 13 avril 1679, fut rendu l'arrêt qui donnait raison à l'amirauté.

« Le roi, en son conseil, faisant droit sur les requêtes respec-
« tives des parties, sans s'arrêter à l'opposition des juges-consuls,
« ordonne que les arrêts du Conseil d'État des 28 juin et 13 juil-
« let 1673 seront exécutés selon leur forme et teneur; ce faisant, a
« maintenu et gardé définitivement les juges de l'amirauté, même
« ceux de l'amirauté de Rouen, au droit et possession de connaître
« des différends procédant des assurances, grosses aventures, pro-
« messes, contrats et obligations touchant le commerce de la mer,
« le fret et le naulage des vaisseaux, comme ils auraient pu le faire
« avant l'article 7 du titre XII de l'ordonnance du mois de mars 1673,.,.
« fait défense aux juges-consuls de les y troubler à peine de nullité,
« cassation de procédures et de tous dépens et dommages-intérêts. »

Sur cet arrêt furent expédiées les lettres-patentes du 29 juil-
let 1679. Enfin, cet état de choses fut définitivement confirmé par le titre II (livre Ier) de l'ordonnance de 1681, réglant la compétence des officiers de l'amirauté, dont l'article 2 abroge définitivement le septième du titre XII de l'ordonnance de 1673.

« Déclarons de leur compétence toutes actions qui procèdent de
« chartes parties, affrètements ou nolissements, connaissements ou
« polices de chargement, fret ou nolis, engagements ou loyers de
« matelots, et des victuailles qui leur seront fournies par l'ordre du
« maître pendant l'équipement des vaisseaux, ensemble des polices
« d'assurances, obligations à la grosse aventure et à retour de voyage,
« et généralement de tous contrats concernant le commerce de la
« mer, nonobstant toutes soumissions et privilèges à ce contraires. »

Le commentateur de l'ordonnance de la marine, qui, du reste, met son œuvre sous le patronage du duc de Penthièvre, grand amiral de France, loue sans réserve ces dispositions. C'est avec juste raison, dit-il, que l'ordonnance de 1681 remet les choses dans l'état qu'elles avaient auparavant, et qu'elles auraient toujours gardé sans les empiètements aussi injustes qu'incessants des juges-consuls, sur les attributions d'une juridiction rivale. Empiètements injustes, car de toute antiquité, et bien avant la création des tribunaux consulaires, les officiers de l'amirauté avaient compétence pour tous les contrats relatifs au commerce de la mer. D'ailleurs, si on enlevait ces causes au tribunal qui les avait toujours jugées, il serait devenu complètement inutile. Enfin, le roi, changeant les juridictions à sa volonté, les juges-consuls n'avaient point à se plaindre de ses décisions.

Le temps et le progrès des lumières ont fait justice de ces maximes. Il est bien certain que l'antiquité de la juridiction des officiers de l'amirauté n'était pas un titre suffisant pour leur rendre des attributions plus utilement données aux juges-consuls. S'il en était ainsi, les tribunaux consulaires n'auraient jamais dû être établis, car les causes qu'ils jugent étaient portées, de toute antiquité, devant les tribunaux ordinaires dont la compétence a été diminuée d'autant. D'autre part, si les officiers de l'amirauté n'avaient plus rien à juger en présence de l'ordonnance de 1673, c'est que leur juridiction était inutile; alors il n'y avait qu'à la supprimer plutôt que de la restaurer et de conserver un tribunal qui ne faisait qu'accroître la confusion de la justice et entretenir des gens du roi qui étaient nécessairement rémunérés par les justiciables. Mais les officiers de l'amirauté avaient d'autres soucis que de rendre la justice, et leur administration eût eu parfaitement sa raison d'être s'ils avaient été privés de leurs attributions judiciaires. Il est évident que, dans cette circonstance, l'intérêt des justiciables fut sacrifié à celui des fonctionnaires et des privilégiés. Malgré l'ordonnance, les conflits judiciaires subsistèrent. C'est que dans toute cause maritime il y a un élément commercial, et que pour satisfaire les prétentions des officiers de l'amirauté en même temps que celles des juges-consuls, il fallait de toute nécessité scinder la plupart des affaires et en renvoyer chaque partie devant le tribunal qui devait en connaître, de sorte qu'au lieu d'un procès, on en avait deux.

Ce fut donc un grand tort de revenir sur l'idée qu'on avait si heureusement inaugurée en 1673. Il fallait au contraire la développer et supprimer tout à fait la juridiction des officiers de l'amirauté dans toutes les causes commerciales. Ce fut une faiblesse de la part de Colbert, qui avait si admirablement compris les besoins du commerce et l'importance de la marine marchande. Peut-être n'en vit-il pas les conséquences ; peut-être dut-il céder à des exigences plus fortes que sa raison. Il gouvernait dans un temps où les privilèges étaient ce qu'on respectait davantage. Il fallut le renversement de tout l'ancien édifice social, pour que les intérêts publics fussent sainement compris, et, en ce qui nous concerne particulièrement, pour donner à la juridiction consulaire le développement légitime de ses attributions.

Nous avons fait remarquer que l'édit de 1563 laissait en dehors de la compétence des tribunaux consulaires la connaissance des faillites et banqueroutes, qui restaient dans les attributions des juges ordinaires. L'ordonnance de 1673 n'apporta aucun changement à cet état de choses. Cependant les faillites furent excessivement nombreuses sous la Régence et sous le règne de Louis XV. La misère profonde dans les basses classes, la corruption et l'agiotage dans les hautes, expliquent les embarras du commerce, même honnête. La procédure devant la juridiction ordinaire était plus ruineuse que la faillite. C'est ce que nous apprend le préambule de la déclaration du 3 mai 1722, qui proroge attribution aux juridictions consulaires de la connaissance des différends civils relatifs aux faillites de banqueroutes et dans lequel on fait dire au roi : « Cela nous a paru absolument nécessaire pour prévenir la ruine totale de plusieurs marchands et négociants de bonne foi, s'ils étaient rigoureusement poursuivis par leurs créanciers en différents tribunaux où ils essuieraient des frais et des longueurs considérables, dont l'événement serait également préjudiciable aux créanciers et aux débiteurs ». C'était par ces considérations qu'une déclaration en date du 10 juin 1715 avait conféré temporairement aux tribunaux consulaires une compétence que la loi ne leur accordait pas, en leur donnant la connaissance de tous les procès et différends civils mus et à mouvoir pour raison de faillites et banqueroutes ouvertes depuis le 1er avril de la présente année (1715) ou qui s'ouvriront dans la suite jusqu'au 1er janvier 1716, sauf appel au parlement du ressort. Des déclarations successives vinrent proroger celle du 10 juin 1715. Elles sont des 7 décembre 1715, 10 juin et 21 novembre 1716, 29 mai et 27 décembre 1717, 5 août 1721, 3 mai 1722, 4 octobre 1723, 4 juillet 1724, 30 juillet 1725, 21 juillet 1726, 7 juillet 1727, 31 juillet 1728, 31 août 1729, 19 septembre 1730, 4 août 1731 et 5 août 1732. Ces déclarations étaient générales et attribuaient compétence pour la faillite à toutes les juridictions consulaires du royaume. A Paris, seulement, une déclaration du 30 juillet 1715 soumettait les contestations et la procédure en cette matière au prévôt de Paris ou ,à son lieutenant, pour ne pas surcharger les juges-consuls qui pouvaient à peine suffire à l'expédition des affaires ordinaires. Nous n'avons pas besoin de faire remarquer que la Conservation .de Lyon avait depuis longtemps la connaissance des faillites tant au civil qu'au criminel. L'extension de la compétence des juridictions consulaires pour les faillites cessa donc après la déclaration de 1732. Toutefois, certains ressorts restèrent plus longtemps possesseurs de cette attribution. Il en fut ainsi notamment pour les juges-consuls de Lille, en vertu de déclarations du roi de 1737, 1739, 1759, 1760 et 1774. Quant aux ressorts pour lesquels la prorogation cessa, on y vit surgir de nouveaux conflits, mais les parlements surent y mettre ordre en maintenant les juges-consuls dans les limites que la loi fixait à leurs juridictions.

Le législateur moderne a fait la distinction entre la faillite et la déconfiture. Il a bien compris que les faillites, qui sont un événement purement commercial, devaient être soumises à la juridiction consulaire. La loi ancienne a pris soin de nous montrer elle-même à quelle inconséquence elle arrivait par suite du faux principe qu'elle avait adopté. Les abus et les fraudes étaient fréquents. Il n'était pas rare de voir les bilans des faillis contenir des créanciers supposés ou des créances exagérées. Il n'y avait point alors de vérification de créances contradictoire entre les créanciers, le failli et le syndic, sous la surveillance d'un juge. Il était dès lors fort difficile de dégager la vérité. Pour faire cesser les abus et le scandale, une déclaration du 15 septembre 1739 dit qu'en toutes faillites et banqueroutes, on ne recevrait pas d'affirmations de créances et on n'homologuerait aucun contrat d'atermoiement sans que les titres aient été examinés par les juges-consuls ou par d'anciens consuls ou commerçants commis par eux à cet effet. « Et comme nous avons reconnu, lit-on dans la « déclaration, que les abus viennent principalement de ce que, par les « procédures qui se font à l'occasion des faillites, les faux créanciers « compris dans le bilan avec les légitimes s'exposent plus volontiers « à faire leur affirmation, parce qu'ils ne sont point connus des « juges ; au lieu que s'ils paraissaient devant les juges-consuls qui, « par leur état, sont plus particulièrement instruits des affaires du « commerce et de la réputation de ceux qui se disent créanciers, les « bilans seraient examinés de manière à être affranchis de toute « fraude, etc. » Il fallut donc que deux juridictions différentes s'occupassent des faillites et qu'une partie de la procédure se fît devant le tribunal consulaire pour que celui qui devait juger fût suffisamment éclairé. Si les tribunaux civils n'avaient pas les connaissances voulues pour juger une telle matière, il aurait mieux valu laisser les juges-consuls, « qui par leur état étaient plus particulièrement instruits des choses du commerce », conduire et juger les causes des faillites et banqueroutes, au moins quand il s'agissait d'un commerçant. Mais qu'auraient dit encore les juges royaux qui achetaient leur charge ?

Nous avons terminé l'exposé des attributions générales de la justice consulaire avant la Révolution. Mais nous avons laissé de côté quelques détails, que nous ne voulons pourtant pas omettre et qui trouvent maintenant leur place.

Ce n'était pas assez de la confusion des juridictions pour faire surgir entre elles des conflits préjudiciables au public, il fallait que la mauvaise délimitation de leurs ressorts vînt encore augmenter les embarras des malheureux plaideurs. Les tribunaux consulaires n'échappèrent point sous ce rapport au défaut général d'organisation, et, dès qu'ils furent établis, les justiciables eurent une occasion nouvelle pour plaider l'incompétence, soit à raison de la matière, ce qui donnait lieu aux conflits de juridiction dont nous avons pu apprécier l'importance et le nombre ; soit à raison de la personne, ce qui donnait lieu à des conflits d'un autre genre, soit entre les tribunaux consulaires eux-mêmes, soit entre ceux-ci et les juges ordinaires.

Les édits d'établissement des sièges de juges-consuls sont muets relativement à l'étendue de leur ressort. A l'origine, établis dans une ville, il était entendu qu'ils avaient compétence sur tous les marchands de cette ville et de sa banlieue. Mais les nouveaux venus étaient, paraît-il, fort entreprenants ; au moins si l'on en croit les plaintes que les autres juges formulaient contre eux, ainsi que les nombreux arrêts des parlements et les ordres souverains qui, sans cesse, interdisaient à la juridiction consulaire d'empiéter sur les attributions des autres. Car, il ne faut pas croire, avec M. Nouguier, qu'ils aient toujours été les victimes désignées à la haine et à la rancune des juges ordinaires. Il est constant que la nouvelle juridiction eut à subir des entraves de tout genre de la part de ceux dont elle blessait les intérêts ; mais souvent, aussi, les plaintes étaient fondées. Lorsque son utilité fut bien démontrée, qu'elle n'eut plus à craindre pour son existence, elle ne se fit pas faute dans bien des circonstances, de vivre aux dépens de ses voisins. Bientôt donc les juges-consuls étendirent leur compétence au delà des limites territoriales que l'usage plutôt que la loi leur avait assignées. L'ordonnance de Blois de 1579 prit une mesure générale à cet égard.

En supprimant les sièges des juges-consuls dans toutes les villes où il n'y avait pas de commerce, et en renvoyant les affaires qui s'y trouvaient pendantes aux juges ordinaires, avec l'injonction de vider les causes de marchand à marchand, pour le fait de marchandise et négoce, sommairement et sans que les parties fussent chargées de plus grands frais que ceux qu'elles auraient supportés devant les juges-consuls, cette ordonnance faisait une délimitation très exacte, pour le présent comme pour l'avenir, du ressort de chaque tribunal consulaire. En effet, chaque juge royal qui n'avait pas dans son ressort un siège de juges-consuls, ayant compétence commerciale dans toute l'étendue de sa justice, il en résultait forcément que les tribunaux consulaires ne pouvaient avoir un ressort plus étendu que celui du juge royal, auprès duquel ils existaient, sans quoi ils auraient empiété sur celui du juge voisin. La loi fut pourtant éludée, et une ordonnance du 7 avril 1759, dont les motifs font parfaitement connaître le mal, dut y porter remède. Après avoir rappelé l'institution des justices consulaires, sur le modèle de celle de Paris, dont le ressort n'avait jamais été plus étendu que la ville elle-même, et l'article 240 de l'ordonnance de Blois, celle de 1759, s'exprime ainsi : « Quoiqu'on ne pût pas croire « que l'intention de cette loi fût d'augmenter le ressort des juridic- « tions consulaires établies dans les principales villes des provinces, « cependant nous avons appris que plusieurs de ceux qui les composent « se sont crus substitués aux officiers des juridictions supprimées, et « qu'ils devaient les remplacer dans l'administration de la justice « pour les villes inférieures des provinces, quoique l'article 240 de « l'ordonnance de Blois renvoyât disertement, et en termes exprès, « devant les juges ordinaires, et non devant les juges et consuls des « villes principales, les causes de marchand à marchand pour raison « de négoce et de marchandise, qui étaient pendantes dans les « juridictions supprimées des villes inférieures. Pour remédier à cet « abus, que l'usage a introduit dans quelques provinces et qui a « même été confirmé par quelques jugements sur le fond de la « possession, nous avons estimé qu'il était nécessaire de renouveler « les dispositions de l'ordonnance de Blois, afin de ne point obliger

« les négociants et marchands de plaider pour des objets peu consi-
« dérables dans des villes éloignées de leur résidence et qu'ils puissent
« trouver sur les lieux une justice prompte et sommaire.

« A ces causes... Ordonnons :

« ARTICLE PREMIER. — Que l'article 240 de l'ordonnance de Blois
« sera exécuté selon sa forme et teneur, et suivant icelui, que les
« juges et consuls ne puissent connaître des contestations qui seront
« portées devant eux, encore qu'elles soient de marchand à marchand
« et pour fait de marchandise et négoce, si le défendeur n'est domi-
« cilié dans l'étendue du bailliage ou sénéchaussée du lieu de leur
« établissement.

« ART. 2. — Si le défendeur est domicilié dans un bailliage ou
« sénéchaussée dans l'étendue desquels il n'y ait point de juridiction
« consulaire établie, les parties ne pourront se pourvoir dans aucunes
« juridictions consulaires voisines, encore que la juridiction consulaire
« voisine soit établie dans un bailliage qui soit le siège principal du
« bailliage du domicile du défendeur. Mais elles seront tenues de
« procéder par devant les juges ordinaires du défendeur auxquels
« nous enjoignons de juger les causes consulaires seulement, et ainsi
« qu'il est prescrit par l'ordonnance du mois d'avril 1667 pour les
« matières sommaires, et de se conformer aux dispositions de l'or-
« donnance de 1673 et autres lois concernant les matières consulaires,
« sans qu'ils puissent prononcer dans ces sortes d'affaires aucuns
« appointements et prendre aucune épice, à peine de restitution et
« autres peines.

« ART. 3. — Exceptons néanmoins de la disposition des deux
« articles précédents, le cas où la promesse aura été faite et la mar-
« chandise fournie, et celui où le paiement aura été stipulé être fait
« en un certain lieu ; ès quels cas, si la matière est consulaire, le défen-
« deur pourra être assigné en la juridiction consulaire dudit lieu,
« encore que cette juridiction soit établie dans un bailliage qui ne
« soit pas du domicile du défendeur, le tout conformément à l'ar-
« ticle 17 du titre de la juridiction des consuls, de l'ordonnance
« de 1673. »

Il est impossible d'être plus clair que ce texte ; aussi nous
dispenserons-nous de toute appréciation sur cette ordonnance, dont
les prescriptions sont encore en vigueur.

Les difficultés relatives à la compétence, soit personnelle, soit
matérielle, avaient leur importance, parce qu'elles intéressaient tous

les justiciables ; mais elles ne furent pas les seules suscitées à la juridiction consulaire. On trouve dans l'ouvrage de M. Nouguier sur les Tribunaux de commerce l'énumération des ennuis, des tracasseries, plutôt que des persécutions que les juges-consuls eurent à subir de la part de toutes les justices rivales. L'auteur a peut-être attaché trop d'importance à des puérilités qui n'étaient que désagréables pour des magistrats consulaires. Ils surent triompher de toutes les embûches qu'on leur tendait, et les procédés qu'on eut à leur égard ne servirent qu'à affirmer leur existence et à augmenter le prestige de leur autorité. Nous ne voulons point recommencer une narration que M. Nouguier a rendue des plus intéressantes ; mais nous trouvons sur notre chemin la trace de ce qui se passa pour l'élection des juges-consuls.

La matière est en elle-même peu importante ; cependant cette digression nous prouvera qu'à la fin du xviiie siècle, à la veille de la Révolution, les mauvais procédés, les taquineries des juges ordinaires vis-à-vis de leurs collègues du commerce n'avaient pas cessé et qu'ils ne négligeaient aucun moyen pour éloigner de la justice rivale les magistrats qui pouvaient l'honorer.

Nous savons que, d'après l'édit de création, les juges entrant en fonctions devaient prêter serment devant les anciens, et nous avons fait remarquer combien cette méthode nous paraissait simple et digne.

Nous savons aussi que le Parlement de Paris n'enregistra l'édit de 1563 qu'en exigeant que les magistrats consulaires prêtassent serment devant lui. Cette modification fut apportée dans quelques édits d'établissement ; d'autres furent muets sur ce point ou admirent le serment devant les anciens juges.

Toujours est-il que dans certains cas, alors que le siège des juges-consuls était éloigné de celui du Parlement, les négociants élus étaient condamnés à des voyages et à des frais qui pouvaient empêcher quelques-uns d'entre eux d'accepter des fonctions dont ils étaient dignes à tous égards. Aussi fut-il bientôt décidé que dans les villes où il n'y avait point de cour de Parlement, les juges-consuls prêteraient serment devant le juge royal du lieu où siégeait la juridiction consulaire. Le juge avait pour cela délégation du Parlement.

C'est cette méthode qui est aujourd'hui en vigueur. Mais les juges inférieurs, qui ne vivaient pas en bonne intelligence avec leurs collègues du commerce, trouvaient là un moyen de soulever des difficultés, que des lettres patentes du 18 août 1787 voulurent faire cesser. « Nous avons été informé, y est-il dit, que dans plusieurs « villes de notre royaume où il a été établi des juridictions consu- « laires, il s'est élevé des difficultés entre les lieutenants généraux « de nos bailliages, sénéchaussées et présidiaux et les juges consu- « laires, relativement à la prestation de serment de ces derniers, et « que, par la crainte d'éprouver les désagréments qui en résultaient, « des marchands et négociants, distingués par leur probité et leurs « lumières, évitaient, autant qu'il était en eux, d'exercer les fonctions « attribuées auxdits juges. Dans la vue de remédier à cet inconvé- « nient, nous nous sommes fait représenter les édits et les déclarations « rendus par les rois nos prédécesseurs, pour l'établissement des « juridictions consulaires, et nous nous sommes convaincu que, dans « le plus grand nombre de ces juridictions, les juge et consuls, « nouvellement élus, doivent, aux termes de ces lois, prêter serment « entre les mains des juges sortant de charge, et que, si quelques « lieutenants généraux de nos bailliages, sénéchaussées et présidiaux « se sont crus fondés à exiger desdits juge et consuls que le serment « fût prêté devant eux, ce 'n'a pu 'être que par extension abusive des « droits et prérogatives dont nos cours de parlement sont seules « dans le cas de jouir.

« A ces causes... Ordonnons qu'à compter de la date de l'enre- « gistrement des présentes, les juge et consuls qui sont élus prêtent « le serment accoutumé, dans les villes où il existe des cours de « parlement, entre les mains d'un membre d'icelles, et dans celles « où il n'en existe pas, entre les mains des anciens consuls sortant « de charges comme commissaires de nos parlements. Défendons aux « lieutenants généraux de nos bailliages, sénéchaussées et présidiaux « de les troubler dans ladite prestation de serment. »

Le dernier document émané des anciens rois qui nous arrêtera est une ordonnance du mois de mai 1788 sur l'administration de la justice.

Elles sont nombreuses, sous l'ancienne monarchie, les réformes de la justice, et cependant jamais les abus résultant d'une mauvaise organisation n'ont pu être détruits ! L'ordonnance de 1788 est la dernière. On trouvait que les degrés de juridiction étaient trop nombreux ; que les frais nécessaires pour les épuiser étaient trop considérables.

On pensait aussi que les parlements étaient surchargés d'affaires par suite de la facilité qu'on avait de porter devant eux les appels des causes dont la minime importance n'était pas digne d'occuper leurs instants. On craignait surtout leur énorme influence qui leur permettait de tenir en échec la puissance royale elle-même. Alors on imagina les grands bailliages. C'était un degré de juridiction entre le Présidial, qui restait le Tribunal de première instance, et le Parlement. Le grand bailliage jugeait en dernier ressort jusqu'à la somme de 20,000 livres. On portait devant ce tribunal les appels des présidiaux quand la demande n'excédait pas le chiffre de la compétence en dernier ressort du bailliage. Au delà, on pensait que l'affaire valait la peine d'être jugée par le Parlement. L'article 37 de l'ordonnance concerne la justice commerciale et ordonne que les appels des sentences consulaires soient portés aux présidiaux et grands bailliages pour y être jugés . en dernier ressort jusqu'à concurrence de la somme fixée par leur compétence.

A l'égard des sentences consulaires non sujettes à l'appel, les présidiaux et grands bailliages devaient connaître en dernier ressort de leur exécution.

Cette ordonnance avait peu de temps à vivre. La dernière heure de la monarchie était sonnée et le moment était proche où la réforme de la justice allait être radicale. Les grands bailliages furent emportés avec le reste sans avoir pu affirmer leur existence.

Nous n'avons point à apprécier cette nouvelle organisation judiciaire qui ne touche que par un de ses articles à notre sujet. A cet égard, l'innovation ne nous semble pas heureuse. Faire porter l'appel des sentences consulaires suivant l'importance de l'affaire, soit devant le Présidial, soit devant le grand bailliage, soit même devant le Parlement, c'était mettre la confusion là où devait surtout régner la clarté et la simplicité.

L'ancien système valait mieux. On y est revenu et l'on a bien fait. L'augmentation du taux de la compétence en dernier ressort des tribunaux consulaires aurait mieux valu.

Mais laissons cette réforme *in extremis*, dont on ne peut apprécier les conséquences. Aussi bien nous sommes arrivés au terme de la période de l'ancienne législation. Il faut pourtant dire encore, parce que nous aurons plus tard à le rappeler, qu'il fallait avoir quarante ans pour être élu juge ou président des consuls, et vingt-sept ans pour être consul (arrêt du Conseil du 9 septembre 1773); que depuis la révocation de l'édit de Nantes, les juges-consuls devaient être catholiques. Une déclaration du 17 mars 1728 contient aussi un principe que nous ne devons pas passer sous silence.

C'est le renouvellement des magistrats consulaires du siège de Paris par moitié, en sorte qu'il y ait toujours au moins la moitié des juges ayant l'expérience des affaires.

C'est un mode de recrutement salutaire que nous avons conservé. Quoi qu'il en soit, ces choses sont petites en comparaison des événements qui ont modifié l'étendue de la justice commerciale.

Nous venons encore de suivre son existence pendant plus d'un siècle, et, si nous nous rappelons ce qui s'est passé, nous voyons que cette période n'a pas été, à beaucoup près, aussi féconde que la précédente pour les juridictions consulaires. L'ordonnance de 1673 est le document principal de la dernière. Nous ne voulons pas y revenir ; mais nous voulons faire remarquer combien avaient été lents et difficiles, pendant près de deux siècles, les progrès d'une magistrature d'une utilité première pour le commerce. Nous avons eu occasion de comparer l'œuvre de Colbert avec celle de L'Hospital, et nous avons pu nous convaincre que le ministre de Louis XIV n'avait, à peu de choses près, amélioré que dans la forme ce que le ministre de Charles IX avait fondé. Sous ce rapport, comme sous bien d'autres, le xvie siècle a été un siècle de création.

Les suivants ont seulement eu à perfectionner. Les conflits de juridictions, le respect exagéré des privilèges, furent pendant les xviie et xviiie siècles un obstacle insurmontable à l'accroissement légitime des attributions des tribunaux de commerce. L'état de civilisation à la fin de l'ancien régime, l'état de commerce, demandaient dans les institutions des progrès qui ne furent pas réalisés. On comprend parfaitement que l'édit de création n'ait pu donner aux tribunaux consulaires toute l'extension dont ils étaient susceptibles.

Le commerce n'avait pas toutes les ressources qu'il eut depuis. L'expérience manquait sur bien des matières. Enfin, c'est le sort de toutes les fondations solides de grandir progressivement et de ne pas dire leur dernier mot à leur naissance. Mais, plus tard, l'expérience était faite ; des innovations heureuses furent tentées, qui mettaient la législation en harmonie avec les besoins du commerce. On n'eut pas le courage ou la force de les maintenir. C'est une tristesse de voir le législateur de l'ancienne monarchie n'attribuer que temporairement aux tribunaux consulaires la connaissance du commerce maritime et des faillites, que le bon sens leur donnait. Ainsi, il faut constater que, sous l'ancien régime, la juridiction commerciale n'arriva pas, en définitive, au développement qu'elle aurait pu acquérir et que l'état des lumières et du commerce réclamait pour elle. Mais si les progrès auxquels elle était appelée ne furent pas réalisés, ils étaient du moins suffisamment indiqués pour être inévitables. Il ne fallait que renverser les obstacles qui les avaient arrêtés trop longtemps, et ce que les rois les plus absolus n'avaient pu faire dans des siècles, le peuple le fit en un jour. Plus heureux sur ce point que sur beaucoup d'autres, le législateur moderne trouva dans les sièges de juges-consuls une matière appropriée au nouvel ordre de choses et à laquelle il ne fallait qu'un perfectionnement attendu depuis longtemps. Il n'eut pas à détruire pour réédifier. Il put conserver ce qui existait et mettre ses soins à compléter un établissement qui, loin de tomber sous le poids des années, était en pleine vitalité et ne demandait qu'à fournir une longue carrière. L'histoire doit cependant tenir compte à l'ancienne monarchie de n'avoir point étouffé l'indépendance de la justice commerciale, et surtout de ne l'avoir pas jetée dans le vieux moule dans lequel étaient fondues toutes les institutions.

CHAPITRE V

Législation intermédiaire. — Discussion
à l'Assemblée nationale dans la séance du 27 mai 1790.
Lois des 16=24 août 1790. — Appel.
Décret des 24=30 mars 1791. — Constitutions successives.

N nouvel ordre de choses est établi; l'organisation de la justice va subir une transformation radicale, et cependant, après le renversement de toutes les institutions politiques et judiciaires, nous retrouvons la justice consulaire établie sur. les mêmes bases que pendant la monarchie, avec cette différence que ses attributions sont plus nombreuses et plus importantes. Nous avons donc eu raison de dire que c'était une institution répondant à un besoin réel; c'est là seulement qu'il faut chercher les causes de sa durée et de sa force. En outre, il s'est trouvé que ses formes s'adaptaient parfaitement aux idées nouvelles. On dirait presque que parmi toutes les créations de l'ancien régime, elle a pu servir de modèle à celles que l'Assemblée constituante voulait inaugurer. Ce serait aller trop loin; et pourtant on retrouve en elle tous les éléments qui paraissaient alors nécessaires à une bonne justice. On voulait des magistrats élus par le peuple, ne recevant qu'une investiture du roi; on les voulait amovibles. Les anciens juges-consuls ne remplissaient-ils pas toutes ces conditions? Il arriva donc que dans la nouvelle organisation judiciaire, reposant sur des principes complètement opposés à ceux de l'ancienne, les tribunaux de commerce prirent leur place naturellement, sans qu'il fût besoin de leur faire subir aucune modification et sans que l'œuvre de l'Assemblée nationale fût déparée par l'existence d'un ancien établissement. Au milieu des efforts qui faisaient crouler tous les vieux systèmes, qui changeaient toutes les habitudes, qui modifiaient toutes les traditions, la justice consulaire continua son rôle sans essuyer aucune secousse, sans que ses justiciables s'aperçussent qu'une révolution avait passé.

Les tribunaux consulaires restèrent donc à peu près ce qu'ils étaient. Mais s'ils furent maintenus sans grands efforts, ce ne fut pas sans une certaine opposition. Il appartient à leur histoire de dire quelles vicissitudes ils éprouvèrent.

Le premier rapport sur l'organisation de la justice fut présenté à l'Assemblée nationale par Bergasse, au nom du Comité de constitution, dans la séance du 17 août 1789. Ce premier projet contenait qu'il y aurait des tribunaux de commerce et d'amirauté et que leurs juges seraient élus par les négociants et les capitaines de vaisseaux. Il ne fut pas discuté immédiatement. Le 22 décembre suivant, Duport fit un second rapport au nom du Comité judiciaire ; mais ce ne fut que dans la séance du 24 mars 1790 que la discussion générale s'ouvrit par un remarquable discours de Thouret. De nombreux systèmes surgirent alors de toutes les parties de l'Assemblée. Les débats s'égaraient quand Barère de Vieuzac proposa, pour mettre de l'ordre dans le travail, de résoudre une série de questions qui formaient la base de l'organisation judiciaire et sur lesquelles on n'était pas d'accord. Cette proposition fut adoptée. Chacune des questions proposées par Barère de Vieuzac fut discutée à son tour, et les décrets rendus sur chacune d'elles devinrent les éléments de la nouvelle organisation judiciaire. Il ne resta plus que des questions de forme à résoudre. La loi des 16-24 août 1790 n'est que la codification des décrets intervenus antérieurement sur la proposition de Barère de Vieuzac.

Parmi les questions qu'il avait posées se trouvait celle-ci : « Les « mêmes juges connaîtront-ils de toutes les matières, ou divisera-t-on « les pouvoirs de juridiction pour les causes du commerce, de « l'administration, des impôts et de la police? » Cette question était une des dernières à résoudre. Elle ne vint en ordre utile qu'à la séance du 27 mai et c'est alors que se produisirent les oppositions contre les tribunaux de commerce. Le texte des questions n'avait pas été littéralement conservé. La discussion relative aux tribunaux de commerce s'ouvrit sur cette formule : « Y aura-t-il des tribunaux d'exception ? » Aux yeux prévenus de nombreux représentants, ce titre était une défaveur. Les tribunaux d'exception n'étaient-ils pas une des plaies les plus profondes de l'ancienne organisation judiciaire ? N'était-ce pas conserver des traditions que l'on repoussait absolument que de maintenir quelque vestige de l'ancien ordre de choses ? Était-ce donc la peine d'avoir fait une révolution ? La question, d'ailleurs, était complexe. Les tribunaux sur le sort desquels on allait statuer comprenaient ceux qui étaient relatifs à l'impôt, au commerce et à la police. Les tribunaux de commerce se trouvaient en mauvaise compagnie, mais on ajourna d'abord la discussion relative au tribunal des impôts et on s'occupa des tribunaux de commerce.

Ceux qui demandaient le maintien de la juridiction consulaire s'appuyaient sur la nécessité de doter le commerce de tribunaux particuliers composés de juges commerçants. Qui peut mieux connaître la probité des marchands que les marchands, disait-on, et qui peut mieux juger les causes du commerce que ceux qui le pratiquent ? Des négociants peuvent seuls apprécier un grand nombre de détails importants ; ils peuvent seuls juger en conséquence. Il serait très dangereux pour le commerce de substituer des juges ordinaires aux juges nommés par les commerçants. Cette substitution occasionnerait une perte inutile de temps et d'argent. D'ailleurs, les avantages de la juridiction consulaire sont sensibles. N'est-ce rien qu'une justice éclairée, prompte et économique, dégagée de toutes les formes de procédure qui ont ruiné tant de plaideurs devant les anciennes juridictions de droit commun ? Si la justice commerciale n'avait pas existé, il aurait fallu la créer !

A ces arguments de principe, on ajoutait que l'épreuve était faite. On rappelait que la juridiction consulaire avait seule résisté à la contagion et que si les autres tribunaux avaient eu le même désintéressement, il n'aurait pas été besoin de reconstituer le corps judiciaire dans son entier. Mais, loin d'avoir jamais démérité, l'institution avait été approuvée par l'opinion publique et conservée dans toute sa pureté pendant plus de deux cents ans. Jamais une réclamation ne s'était fait entendre contre elle, et son maintien était demandé par tous les commerçants.

Il ne faut pas, disait-on au contraire, s'effaroucher des mots. Celui d'exception, dont on qualifiait le tribunal de commerce, pouvait avoir une influence fâcheuse sur l'esprit des législateurs. Les tribunaux d'exception avaient fait tant de mal ! Mais il ne s'agissait pas de les maintenir, ils étaient jugés ; il s'agissait d'examiner si ce ne serait pas surcharger les juges ordinaires que de leur confier les affaires de commerce dont le nombre augmentait tous les jours. Enfin, malgré tout ce qu'une unité absolue a de désirable, n'est-il pas inadmissible de régler l'administration d'un grand royaume sans l'établissement de quelques tribunaux particuliers ? Est-il possible aux juges d'avoir des connaissances assez détaillées pour prononcer indistinctement sur tous les faits ?...

Les adversaires de l'institution ne se préoccupaient point des services qu'elle avait rendus, ni de ceux qu'elle pouvait rendre. Ils étaient bien forcés de rendre hommage à son passé ; toutefois, ils pensaient qu'elle n'était digne d'admiration que parce qu'on la comparait aux juridictions de droit commun qui avaient enfanté les abus les plus vexatoires. Mais ces inconvénients allaient disparaître dans le nouveau régime où des hommes libres, élus par le peuple et jouissant de toute sa confiance, formeraient les nouveaux tribunaux. Il n'y avait donc pas lieu de déparer l'admirable unité qui faisait la base de la constitution par l'établissement d'un tribunal d'exception. Le bien public demandait qu'il n'y eût qu'un seul tribunal dans tout le territoire, et que toutes les contestations, tous les procès y fussent portés, afin d'éviter les difficultés de compétence, d'attributions et de règlements de juges ; difficultés sans cesse renaissantes et qui ajoutent ordinairement trois ou quatre procès à un procès. On signalait, en outre, que ces tribunaux ne représentaient pas l'universalité de leurs justiciables, puisque leur ressort serait plus étendu que la ville dont les seuls habitants pouvaient être admis à concourir à l'élection des juges. On disait enfin que si ces tribunaux étaient utiles, il en fallait doter toutes les villes du royaume ; mais qu'autrefois, dans les villes qui n'en avaient pas, les tribunaux ordinaires jugeaient, et on ne se plaignait ni de leur ignorance, ni de la lenteur de la justice.

Cependant, tous les orateurs qui repoussaient le maintien de la juridiction consulaire étaient frappés du danger qu'il y aurait à confier à des juges qui ne seraient pas commerçants la solution des contestations commerciales. Alors les combinaisons les plus étranges se produisaient, qui toutes ramenaient invinciblement les négociants sur les sièges du tribunal, en sorte que ce qu'il y avait de plus simple, c'était de conserver les juges-consuls tels, ou à peu près, que L'Hospital les avait organisés. C'était ce qu'on ne voulait pas ; et, au lieu de cela, l'un désirait que les affaires commerciales fussent jugées par un tribunal composé d'autant de négociants que d'autres juges ; un autre demandait simplement des arbitres qui remettraient leur sentence au greffe et l'expédition donnée par le greffier serait exécutoire ; un troisième proposait un jury de commerçants décidant le fait et les juges ordinaires appliquant le droit ; un quatrième, enfin, voulait des commerçants comme assesseurs du juge de paix.

Le bons sens de l'Assemblée fit justice de toutes ces utopies, en décidant, presque à l'unanimité, qu'il y aurait des tribunaux particuliers pour le commerce.

La cause de la juridiction consulaire était gagnée.

L'histoire de la juridiction consulaire doit enregistrer avec reconnaissance les noms de Noirac, Leclerc, Garat aîné et Desmeuniers, qui furent ses défenseurs devant l'Assemblée nationale.

Les tribunaux de commerce, maintenus en principe par la décision de l'Assemblée nationale du 27 mai 1790, furent organisés par la loi du 16 et du 24 août suivant. Le titre XII de cette loi est consacré aux « Juges en matière de commerce ». Or, si nous voulons dégager les idées qui ont inspiré le législateur de 1790, nous trouvons facilement les mêmes principes qu'en 1563, c'est-à-dire une partie de la loi consacrée aux tribunaux, à leur organisation et l'autre partie à leur compétence. La première est traitée avec bien plus de détails que la seconde. Cela se conçoit : l'organisation de la justice reçoit le contre-coup des régimes politiques. C'est par l'organisation que l'influence du milieu dans lequel s'agite la société se fait sentir sur les tribunaux. La compétence, au contraire, est l'élément purement juridique, celui qui s'approche le plus de la vérité absolue, qui reste stationnaire, par conséquent, et sur lequel les événements extérieurs n'ont pas de prise. Or, les temps étaient changés, les pouvoirs étaient déplacés ; en outre, un progrès général était réalisé, une immense aspiration de liberté se manifestait, qui devaient amener non seulement des changements, mais des innovations dans la loi. Et pourtant, quand on considère la différence qui existait dans les temps et dans les institutions, quand on voit ce que la Révolution avait fait de la France de Charles IX et de Louis XIV, et quand on compare la loi de 1790 avec l'édit de 1563, on est frappé d'étonnement, en voyant que la justice consulaire, telle que l'avait créée le chancelier de L'Hospital, survit dans son intégrité et qu'à la rigueur elle aurait pu s'adapter sans aucune modification au nouvel ordre de choses.

Sous la monarchie, on établissait un siège de juges-consuls dans une ville quand le besoin s'en faisait sentir. Aucun acte législatif ne déterminait à l'avance quel serait le nombre des justices consulaires, ni les lieux où elles s'exerceraient. Leur création dépendait du bon plaisir du roi, et il faut dire que le nombre de sièges existant à la veille de la Révolution paraît avoir été suffisant pour l'expédition des affaires. L'article premier du titre XII de la loi de 1790 veut combler cette lacune qui existait dans la loi, tracer une méthode fixe et déterminée pour la création des tribunaux de commerce et surtout l'enlever à l'arbitraire du roi.

« Il sera établi un tribunal de commerce dans les villes où l'admi-« nistration de département jugeant ces établissements nécessaires en « fera la demande. » Un pareil texte est nouveau dans la législation, mais les idées qu'il renferme devaient depuis longtemps être mises en pratique, quoique sous le bon plaisir du roi. La création successive des justices consulaires prouve bien qu'on ne les avait établies qu'alors qu'elles étaient demandées par un certain développement de trafic, ainsi que le voulait l'ordonnance de Blois. L'idée nouvelle, c'est que la localité qui désire un tribunal de commerce est, en quelque sorte, le juge unique de l'opportunité de sa création. Cet article premier n'est donc, en définitive, que la codification des principes qui se dégageaient de l'ordonnance de 1579, accommodés aux idées nouvelles. L'initiative ne venait plus du roi, elle venait du peuple ; mais de toute manière l'existence d'un siège consulaire devait être subordonnée à son utilité. Cependant cette innovation dans la forme portait avec elle des abus, que l'Assemblée nationale évita rarement de faire naître dans son désir de réformes radicales. En laissant aux administrations de département le soin de demander des tribunaux de commerce, il était à craindre d'en voir s'établir dans des villes où ils étaient complètement inutiles, et c'est ce qui arriva. Aussi les inconvénients que l'ordonnance de Blois avait voulu faire disparaître se reproduisirent. Dans la suite on abandonna ce mode d'établissement des tribunaux de commerce pour revenir à la pratique de l'ancienne monarchie, avec des garanties nécessaires contre l'arbitraire, mais on n'a pas répudié autant qu'il l'aurait fallu l'héritage que nous avait laissé l'article premier de la loi de 1790.

Un tribunal de commerce établi, comment était-il composé ? L'article 6 répond à cette question : « Chaque tribunal sera composé « de cinq juges ; ils ne pourront prendre aucun jugement s'ils ne

« sont au nombre de trois au moins. » C'était faire une mauvaise application de cette inflexible unité qui voulait courber sous son niveau toutes les institutions de l'époque. Si, dans certains tribunaux, c'est assez de cinq juges, dans d'autres la multiplicité des affaires en exige un plus grand nombre. On fut bientôt obligé de revenir sur la prescription de l'article 6. On établit d'abord des juges suppléants, et plus tard on revint à la vérité en proportionnant le nombre des juges à l'importance de chaque tribunal. C'était ce qui se passait sous l'ancien régime. Nous ne pouvons donc pas regarder comme un progrès la modification apportée par la loi de 1790.

Pour nommer les juges, nous retrouvons l'élection après comme avant la Révolution.

« Art. 7. — Les juges du commerce seront élus dans l'assemblée des négociants, banquiers, marchands, manufacturiers, armateurs ou capitaines de navires de la ville où le tribunal sera établi. »

L'ancienne législation remettait le soin d'élire les juges à une assemblée de notables. On remplaçait cela par le suffrage universel. Nous ne pensons pas que l'innovation fut heureuse. L'ancien système, régularisé et surtout généralisé, nous semble promettre de meilleurs résultats. Mais, sous un rapport tout différent, cet article contient un progrès qui est resté. Le même mode d'élection fut désormais applicable à tous les tribunaux consulaires de la France. Les différences locales qui résultaient des édits de création, peut-être même des usages, étaient et sont demeurées anéanties. L'unité ainsi comprise ne produit que des bienfaits.

L'assemblée des électeurs était convoquée par les juges-consuls en exercice, et, pour la première fois, par les officiers municipaux, dans les lieux où il était fait un établissement nouveau (art. 8). Le commerce faisait ses affaires lui-même. C'était la règle de l'édit de 1563 que nous regrettons de voir bannie de nos codes. Ici le maintien de l'ancienne législation valait bien mieux que tout ce que l'on a fait depuis.

Pour être juge, il fallait avoir trente ans et avoir fait le commerce pendant cinq ans dans la ville où le tribunal était établi. Le président devait avoir trente-cinq ans et faire le commerce depuis dix ans au moins (art. 9). Les conditions d'âge sont donc modifiées; on demande un peu plus de maturité. On y ajoute une sage garantie en exigeant une espèce de stage commercial de la part des candidats aux fonctions de juges et à la dignité de président.

Les juges devaient rester deux ans en exercice. Le président était changé tous les deux ans par une élection particulière ; les autres juges étaient renouvelés tous les ans par moitié. La première fois, ceux qui avaient eu le moins de voix quittaient leurs fonctions à l'expiration de la première année ; les autres, à tour d'ancienneté (art. 11). La pensée qui a dicté cet article se trouvait déjà dans la déclaration du 17 mars 1728, relative aux élections du tribunal de Paris. L'amélioration qu'elle comportait fut étendue à toute la France. Enfin, l'article 13 n'est que la reproduction de l'article 239 de l'ordonnance de Blois. « Dans les districts où il n'y a pas de juges de commerce, les juges de district connaîtront de toutes les matières de commerce et les jugeront dans la même forme que les juges de commerce. »

C'est ainsi que l'Assemblée constituante organisa les tribunaux de commerce. Il faut considérer cette partie de son œuvre sous deux aspects : rechercher ce qu'elle a conservé et ce qu'elle a créé. Ce qu'elle a conservé, c'est l'élection, le renouvellement du tribunal par moitié, la convocation des électeurs par les juges–consuls, l'établissement des tribunaux de commerce là seulement où ils sont nécessaires, partout ailleurs la justice ordinaire jugeant commercialement. Là-dessus, rien de changé. Des termes nouveaux remplacent les anciens et c'est tout. C'est aussi la meilleure partie de l'organisation de 1790, la seule qui soit restée parce qu'elle était à l'abri de tout reproche et consacrée par le temps. Ce qu'elle a créé, c'est le suffrage universel remplaçant la liste des notables et le nombre des juges fixé d'une manière uniforme pour tous les tribunaux. C'est la mauvaise partie de l'organisation, celle qui n'a pas vécu. Constatons donc que le seul progrès obtenu sur l'époque antérieure, sous le rapport de l'organisation, c'est l'unité de législation appliquée à tous les tribunaux du pays. Mais ce progrès était dans la Révolution elle-même, et devait être une de ses conséquences.

Sous le rapport de la compétence, nous n'avons pas lieu d'être aussi sévère. On fit peu de choses, mais on fit de bonnes choses. Il était dit dans l'article 3, qu'il serait fait un règlement particulier pour déterminer d'une manière précise l'étendue et les limites de la compétence des juges de commerce. Les Assemblées révolutionnaires n'eurent pas le temps de s'occuper de ce règlement. L'ordonnance de 1673, qui était bonne, resta donc en vigueur jusqu'à la promulgation du Code de 1807, qui est meilleur. Mais en attendant ce règlement, la loi de 1790 posa quelques principes de compétence fort importants; d'abord dans l'article 2, qui donne au tribunal de commerce la compétence dans toutes les affaires, tant de terre que de mer, sans distinction.

C'est là le plus grand progrès qui ait été réalisé pour la justice consulaire.

Le commerce de mer, si étendu et si important, avait enfin ses juges naturels.

Nous avons assez dit ce que l'ancienne législation avait d'anormal et de fâcheux pour avoir besoin de faire autre chose que de donner acte du bienfait. Après ce que nous savons, l'article 2 est assez éloquent pour se passer de tout commentaire.

L'article 4 augmentait l'importance des tribunaux de commerce en élevant leur compétence en dernier ressort de 500 à 1000 livres. L'exécution provisoire, nonobstant appel, en donnant caution, était conservée (art. 4), ainsi que la contrainte par corps pour tous les jugements (art. 5). De plus, les contestations sur la validité des emprisonnements étaient portées devant les tribunaux de commerce, et les jugements qu'ils rendaient sur cet objet étaient exécutés par provision nonobstant appel (même art. 5). La loi leur accordait donc la connaissance de l'exécution de leurs jugements sur un seul point. L'ancienne législation ne leur conférait pas cette attribution qu'ils ne conservèrent pas, et cependant c'était assez logique et dans l'intérêt des justiciables. L'emprisonnement ne peut être prononcé par un tribunal de commerce que pour une dette commerciale. Les contestations sur la validité de l'emprisonnement doivent donc avoir pour base l'appréciation de la dette, c'est-à-dire un fait commercial de la compétence des tribunaux de commerce. Le justiciable obligé de porter une demande semblable devant le tribunal civil est privé de la justice de ses pairs, et, en outre, obligé de subir les frais et les lenteurs de la justice ordinaire. Mais on a dit que les tribunaux de commerce ne devaient point connaître de l'exécution de leurs jugements, et on a tout fait céder à la rigueur du principe.

L'article 12, donnant à chaque tribunal de commerce, établi dans une des villes d'un district, la connaissance de toutes les affaires commerciales, dans toute l'étendue de ce district, empêchait tout conflit de juridiction entre les tribunaux de même nature; mais il ne prévoyait pas le cas où il y aurait plusieurs tribunaux de commerce dans le même district.

7

Enfin, l'article 14 permettait aux parties de renoncer à l'appel avant de plaider en première instance et le tribunal jugeait alors en dernier ressort. Les plaideurs ont-ils souvent invoqué ce bénéfice?...

On voit qu'en ce qui touche la compétence, les innovations et les modifications de la loi de 1790 étaient heureuses et importantes. Pourtant on ne s'était préoccupé de ce sujet qu'accessoirement, en remettant à d'autre temps le soin de le régler et de l'approfondir. En attendant, il faut constater le progrès réalisé. Il faut considérer la loi de 1790 comme le monument capital de l'époque que nous traversons. A tous égards, elle était digne de notre attention.

Elle avait omis de régler, même provisoirement, l'appel des jugements des tribunaux de commerce. Tout en établissant implicitement deux degrés de juridiction, elle n'indiquait pas le tribunal d'appel. Cette lacune fut comblée par le décret des 24-30 mars 1791, qui décide que, « jusqu'à ce qu'il ait été autrement statué, les appels des jugements des tribunaux de commerce seront portés, suivant les formes prescrites par les décrets sur l'ordre judiciaire, et de la même manière que les appels des jugements du tribunal de district, dans l'un des sept tribunaux de district d'arrondissement dans le ressort duquel le tribunal de commerce est situé ».

La procédure d'appel organisée par la loi de 1790 était assez bizarre pour mériter quelques mots d'explication. On sait le rôle important que jouèrent les parlements pendant l'ancienne monarchie. Ce n'était point à tort qu'ils étaient qualifiés de cours souveraines. Leurs empiètements successifs sur toutes les branches de l'administration les avaient rendus assez redoutables pour que la royauté, même toute-puissante, fût parfois obligée de capituler devant eux. Si l'Assemblée nationale leur savait gré de leur coopération active dans la destruction de l'ordre de choses, elle était effrayée de leur force ; et, craignant de trouver un pouvoir se dressant contre sa volonté, elle s'était hâtée de les briser. Il s'agit alors de savoir devant quel tribunal seraient portés les différends qu'ils jugeaient en appel. On ne voulait à aucun prix établir de grands corps judiciaires. On alla même jusqu'à se demander s'il y aurait deux degrés de juridiction. Malgré les sophismes qui furent débités à l'Assemblée, celle-ci décida qu'il y aurait deux degrés de juridiction, et voici le singulier système qui se trouvait dans la loi de 1790 :

Les tribunaux de district étaient juges d'appel les uns à l'égard des autres, de sorte que le second degré de juridiction n'offrait d'autre garantie au plaideur que celle d'un changement de personnel. Il ne trouvait au second degré ni un plus grand nombre de juges, ni une plus vieille expérience qu'au premier. Ce système, une fois adopté, on le faisait fonctionner de la manière suivante : d'abord, les parties pouvaient s'accorder sur le choix du tribunal d'appel et convenir de faire juger leurs différends par l'un quelconque des tribunaux de district du royaume. Si les parties ne s'entendaient pas, la marche à suivre était tracée par la loi. Le directoire de chaque district établissait un tableau des sept tribunaux les plus voisins. L'un d'eux, au moins, était choisi hors du département. Ce tableau approuvé par l'Assemblée nationale elle-même était public. En cas d'appel, l'appelant pouvait exclure péremptoirement, sans donner aucun motif, trois des tribunaux portés sur le tableau. L'intimé avait un droit égal ; de sorte que, quand il était rigoureusement exercé par les deux parties, c'était le septième tribunal porté au tableau, et qui n'avait pu être exclu, qui jugeait l'appel. C'était très simple quand il n'y avait que deux parties en présence, et que chacune d'elles récusait trois tribunaux ; mais lorsqu'il n'en était pas ainsi, la chose se compliquait singulièrement.

Il fallait d'abord distinguer si, parmi les appelants et les intimés, plusieurs avaient les mêmes intérêts ; alors ceux-là étaient tenus de s'entendre pour proposer leurs exclusions. Si, au contraire, toutes les parties avaient des intérêts opposés en première instance, il fallait les compter. Y en avait-il trois ? chacune d'elles pouvait exclure deux tribunaux ; leur nombre était-il au-dessus de trois jusqu'à six ? chacune d'elles n'en excluait qu'un. Était-il au-dessus de sept ? L'appelant s'adressait alors au directoire de district qui faisait un tableau supplémentaire d'autant de tribunaux de district les plus voisins qu'il y avait de parties au-dessus de six, chacune d'elles ayant le droit d'en exclure un. Voilà pour le cas où toutes les parties épuisaient les limites de leur droit ; l'appel était dévolu au tribunal qui n'avait pas été récusé. Quand, au contraire, il arrivait que plusieurs tribunaux n'étaient pas exclus, le choix appartenait à la partie qui ajournait la première sur l'appel, et, en cas de concurrence de date, le choix de l'appelant était préféré.

Il fallait que les parlements eussent inspiré une terreur bien profonde à l'Assemblée constituante pour lui faire adopter un pareil système. Elle ne jugea point sainement les conséquences des principes qu'elle avait proclamés. Elle ne vit pas que les cours souveraines n'étaient plus à craindre alors que les pouvoirs législatif, exécutif et judiciaire étaient si bien déterminés, que chacun d'eux était renfermé dans des limites étroites qu'il lui était impossible de franchir. Elle ne voulut pas comprendre qu'un tribunal supérieur, sans aucune attribution politique ni administrative, était un excellent régulateur de la justice. Ce singulier système, enfanté par la peur et par une passion irréfléchie de destruction, était mauvais. Il fut imposé aux tribunaux de commerce par le décret des 24-30 mars 1791. L'exposé que nous en avons fait suffit pour montrer ce que le commerce dut en éprouver d'embarras.

Ce décret de mars 1791 était d'autant plus malheureux, qu'il renvoyait l'appel des tribunaux de commerce devant un tribunal de district, c'est-à-dire que, pour toutes les affaires sujettes à l'appel, le bienfait de la juridiction commerciale était anéanti sans compensations. Nous comprenons aujourd'hui, peut-être parce que nous en voyons les bons résultats, les appels portés devant un tribunal supérieur ; mais d'ici, nous ne voyons pas l'avantage qu'il y avait à porter l'appel d'une cause commerciale devant les juges civils de première instance qui, dans le sein même de l'Assemblée, avaient été proclamés incapables de comprendre les affaires de cette nature. Pour être conséquente avec elle-même, l'Assemblée aurait dû renvoyer l'appel des jugements des tribunaux de commerce devant un autre tribunal consulaire. A défaut d'autres garanties, les plaideurs auraient eu celle d'être jugés par des hommes avec lesquels ils n'avaient aucun rapport, ce qui pouvait peut-être leur assurer une plus grande impartialité. Mais, malgré le nombre des tribunaux de commerce qui couvrit la France, quand il suffisait d'en demander pour en avoir, il n'en existait pas dans chaque district. Le choix de l'un des sept tribunaux de commerce les plus proches pouvait entraîner des déplacements et des longueurs préjudiciables aux commerçants. On les soumit à la règle générale en matière civile ; et, en rapprochant cet acte de l'Assemblée de la discussion que nous avons rapportée, on voit qu'elle décréta implicitement que les affaires qui auraient été mal jugées en première instance par un tribunal de commerce seraient encore plus mal jugées en appel par un tribunal de district.

On avait, il est vrai, ouvert aux parties le recours en cassation contre tous les jugements rendus en dernier ressort. Mais en matière commerciale, en cas de pourvoi après appel, les choses ne changeaient pas. Alors les parties se retiraient au greffe du tribunal dont le jugement avait été cassé, pour y déterminer, dans les formes prescrites à l'égard de l'appel, le nouveau tribunal devant lequel elles devaient comparaître. On ne sortait d'une impasse que pour retomber dans une autre.

Le décret de 1791, qui organisait l'appel d'une façon si malheureuse pour les tribunaux de commerce, portait qu'il n'était que provisoire. Il a cependant vécu, et ses inconvénients avec lui, jusqu'au jour où l'on n'a pas craint de ressusciter l'ombre des cours souveraines en donnant naissance aux tribunaux d'appel.

Les diverses constitutions, qui pendant dix ans se succédèrent si rapidement en France, qu'elles ne furent même pas toutes mises en pratique, n'apportèrent aucune modification sensible à l'organisation générale des tribunaux de commerce. Celle du 5 fructidor an III maintenait l'institution dans son article 214 : « Il y a des tribunaux particuliers pour le commerce de terre et de mer. Leur pouvoir de juger en dernier ressort ne peut être étendu au delà de la valeur de 500 myriagrammes de froment. » D'après cette constitution, le mode d'appel était plus simple. La loi de 1790 avait établi un tribunal civil dans chaque district. La constitution de l'an III en réduisait considérablement le nombre, en n'en laissant subsister qu'un par département. Le tribunal civil était juge d'appel des jugements des juges de paix, des arbitres et des tribunaux de commerce (art. 218). Les parties savaient donc d'avance devant quel tribunal serait porté leur différend et pouvaient agir en conséquence. En outre, on évitait toutes les complications inventées par la loi de 1790 pour l'exclusion des tribunaux susceptibles de juger en appel. Il ne resta que le vice grave de soumettre le différend du second degré à des juges qui offraient des garanties de capacité moindres qu'au premier degré. Si la confusion demeura, quoique amoindrie, pour l'appel des jugements rendus par les tribunaux civils du département, l'article 219 de la constitution de l'an III et la loi du 17 frimaire an V, qui règlent les formes de l'appel relativement à ces tribunaux, ne sont point applicables à la juridiction consulaire.

Un décret du 15 vendémiaire an IV organisa l'administration de la justice conformément aux principes de la Constitution de l'an III.

L'article 15, relatif aux tribunaux de commerce de terre et de mer, maintient purement et simplement les dispositions de la loi de 1790. Il contient cependant une exception relative au mode de nommer les magistrats consulaires à Bordeaux, Lyon, Marseille et Paris. On doit procéder dans ces villes comme un décret du 4 février 1791 avait prescrit de le faire à Paris. En raison du grand nombre des commerçants, l'élection se faisait à deux degrés. Les électeurs eux-mêmes étaient nommés par une assemblée à laquelle étaient conviés tous ceux qui avaient la qualité de commerçants.

La constitution du 22 frimaire an VIII établit les « tribunaux d'appel », et le décret du 27 ventôse de la même année organisa la justice sur les bases posées par la Constitution. Ces documents n'apportèrent dans la justice commerciale aucune autre innovation que de faire porter l'appel de ses jugements devant les tribunaux institués à cet effet. Les modifications successives qui devaient amener la législation actuelle étaient ainsi accomplies. Nous pouvons donc arrêter ici l'histoire générale des tribunaux de commerce pendant la période révolutionnaire. Mais avant nous retournerons quelque peu sur nos pas pour faire ce que l'on pourrait appeler l'histoire épisodique de la juridiction consulaire, en passant rapidement en revue, par ordre chronologique, les divers documents législatifs qui, sans porter atteinte aux principes généraux que nous avons exposés, intéressent cependant l'organisation judiciaire et celle des tribunaux de commerce.

Nous avons dit, en terminant le précédent chapitre, que, depuis la révocation de l'édit de Nantes, tous les juges du royaume devaient être catholiques. Un des premiers actes de l'Assemblée constituante fut une œuvre de réparation et de justice. Par un décret du 24 décembre 1789, les non-catholiques furent déclarés admissibles à tous les emplois civils et militaires. Ainsi furent effacées les traces du fanatisme de Louis XIV. Un édit de novembre 1787, tout en améliorant la position civile des protestants, les éloignait encore des charges de la judicature et de la municipalité.

La loi de 1790, en permettant aux directoires de district de demander la création de tribunaux de commerce dans toutes les localités où leur existence serait reconnue utile, fit au commerce une latitude dont il usa largement. De nombreux décrets, parmi lesquels nous citerons ceux des 30 novembre 1790, 1er et 28 décembre 1790, 18 janvier et 17 mars 1791, ne contiennent autre chose que la nomenclature des localités qui devinrent le siège d'un tribunal de commerce. Nous mentionnerons spécialement le décret des 31 décembre 1790-7 janvier 1791, qui établit des tribunaux consulaires dans toutes les villes où il existait des amirautés. La vieille querelle entre les deux juridictions avait donc cessé par suite de la mort de l'une d'elles.

Les attributions des amirautés furent partagées entre diverses administrations ; elles disparurent sans laisser aucun vide dans l'organisation sociale. Le décret de 1791 était la conséquence forcée des dispositions législatives qui avaient attribué aux tribunaux consulaires la connaissance du commerce de mer. Il était juste que les armateurs et marins retrouvassent auprès d'eux une nouvelle juridiction à la place de celle qu'on leur avait enlevée.

La suppression des amirautés donna temporairement aux tribunaux de commerce une compétence exceptionnelle. Un décret du 31 janvier 1793 avait autorisé les armements en course. Il fallait régler la juridiction qui serait saisie des procès que les prises maritimes pouvaient faire surgir. Un décret du 14 février 1793 les attribue provisoirement aux tribunaux de commerce. Ce provisoire dura jusqu'au 6 germinal an VIII, époque à laquelle fut créé le conseil des prises. Nous ne voulons pas nous éloigner de notre sujet en suivant la législation sur les prises maritimes, en recherchant ses motifs et ses conséquences ; mais nous devons dire, avec le rapport de Cambacérès, que les contestations qui peuvent naître des prises touchent surtout au droit public et international ; qu'il ne peut appartenir au pouvoir judiciaire d'apprécier et d'appliquer les traités entre les nations et que le pouvoir exécutif seul est compétent en pareille matière. Si les tribunaux de commerce furent temporairement saisis de ces questions, c'est qu'ils héritèrent des attributions judiciaires des amirautés. Ainsi, en constatant l'importance que le décret de 1793 accordait aux tribunaux de commerce, nous devons dire aussi que c'est à bon droit que l'arrêté du 6 germinal an VIII leur enleva des attributions qui n'étaient pas de leur compétence.

Diverses mesures organiques furent adoptées dès que l'expérience en démontra la nécessité. Ainsi un décret des 9-10 août 1791 vint pour ainsi dire interpréter la législation d'une manière heureuse pour le commerce. La loi appelait à l'élection des juges du commerce toute personne ayant la qualité du commerçant ; et, en l'absence de stipulations précises, les juges devaient être choisis parmi les électeurs. Les négociants qui s'étaient retirés des affaires n'étaient donc pas éligibles, de sorte que la justice commerciale était privée du concours de ceux qui pouvaient lui assurer une plus grande expérience et des loisirs plus nombreux. Par le décret des 9-10 août 1791, l'Assemblée nationale, « considérant que les anciens négociants, « marchands, banquiers et autres désignés par la loi d'organisation

« judiciaire, qui s'étaient retirés du commerce, ne pouvaient, par le
« fait de cette discontinuation, être assujettis à prendre des patentes,
« décréta qu'ils étaient éligibles en qualité de juges aux tribunaux
« de commerce et néanmoins qu'ils ne pourraient être électeurs ».

Disons de suite, pour n'y plus revenir, que la législation posté-
rieure n'a pas fait cesser le doute qui résultait de la loi de 1790.
La difficulté se présenta sous l'empire de l'article 620 du Code de
commerce, qui portait seulement que tout commerçant pourrait être
nommé juge. Elle fut résolue par un avis du Conseil d'État du
2 février 1808, décidant que les négociants retirés du commerce et
non livrés à d'autres professions sont susceptibles d'être élus. Tel est
l'état de la législation actuelle.

Il ne suffisait pas à l'administration de la justice commerciale
de pouvoir appeler dans son sein tous ceux qui étaient dignes de
remplir les fonctions de juges, il fallait encore que le nombre des
magistrats pût suffire aux besoins du service sans que leur dévoue-
ment à la chose publique portât préjudice à leurs propres affaires.
La loi de 1790 s'était montrée avare en ne donnant que cinq juges à
chaque tribunal. L'édit de 1563 s'était montré trop généreux en permettant aux juges-consuls de s'adjoindre des suppléants agréés par
les parties. La loi, comme l'édit, était défectueuse. Si la loi, en
n'autorisant pas l'adjonction de suppléants, était suffisante pour
certaines localités, dans les plus importantes elle surchargeait les
juges. L'édit, au contraire, péchait par une trop grande latitude en
souffrant que les juges pussent se décharger, à peu près quand bon
leur semblait, du soin de juger, sur des commerçants qui n'étaient
choisis que d'une façon tout à fait éphémère.

L'Assemblée législative compléta l'œuvre de la Constituante, par
un décret des 10-16 juillet 1792 :

« Considérant que plusieurs tribunaux de commerce se trouvent
« journellement dans l'impossibilité de remplir l'objet de leur établis-
« sement pour les cas d'absence ou de récusation de plusieurs juges,
« le décret des 16-24 août 1790, relatif à leur formation, ne les ayant
« pas autorisés à se nommer des suppléants, décrète que dans toutes
« les villes du royaume où il y a des tribunaux de commerce, il
« pourra être nommé quatre suppléants, en se conformant pour leur
« nomination aux formalités prescrites pour l'élection des juges desdits
« tribunaux de commerce. »

En vertu de ce décret, chaque tribunal de commerce devait donc être composé de neuf juges; mais ils n'étaient pas de trop, même dans les plus petites localités, par suite du droit de récusation accordé aux parties. En effet, on pouvait toujours récuser un ou plusieurs juges pour des causes légitimes; de même, chaque partie pouvait récuser un juge, péremptoirement, sans donner aucun motif, de telle sorte qu'il arrivait que le tribunal ne fût plus en nombre pour juger. Alors la loi permettait aux juges non récusés d'appeler des négociants ou armateurs pour les compléter. Il se trouvait même que des récusations péremptoires exercées par un grand nombre de parties en cause éloignaient tous les juges de leurs sièges. Dans ce cas, l'affaire était portée devant le tribunal de même ordre le plus voisin, sans qu'il fût possible d'y récuser personne. (Décret du 23 vendémiaire an IV.)

En présence de cette complication, comme en présence du système d'appel, on ne peut s'empêcher de convenir que l'application des décrets des assemblées de la Révolution conduisait à la négation de toute justice. La crainte de donner une puissance quelconque aux magistrats était si forte, qu'on arrivait, par des moyens indirects, à leur enlever même le pouvoir de juger. Tel est l'effet général des réactions, qu'en voulant détruire les abus, elles en créent de nouveaux. La chicane et la mauvaise foi durent pouvoir user largement des facilités que leur donnait la loi de mettre les juges en suspicion.

Les faits qui nous restent à examiner sont peu nombreux et peu importants. Nous nous bornerons à énumérer quelques documents.

Ainsi, un décret des 4–8 nivôse an II déclare propriétés nationales les biens appartenant aux anciens tribunaux consulaires. Ils n'avaient pas besoin d'être riches; mais il était indispensable qu'ils eussent des fonds pour subvenir aux dépenses de leurs audiences. C'est ce à quoi pourvut un décret du deuxième jour complémentaire an III.

Un décret du 24 vendémiaire an III, relatif aux incompatibilités administratives et judiciaires, déterminait quelles étaient les fonctions incompatibles avec celles des magistrats consulaires. Ils ne pouvaient être membres de directoires de département ou de district, officiers municipaux, etc. Ils ne pouvaient exercer d'autre magistrature.

Une loi du 3 nivôse an III autorisa les tribunaux de commerce saisis d'une contestation en augmentation de fret, toutes les fois qu'ils ne se trouveraient pas suffisamment éclairés, à nommer d'office cinq ou sept commerçants les plus expérimentés du port dans les opérations maritimes, pour faire arbitrer définitivement et sans appel ni recours quelconque le point litigieux. Cette loi, qui a un caractère général, fut rendue dans une circonstance toute particulière. Le Tribunal de commerce de Bordeaux, saisi d'une contestation en augmentation de fret, l'avait renvoyée devant neuf négociants pour arbitrer le prix du fret. Les arbitres rendirent une décision qui ne satisfit aucune des parties. Elles contestèrent au tribunal le droit de renvoyer ces difficultés devant des arbitres. Le tribunal soumit la question à la Convention, qui rendit le décret que nous venons de transcrire.

La loi du 21 fructidor an IV décidait que les tribunaux de commerce n'auraient pas de vacances. Mais de pareils documents sont d'un minime intérêt pour l'histoire; ils ne méritent pas de nous arrêter plus longtemps.

Les années que nous venons de traverser sont considérées avec grande raison comme la période de transformation de tout notre ordre social. C'est alors qu'on a brisé violemment les institutions de l'ancien régime pour les remplacer par d'autres complètement opposées. Cependant l'œuvre de la Révolution n'est point restée complète, et, à l'exception des principes qui ont conservé toute leur vitalité, à l'exception de quelques parties dans lesquelles la perfection avait été atteinte du premier coup, on a modifié sans cesse, amélioré quelquefois l'héritage qu'elle nous a laissé; si bien que l'ordre des choses actuel, quoique reposant sur les idées de 1789, ne ressemble pas à ce qui a existé de 1789 à l'an VIII. En ce qui touche l'histoire des tribunaux de commerce, l'appréciation de cette période ne doit pas être la même que celle de l'histoire générale. La Révolution n'a pas anéanti l'ancienne institution des juges-consuls. Elle l'a précieusement conservée et améliorée. Elle n'est donc pas une époque de transformation mais de développement pour les tribunaux de commerce. Ils s'élèvent encore sur les assises posées en 1563. Toutefois, nous avons pu constater quelques changements qui n'altéraient pas l'institution. Nous lui avons vu prendre, sous plus d'un rapport, une extension considérable. Si tout ce qu'elle a fait pour eux n'est pas resté, il n'en est pas moins vrai que le législateur moderne a conservé toutes les véritables améliorations qui s'étaient produites, et que les perfectionnements qu'il a introduits dans cette matière ne sont que les conséquences de l'œuvre générale de la Révolution.

DEUXIÈME PARTIE

REPRODUCTION

DES JETONS ET MÉDAILLES

UNE AUDIENCE AU TRIBUNAL DE COMMERCE DE PARIS EN 1675.

(Reproduction d'une gravure du Musée Carnavalet.)

LES ARMES DE LA JURIDICTION CONSULAIRE

Tirées du recueil édité par Denys Thierry en 1706.

JETONS DES SIX CORPS DES MARCHANDS.

JETONS DES JUGES ET CONSULS DE PARIS AUX XVIIe ET XVIIIe SIÈCLES.

Collection V. L.

JETONS DES PRIEURS ET JUGES-CONSULS DE ROUEN
SOUS LOUIS XIV, LOUIS XV ET LOUIS XVI.

JETON DE LA JURIDICTION ROYALE EN BRETAGNE
SOUS LA MINORITÉ DE LOUIS XIV.

Collection V. L.

MÉDAILLES FRAPPÉES POUR COMMÉMORER L'INTERVENTION DES SIX CORPS
DES MARCHANDS, SOUS LOUIS XVI.

Collection V. J.

INSIGNE

DES

JUGES ET CONSULS

PENDANT

LA PÉRIODE

RÉVOLUTIONNAIRE.

FACE DE L'ANCIENNE MÉDAILLE
DES JUGES AU TRIBUNAL DE
COMMERCE DE LA SEINE.

FACE DE LA MÉDAILLE DES JUGES
AU TRIBUNAL DE COMMERCE DE
LA SEINE DEPUIS 1886.

Collection X. L.

LE TRIBUNAL DE COMMERCE DE LA SEINE ÉRIGÉ
PLACE DE LA BOURSE EN 1826.

Collection V. L.

LE TRIBUNAL ÉRIGÉ EN LA CITÉ EN 1865.

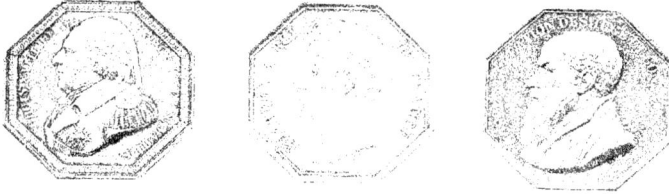

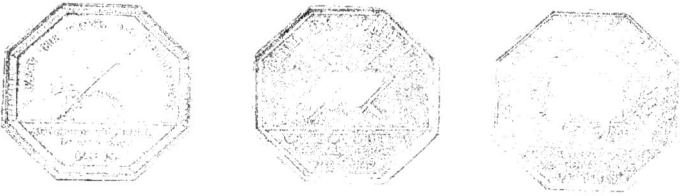

JETONS DES AGRÉÉS AU TRIBUNAL DE COMMERCE DE LA SEINE
DEPUIS 1816.

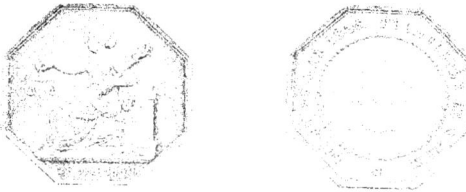

JETONS DES SYNDICS DE FAILLITES DEPUIS 1838.

Gouttelons V. I.

LA

PREMIÈRE JUDICATURE

⟶ ·✦⟩✕⟨✦· ⟶

USQU'AU règne de Charles IX, l'année commençait à
Pâques. Les mois de septembre, octobre, novembre et
décembre étaient en réalité, comme leur nom l'indique,
les septième, huitième, neuvième et dixième mois de
l'année. C'est ce qui explique pourquoi dans la relation
de la première élection des juges et consuls, il est déclaré que, pour
satisfaire à l'édit de novembre 1563, il a été procédé à l'élection le
27 janvier de la même année.

Malgré la résistance du Parlement, Charles IX décida que
l'année 1564 serait considérée comme ayant eu son point de départ
au 1er janvier 1563 de l'ancien régime.

La première judicature consulaire à Paris date donc légalement
de 1564.

Les plus anciennes éditions publiées des registres de la juridiction remontent à 1645, 1652 et 1660.

Denys Thierry, imprimeur-libraire, consul en 1676 et juge
en 1689, fit paraître en 1705 le recueil de la juridiction. Le travail
avait été préparé par les ordres et les soins des membres du consulat
en 1704, assavoir : sire Pierre Ourty, juge et ancien échevin de la
ville de Paris ; et sires Claude Guillebon, ancien échevin, François
Regnault, également ancien échevin, Pierre Langlois et Jean Le Roulx,
tous quatre consuls.

Nous en extrayons le procès-verbal de la première élection et de la première installation.

EXTRAIT

DES REGISTRES DE LA JURIDICTION DES JUGES ET CONSULS

Premièrement, suivant ledit édit, de novembre 1563, MM. les Prévôt des marchands et Échevins de ladite ville firent assemblée, le vingt-septième jour de janvier l'an 1563, de cent notables marchands et bourgeois, en l'hôtel de ville, auxquels ils firent faire le serment d'élire en leur conscience cinq notables marchands d'icelle, pour exercer ledit fait et charges, pour une année seulement, dont l'un pour juge, et les quatre autres pour consuls des marchands, et quatre d'entre eux pour scrutateurs en ladite élection.

Ce qu'ils auraient fait, et aurait été trouvé à la pluralité des voix que les sires Henry Ladvocat, François Garrault, Jean Daubray et Claude Hervy seraient demeurés scrutateurs pour ladite élection.

A l'instant par lesdits cent marchands pour ce appelés, il fut fait par chacun un billet, où écrivirent les noms de cinq marchands, dont l'un pour juge et quatre pour consuls, qu'ils mirent dans un chapeau ; et après que chacun d'eux eut porté son billet dans le chapeau, lesdits scrutateurs le prirent et le portèrent au bureau de la ville, pour en tirer et faire le scrutin ; ce qu'ayant fait, ils le rapportèrent en pleine assemblée pour y être lu publiquement.

Il fut trouvé, à la pluralité des voix, être demeuré :

Pour un juge des marchands : Sire Jean Aubry, le jeune, ci-devant échevin, marchand, demeurant rue Neuve-Saint-Médéric ;

Pour premier consul : Sire Nicolas Bourgeois l'aîné, marchand pelletier, bourgeois de Paris, demeurant près les Carneaux ;

Deuxième consul : Sire Henry Ladvocat, ci-devant échevin, marchand mercier, demeurant rue Saint-Denis ;

Troisième consul : Sire Pierre de la Court l'aîné, marchand de vins et poissons de mer, demeurant ès Halles ;

Quatrième consul : Sire Claude Hervy, marchand mercier, demeurant rue Saint-Denis.

Et le premier jour de février 1564, lesdits sieurs Aubry, Bourgeois, Ladvocat, de la Court et Hervy furent conduits en la cour de parlement par les sieurs Claude Marcel et Claude Le Prêtre, échevins, où ils furent présentés pour prêter le serment de bien et dûment exercer lesdits faits et charges, aux clauses et conditions de l'édit; séant lors au siège messire Christophe de Thou, chevalier et premier président; et en présence de M. le duc de Montmorency, maréchal de France, gouverneur et lieutenant général pour le roi en ladite ville de Paris.

Après quoi les juge et consuls, accompagnés desdits sieurs Marcel et Le Prêtre, furent en l'hôtel de ville, et prièrent les prévôt des marchands et échevins de vouloir faire assemblée audit hôtel de ville de cinquante marchands, pour aviser par eux quelle somme on lèverait sur la communauté de tous les marchands pour faire l'achat et bâtiment de la place comme aussi pour nommer dix d'entre eux pour faire le département et taxe de la somme qui serait accordée, suivant ce qui leur était mandé et ordonné par l'édit du roi de leur érection; ce qui leur aurait été accordé. Et le même jour de relevée, se seraient les juge et consuls transportés à l'hôtel de ville, par devant les prévôt des marchands et échevins, lesquels ils auraient priés et requis de procéder à l'exécution de leur réquisitoire, les cinquante marchands par eux mandés étant pour lors présents; et par les prévôt des marchands et échevins aurait été procédé en la forme et manière qui suit :

Premièrement, ils auraient fait prêter le serment aux cinquante marchands de déclarer et dire par leur avis quelle somme de deniers il se lèverait sur tous les marchands, pour subvenir à l'achat et bâtiment de la place commune, sans grandement les fouler; et après qu'ils eurent sur ce, chacun en particulier, donné leur avis, il fut trouvé à la pluralité des voix qu'il serait levé jusques à la somme de vingt mille livres tournois.

Ce fait, et à l'instant le prévôt des marchands leur aurait fait derechef prêter serment qu'en leur conscience ils nommeraient dix notables bourgeois marchands de ladite ville, bien renommés pour procéder au département et taxes sur chacun marchand en particulier, selon leur capacité, pour lever et recouvrer sur eux ladite somme de vingt mille livres dont on convenait. Pour ce faire, qu'ils écriraient chacun sur un petit papier le nom et surnom de dix marchands qu'ils entendaient élire pour faire ledit département et chargées; lequel billet ils porteraient en un chapeau; qu'ils nommeraient aussi à haute voix quatre d'entre eux pour scrutateurs de leurs billets. Ce qui aurait été fait, et seraient demeurés pour scrutateurs les sires Jean Daubray, François Garrault, Louis de Creil et Claude Regnault, qui auraient semblablement prêté le serment de faire rapport de la vérité des personnes qui auraient voix pour faire la taxe de ladite somme de vingt mille livres. Ce fait, auraient pris un chapeau dans lequel étaient lesdits billets qu'ils auraient portés au petit bureau dudit hôtel de ville, pour, après avoir tiré et fait le scrutin, le rapporter au prévôt des marchands et échevins, qui en auraient fait faire lecture à haute voix à toute la compagnie; et se seraient trouvés être demeurés pour faire et procéder à la taxe et département de ladite somme de vingt mille livres tournois, les sires Claude Choart, Louis de Creil, François Garrault, Nicolas Prévost, Claude de Paris l'aîné, Étienne de la Dehors, Claude Thuault l'aîné, Jean Daubray, Michel Paffart et Richard Toustin, auxquels le prévôt des marchands aurait fait prêter serment, qu'en leur conscience ils procéderaient au fait, taxe et département de ladite somme de vingt mille livres tournois; ce qu'ils auraient promis et juré d'exécuter.

Et le lundi, septième jour dudit mois de février 1564, lesdits sieurs Aubry, Bourgeois, Ladvocat, de la Court et Hervy, juge et consuls des marchands, se seraient mis au siège, en la salle ou logis abbatial de l'abbaye de Saint-Magloire, rue Saint-Denis, où ils auraient commencé à rendre justice au peuple, comme il leur était enjoint par l'édit de leur érection (1).

(1) En 1570, le Consulat fit l'acquisition au cloître Saint-Merry, en la rue dénommée encore aujourd'hui rue des Juges-Consuls, de l'hôtel du président Baillet. Il y siégea jusqu'en 1826, époque à laquelle il fut transféré au palais de la Bourse, élevé sur l'emplacement de l'ancien couvent des filles Saint-Thomas.

En 1866, il vint siéger en la Cité, dans le palais qu'il occupe aujourd'hui.

Dans l'intervalle, la tourmente révolutionnaire n'avait pas tenu compte des sacrifices du commerce parisien. La maison de la juridiction fut pillée. Malgré leurs protestations, un décret de la Convention du 24 décembre 1793 dépouilla les juges-consuls de la propriété du cloître Saint-Merry et de tout ce qu'ils possédaient. L'hôtel et ses dépendances furent déclarés biens nationaux.

LISTE

DES

MEMBRES DE LA JURIDICTION CONSULAIRE

AU SIÈGE DE PARIS

(1564-1905)

RÈGNE DE CHARLES IX

1564

Juge : M.
JEAN AUBRY, mercerie.

Consuls : MM.
Nicolas Bourgeois l'aisné, marchand pelletier.
Henry Ladvocat, mercerie.
Pierre de la Court, marchand de vin et de poisson.
Claude Hervy, mercerie.

1565

Juge : M.
CLAUDE LE PRESTRE, marchand de vin et de poisson.

Consuls : MM.
Claude Regnault, marchand de vin et de poisson.
Vaast Bourdin, apothicairerie et épicerie.
Louis de Creil, mercerie.
Jean de Dampmartin, draperie.

1566

Juge : M.
CLAUDE MARCEL, orfèvrerie.

Consuls : MM.
Jean Daubray, mercerie.
François Garrault, mercerie.
André Roch, draperie.
Jean de la Bruière, apothicairerie et épicerie.

1567

Juge : M.
JEAN MENANT, marchand de vin.

Consuls : MM.
Nicolas Hac, draperie.
Jean de la Bistrate, marchand de vin et de poisson.
Jean Le Jay, mercerie.
Claude de Paris, épicerie.

1568

Juge : M.
HENRY LADVOCAT, mercerie.

Consuls : MM.
François Thiault, marchand de vin.
Nicolas de Bourges, apothicairerie et épicerie.
François Bonnart, pelleterie.
Pierre Boursier, mercerie.

1569

Juge : M.
Nicolas BOURGEOIS, pelleterie, décédé, remplacé par Pierre de La Court, marchand de vin et de poisson

Consuls : MM.
Jean Brice, mercerie.
Jacques du Bois, draperie.
Jean Meusnier, mercerie.
Jacques Le Peultre, mercerie.

1570

Juge : M.
Claude HERVY, mercerie.

Consuls : MM.
Claude Aubery, mercerie.
Guillaume Rousselet, mercerie.
Pierre de la Fosse, épicerie.
Jean Lescuyer, draperie.

1571

Juge : M.
Vaast BOURDIN, apothicairerie et épicerie.

Consuls : MM.
Jacques Le Brest, marchand de vin et de poisson.
Nicolas Simon, mercerie.
Jean Despinay, draperie.
Germain Boucher, mercerie.

1572

Juge : M.
Jean LE JAY, mercerie.

Consuls : MM.
Maurice de Laulnoy, draperie.
Claude Le Lièvre, mercerie.
Martin de Laulne, marchand de vin et de poisson.
Sébastien du Bois, épicerie.

1573

Juge : M.
Jean DE LA BISTRATE, marchand de vin et de poisson.

Consuls : MM.
Robert Desprez, marchand teinturier de draps.
Jean Moreau, épicerie.
Philippes de Castille, mercerie.
Antoine Huot, draperie.

1574

Juge : M.
Pierre BOURSIER, mercerie.

Consuls : MM.
Jean Salvancy, mercerie.
Nicolas Parent, draperie.
Antoine Robineau, épicerie.
Pierre Le Gois, marchand de vin.

RÈGNE DE HENRI III

1575

Juge : M.
Jean DE DAMPMARTIN, draperie.

Consuls : MM.
Pierre Touret, épicerie.
Denys Chouart, marchand de vin.
Rémond Bourgeois, mercerie.
Jean de Bordeaux, draperie.

1576

Juge : M.
Claude AUBERY, mercerie.

Consuls : MM.
François Luillier, mercerie.
Claude de la Bistrate, mercerie.
Antoine Faureau, apothicairerie et épicerie.
Philibert Bourlon, draperie.

1577

Juge : M.
Jean MEUSNIER, mercerie.

Consuls : MM.
Jean Beaucousin, orfèvrerie.
Pierre Qutes, apothicairerie et épicerie.
Robert Buhot, draperie.
Louis Bobye, mercerie.

1578

Juge : M.
Jean DE LA BRUIÈRE, apothicairerie et épicerie.

Consuls : MM.
Charles Troude, marchand de vin et poisson.
Jean de Compans, draperie.
Richard Toutin, orfèvrerie.
Jacques Vivien, mercerie.

1579

Juge : M.
Jean BRICE, mercerie.

Consuls : MM.
Guillaume Semelle, mercerie.
Nicolas Bizart, marchand de poisson de mer.
Pierre Bréard, mercerie.
Valleran Perrochel, mercerie.

1580

Juge : M.

ROBERT DESPREZ, marchand teinturier de draps.

Consuls : MM.

Antoine Boyvin l'aisné, draperie.
Claude Picot, épicerie.
Jean Leprestre, marchand de vin et poisson.
Jacques du Clos, draperie.

1581

Juge : M.

NICOLAS PARENT, draperie.

Consuls : MM.

François de Laistre, mercerie.
François Costeblanche, draperie.
Nicolas Thiault, marchand de vin et poisson.
Marc Héron, apothicairerie et épicerie.

1582

Juge : M.

JEAN MOREAU, épicerie.

Consuls : MM.

Guillaume Plastrier, draperie.
Pierre de la Court, marchand de vin et de poisson.
Jean Gallant, mercerie.
Guillaume Le Tellier, épicerie.

1583

Juge : M.

ANTOINE ROBINEAU, épicerie.

Consuls : MM.

Nicolas de Creil, mercerie.
Vincent Martin, marchand de vin.
Jean Rouillié, draperie.
Nicolas du Resnel, mercerie.

1584

Juge : M.

RÉMOND BOURGEOIS, mercerie.

Consuls : MM.

François Le Brest, marchand de vin et de poisson.
Guillaume de la Croix, mercerie.
Jean Gorion, apothicairerie et épicerie.
Denys Néret, draperie.

1585

Juge : M.

ANTOINE FAUREAU, apothicairerie et épicerie.

Consuls : MM.

Simon Boivin, draperie.
Pierre Passart, mercerie.
Jean de Miraulmont, marchand teinturier.
Pierre Martin, marchand de vin.

1586

Juge : M.

JEAN DE COMPANS, mercerie.

Consuls : MM.

François Charpentier, marchand de vin et de poisson.
Jacques Turquet, mercerie.
Charles Vulin, mercerie.
Jacques Duchesne, mercerie.

1587

Juge : M.

CHARLES TROUDE, marchand de vin et de poisson.

Consuls : MM.

Louis Bourdin, épicerie.
Nicolas Fressart, draperie.
Antoine André, mercerie.
Pierre Poncher, mercerie.

1588

Juge : M.

PIERRE QUTES, apothicairerie et épicerie.

Consuls : MM.

Pierre Le Roy, mercerie.
Miles Girard, draperie.
François Blanchart, marchand de vin.
Pierre Bourdin, marchand de bois.

RÈGNE DE HENRI IV

1589

Juge : M.

NICOLAS THIAULT, mercerie.

Consuls : MM.

Barnabé Desprez, draperie.
Claude Bobye, mercerie.
François Belin, épicerie.
Robert Yon, mercerie.

1590

Juge : M.

DENYS NERET, draperie.

Consuls : MM.

Jean Villebichet, mercerie.
Jean Le Camus, apothicairerie et épicerie.
Jean Mullot, marchand de vin et de poisson.
Philippes du Resnel, mercerie.

1591

Juge : M.
JEAN GORION, apothicairerie et épicerie.
Consuls : MM.
Noël Hébert, draperie.
Philippes Le Comte, mercerie.
Thibault de Saint-Aubin, mercerie.
Laurent Cressé, mercerie.

1592

Juge : M.
JEAN GALLANT, mercerie.
Consuls : MM.
Nicolas Gobelin, draperie.
Jacques Trouve, marchand de poisson de mer.
Gabriel de Flecelles, mercerie.
Simon Le Juge, épicerie.

1593

Juge : M.
NICOLAS DE CREIL, mercerie.
Consuls : MM.
Jean Le Normand, marchand de vin et de poisson.
Louis Monsigot, draperie.
Pierre Le Febvre, mercerie.
Jean Lambert, apothicairerie et épicerie.

1594

Juge : M.
SIMON BOIVIN, draperie.
Consuls : MM.
Eustache Boullenger, mercerie.
Jean Guiot, épicerie.
Jean du Puis, marchand de vin.
Côme Carrel, mercerie.

1595

Juge : M.
PIERRE MARTIN, marchand de vin.
Consuls : MM.
Claude Le Roy, épicerie.
François Belot, mercerie.
Henri Gamin, mercerie.
Jean Chesnard, draperie.

1596

Juge : M.
CHARLES VULIN, mercerie.
Consuls : MM.
Denys Le Gros, draperie.
François Pijart, apothicairerie et épicerie.
Antoine Filleau, mercerie.
Nicolas Bossu, marchand de vin et poisson.

1597

Juge : M.
JEAN ROUILLIE, draperie.
Consuls : MM.
Philippes Sensier, mercerie.
Jean Louvet, mercerie.
Jacques Laudet, épicerie.
Guillaume Passart, marchand de vin et de poisson.

1598

Juge : M.
JEAN VILLEBICHET, mercerie.
Consuls : MM.
Thomas Coignet, mercerie.
Robert Descarts, draperie.
Claude Roussel, marchand de vin et de poisson.
Pierre du Fresnoy, apothicairerie.

1599

Juge : M.
BARNABÉ DESPREZ, draperie.
Consuls : MM.
Milles Lombert, épicerie.
Gilles de Brézé, mercerie.
Jean de la Haye, orfèvrerie.
Laurent Bergeron, mercerie.

1600

Juge : M.
FRANÇOIS BELIN, épicerie.
Consuls : MM.
Pierre Feullet, mercerie.
Joseph des Champs, draperie.
Pierre Nicolas, orfèvrerie.
Michel Lamy, mercerie.

1601

Juge : M.
JEAN MULLOT, marchand de vin et poisson.
Consuls : MM.
Remy Boyer, draperie.
Claude de Cambray, apothicairerie.
François Frezon, mercerie.
Pierre Sainctot, marchand teinturier de soie.

1602

Juge : M.
LAURENT CRESSÉ, mercerie.
Consuls : MM.
André Ruffé, mercerie.
Jean Messier, draperie.
Durand Yon, marchand de vin et de poisson.
Nicolas de Bourges, épicerie.

1603

Juge : M.
GABRIEL DE FLECELLES, mercerie.

Consuls : MM.
Jean Bazin, draperie.
Jean Henryot, mercerie.
Paschal Bazoin, apothicairerie.
Nicolas Targer, mercerie.

1604

Juge : M.
CLAUDE LE ROY, épicerie.

Consuls : MM.
Jean Lempereur, draperie.
Claude du Pré, mercerie.
Nicolas Vye, mercerie.
Jean Guillemot, marchand de vin et de poisson.

1605

Juge : M.
FRANÇOIS BELOT, mercerie.

Consuls : MM.
Louis Danys, mercerie.
Pierre Le Brest, draperie.
Jean Jobert, apothicairerie.
Jean Eustache, marchand de vin et de poisson.

1606

Juge : M.
JEAN CHESNARD, draperie.

Consuls : MM.
Jacques Drouet, épicerie.
Pierre Cremillier, marchand de vin.
Antoine Guibert, mercerie.
Guillaume Lespicier, marchand de bled.

1607

Juge : M.
PIERRE LE FEBVRE, mercerie.

Consuls : MM.
Guillaume Marier, marchand de vin.
Nicolas Gillot, draperie.
Pierre Bachelier, apothicairerie.
Jean Beaucousin, orfèvrerie.

1608

Juge : M.
JEAN GUYOT, épicerie.

Consuls : MM.
Eustache Le Bossu, marchand de vin et de poisson.
Olivier Picques, mercerie.
Jean Bachelier, draperie.
Simon Marcez, orfèvrerie.

1609

Juge : M.
JEAN LOUVET, mercerie.

Consuls : MM.
Simon Langlois, épicerie.
François Hersant, draperie.
Jacques Benoise, orfèvrerie.
Claude Chanlatte, marchand de vin.

1610

Juge : M.
GUILLAUME PASSART, marchand de vin et de poisson.

Consuls : MM.
Charles Helain, mercerie.
Michel Gamare, apothicairerie.
Jean Boué, draperie.
Martin Caillou, pelleterie.

RÈGNE DE LOUIS XIII

1611

Juge : M.
ROBERT DESCARTES, draperie.

Consuls : MM.
Guillaume Poignant, épicerie.
Pierre Hachette, bonneterie.
Jacques de Creil, mercerie.
Fiacre Malacquin, mercerie.

1612

Juge : M.
PIERRE FEULLET, mercerie.

Consuls : MM.
Claude Gonier, apothicairerie.
Claude Boucher, mercerie.
Jean Cavellier, bonneterie.
Louis Drouin, draperie.

1613

Juge : M.
JOSEPH DES CHAMPS, draperie.

Consuls : MM.
Michel Raguenet, épicerie.
Jean Le Maire, mercerie.
Estienne Ferrus, pelleterie.
Pierre Pelletier, orfèvrerie.

1614

Juge : M.
FRANÇOIS FREZON, mercerie.

Consuls : MM.
François Predeseigle, draperie.
Antoine Andrenas, mercerie.
Antoine Ollin, apothicairerie.
Antoine Charrats, bonneterie.
Jean du Bois, draperie (en remplacement de Predeseigle, décédé).

1615

Juge : M.
PIERRE SAINCTOT, mercerie.

Consuls : MM.
Jean de Compans, draperie.
Nicolas Doublet, mercerie.
Jacques Barbier, épicerie.
Charles Avelyne, orfèvrerie.

1616

Juge : M.
JEAN HENRYOT, mercerie.

Consuls : MM.
Jean Cheron, apothicairerie.
Nicolas Brillet, draperie.
Antoine Robineau, mercerie.
Guillaume Perier, marchand de vin.

1617

Juge : M.
NICOLAS TARGER, mercerie.

Consuls : MM.
François Portebedien, mercerie.
Jacques Heron, épicerie.
Pierre Caignet, draperie.
Pierre Goujon, marchand de vin.

1618

Juge : M.
JEAN LEMPEREUR, draperie.

Consuls : MM.
Martin Bachelier, mercerie.
Guillaume Descouy, apothicairerie.
Guillaume Camus, orfèvrerie.
Jean Baron, mercerie.

1619

Juge : M.
JEAN GUILLEMOT, marchand de poisson de mer.

Consuls : MM.
André Langlois, draperie.
Jean Savary, mercerie.
Pierre du Chesnes, épicerie.
Pasquier Le Roy, mercerie.

1620

Juge : M.
GUILLAUME LESPICIER, marchand de grains.

Consuls : MM.
Simon Guilloré, apothicairerie.
Jean Helyot, mercerie.
Charles Germain, draperie.
Pierre Cadeau, mercerie.

1621

Juge : M.
GUILLAUME MARIER, marchand de vin.

Consuls : MM.
François Denizon, épicerie.
François Glué, mercerie.
Charles Hamelin, draperie.
Claude Jeunesse, mercerie.

1622

Juge : M.
JEAN BEAUCOUSIN, orfèvrerie.

Consuls : MM.
Jean Deslaviers, mercerie.
Louis de Creil, draperie.
Thomas Colichon, épicerie.
Martin Guyet, marchand de vin.

1623

Juge : M.
OLIVIER PICQUES, mercerie.

Consuls : MM.
Pierre de Plancy, apothicairerie.
Jean Tronchot, draperie.
Antoine Doublet, mercerie.
Pierre Touzet, orfèvrerie.

1624

Juge : M.
JEAN BACHELIER, draperie.

Consuls : MM.
Guillaume Guérin, épicerie.
Augustin Santeuil, mercerie.
Denys de Saint-Genis, marchand de grains
Alexandre Liger, mercerie.

1625

Juge : M.
JACQUES BENOISE, orfèvrerie.

Consuls : MM.
Jean La Gogue, mercerie.
Marc Nicolas, apothicairerie.
Michel Sonnius, librairie.
Nicolas de Hault, draperie.

1626

Juge : M.
Pierre HACHETTE, bonneterie.

Consuls : MM.
Jean Bazin, draperie.
Léonard Torentier, épicerie.
Pierre Pincebourde, orfèvrerie.
Guillaume Baillon, bonneterie.

1627

Juge : M.
Simon MARCEZ, orfèvrerie.

Consuls : MM.
Adrien de Vin, draperie.
Nicolas de Laistre, mercerie.
Claude Girouart, pelleterie.
Gilles Le Rat, apothicairerie.

1628

Juge : M.
Jacques DE CREIL, mercerie.

Consuls : MM.
Claude Boucher, draperie.
Martin Rafron, épicerie.
Jean Garnier, mercerie.
Pierre Fillassier, orfèvrerie.

1629

Juge : M.
Claude GONIER, apothicairerie.

Consuls : MM.
Claude Yon, mercerie.
Jean Le Messier, draperie.
Pierre Eustache, épicerie.
Claude de la Noue, orfèvrerie.

1630

Juge : M.
Jean DE COMPANS, draperie.

Consuls : MM.
Claude de Baillou, apothicairerie.
François Robin, mercerie.
Pierre Macé, marchand de bois.
Louis Hacte, mercerie.

1631

Juge : M.
Guillaume PERIER, marchand de vin.

Consuls : MM.
Louis de Compans, draperie.
Jacques Passart, mercerie.
Claude Foucault, épicerie.
Estienne Heurlot, marchand de poisson.
François Goger, bonneterie (en remplace-
ment de Heurlot, décédé).

1632

Juge : M.
Jacques HÉRON, épicerie.

Consuls : MM.
Pierre Chesnart, draperie.
Mathurin Bodeau, mercerie.
Jean Le Juge, marchand de vin.
Pierre Périer, apothicairerie.
Mathurin Moncheny, apothicairerie (en
remplacement de Périer, décédé).
Thierry Blondel, draperie (en remplace-
ment de Chesnart, décédé).

1633

Juge : M.
Pierre GOUJON, marchand de vin.

Consuls : MM.
Nicolas de Creil, mercerie.
Pierre Le Brest, draperie.
Jacques Darques, pelleterie.
Pierre Barbier, épicerie.

1634

Juge : M.
Pierre CADEAU, mercerie.

Consuls : MM.
Claude Le Boué, draperie.
Jean Bazouin, apothicairerie.
Paris Turquet, mercerie.
Réné de la Haye, orfèvrerie.

1635

Juge : M.
François DENISON, épicerie.

Consuls : MM.
Laurent Hersant, draperie.
Pamphile de la Court, mercerie.
Jean Levesque, bonneterie.
Antoine Héron, épicerie.

1636

Juge : M.
Augustin SANTEUIL, mercerie.

Consuls : MM.
Jean Bachelier, mercerie.
René Baudart, apothicairerie.
Robert de Saint-Jean, draperie.
Sébastien Cramoisy, librairie et imprimerie.

1637

Juge : M.
DE SAINT-GENIS, marchand de grains.

Consuls : MM.
Charles Gourlin, mercerie.
Lazare Greland, épicerie.
Henry Berand, draperie.
Philippes Le Roux, pelleterie.

1638

Juge : M.
JEAN BAZIN, draperie.

Consuls : MM.
François Fraguier, apothicairerie.
François Predeseigle, draperie.
Pierre Fournier, mercerie.
Estienne Celot, bonneterie.

1639

Juge : M.
GUILLAUME BAILLON, bonneterie.

Consuls : MM.
Jean de Bourges, épicerie.
Mathurin Brochant, draperie.
Charles Brunet, mercerie.
Nicolas Charpentier, orfèvrerie.

1640

Juge : M.
ADRIEN DE VIN, draperie.

Consuls : MM.
François Lescot, draperie.
Nicolas de Pois, mercerie.
Jean Cavellier, bonneterie.
Denys Héron, apothicairerie.

1641

Juge : M.
NICOLAS DELAISTRE, mercerie.

Consuls : MM.
Jacques Le Jeune, draperie.
Antoine Sanson, mercerie.
Rémond Lescot, orfèvrerie.
Geoffroy Yon, épicerie.

1642

Juge : M.
JEAN GARNIER, mercerie.

Consuls : MM.
Estienne Geoffroy, apothicairerie.
Antoine Bachelier, draperie.
Pierre de Hericourt, mercerie.
Nicolas Le Fouin, marchand de vin.

1643

Juge : M.
PIERRE EUSTACHE, épicerie.

Consuls : MM.
Denys Pichon, mercerie.
Jean Le Marchant, bonneterie.
Jacques Barbier, épicerie.
Henry Gillot, draperie.

RÈGNE DE LOUIS XIV

1644

Juge : M.
CLAUDE FOUCAULT, apothicairerie.

Consuls : MM.
Jacques Thirement, apothicairerie.
Claude Nyvert, draperie.
Jean Parent, mercerie.
Jacques de Monhers, mercerie.

1645

Juge : M.
JEAN LE JUGE, marchand de vin.

Consuls : MM.
Jean Lindo, mercerie.
Jacques Ticquet, draperie.
Michel Semelle, marchand de laine.
Claude Haranger, épicerie.

1646

Juge . M.
MATHURIN MONCHENY, apothicairerie.

Consuls : MM.
Charles Marcadé, orfèvrerie.
Louis Cornillier, draperie.
Louis Goujon, mercerie.
Martin du Fresnoy, apothicairerie.

1647

Juge : M.
PIERRE BARBIER, épicerie.

Consuls : MM.
Robert Pocquelin, mercerie.
François Boutillier, draperie.
Jean Gorge, pelleterie.
Gaspard Tranchepain, épicerie.

1648

Juge : M.
CLAUDE LE BOUÉ, draperie.

Consuls : MM.
Olivier Picques, mercerie.
Jean de la Balle, draperie.
Jean Chesneau, apothicairerie.
Pierre de Hemant, orfèvrerie.

1649

Juge : M.
RENÉ DE LA HAYE, orfèvrerie.

Consuls : MM.
Etienne Hervé, mercerie.
Jean Rousseau, bonneterie.
François Orry, draperie.
Jacques Le Noir, épicerie.

1650

Juge : M.
LAURENT HERSANT, draperie.

Consuls . MM.
Silvain Roger, apothicairerie.
Pierre Gillet, draperie.
Didier Aubert, mercerie.
Robert Ballard, librairie et imprimerie.
Claude Patin, draperie (en remplacement de Gillet, décédé.)

1651

Juge : M.
JEAN BACHELIER, mercerie.

Consuls : MM.
Pierre Denison, épicerie.
Nicolas Lescot, draperie.
Philippes Maillet, mercerie.
Claude Marcadé, orfèvrerie.
Simon Yon, draperie (en remplacement de Lescot, décédé).

1652

Juge : M.
SÉBASTIEN CRAMOISY, librairie et imprimerie.

Consuls : MM.
Simon de Secqueville, apothicairerie.
Claude Simonet, mercerie.
Rollin Auvry, marchand de laine.
Simon Langlois, draperie.

1653

Juge : M.
LAZARE GRELAND, épicerie.
Philippes Le Roux, pelleterie (juge en remplacement de Greland, décédé).

Consuls : MM.
Vincent Heron, épicerie.
Guillaume Perichon, mercerie.
Louis Charlemagne, draperie.
Claude Labbé, bonneterie.

1654

Juge : M.
FRANÇOIS LESCOT, draperie.

Consuls : MM.
Nicolas Foucault, apothicairerie.
Pierre Desplasses, draperie.
Matthieu Trotier, mercerie.
Alexandre de la Vayrie, pelleterie.

1655

Juge : M.
ANTOINE SANSON, draperie.

Consuls : MM.
André Le Vieux, draperie.
Jean Cottart, épicerie.
Paul Lefebvre, orfèvrerie.
Louis Langlois, mercerie.

1656

Juge : M.
RÉMOND LESCOT, orfèvrerie.
Estienne Geoffroy, apothicairerie (juge en remplacement de Lescot, décédé).

Consuls : MM.
Jean-Baptiste Forne, mercerie.
Claude Prévost, draperie.
Antoine de Cay, apothicairerie.
Nicolas de Villers, mercerie.

1657

Juge : M.
ANTOINE BACHELIER, draperie.

Consuls : MM.
Claude Villain, épicerie.
Jean Tronchot, draperie.
Nicolas de Faverolles, mercerie.
Jacques Laugeois, mercerie.

1658

Juge : M.
DENYS PICHON, mercerie.

Consuls : MM.
Michel Oulry, draperie.
Pierre Tiville, bonneterie.
Marc Heron, apothicairerie.
Claude Pulleu, mercerie.

1659

Juge : M.
JEAN LE MARCHANT, bonneterie.

Consuls : MM.
Jean Le Vieux, draperie.
Charles Helyot, mercerie.
Jacques Planson, épicerie.
Pierre Picquet, marchand de bois.
Philippes Gervais, mercerie (consul en remplacement de Picquet, décédé).

1660

Juge : M.
JACQUES BARBIER, épicerie.

Consuls : MM.
Nicolas Baudequin, draperie.
Denys Beguin, mercerie.
Mathurin de Moncheny, apothicairerie.
Jacques Cottart, orfèvrerie.

1661

Juge : M.
CLAUDE NYVERT, draperie.
Jacques de Monhers, mercerie (juge en
remplacement de Nyvert, décédé).
Consuls : MM.
Louis Pocquelin, mercerie.
Antoine de la Porte, épicerie.
François Predeseigle, draperie.
Antoine Musnier, marchand de vin.

1662

Juge : M.
JACQUES TICQUET, draperie.
Consuls : MM.
Claude de Bierne, pelleterie.
Fiacre Germain, draperie.
Pierre Clacquenelle, apothicairerie.
Charles Le Brun, mercerie.

1663

Juge : M.
ROBERT POCQUELIN, mercerie.
Consuls : MM.
Jean Chenart, draperie.
Antoine Heron, épicerie.
Philippes Lempereur, mercerie.
Pierre Lescot, bonneterie.

1664

Juge : M.
JEAN ROUSSEAU, bonneterie.
Consuls : MM.
Jean de Meromont, draperie.
Marc Heron, apothicairerie.
Pierre du Cocquel, mercerie.
Philippes Le Febvre, orfèvrerie.
Antoine Vitré, librairie et imprimerie (en
remplacement de du Cocquel, décédé).

1665

Juge : M.
SILVAIN ROGER, apothicairerie.
Consuls : MM.
Nicolas Héron, draperie.
Jacques Le Gendre, épicerie.
Edme Jeanson, mercerie.
Florentin Crollat, pelleterie.
Estienne Villain, mercerie (en remplace-
ment de Jeanson, décédé).

1666

Juge : M.
ROBERT BALLARD, librairie et imprimerie.

Consuls : MM.
Rolland Boilleau, bonneterie.
Guillaume Belin, draperie.
Sulpice Piart, apothicairerie.
Jean Gouffette, mercerie.

1667

Juge : M.
PIERRE DENISON, épicerie.
Consuls : MM.
Jacques Roussel, épicerie.
Jean Boué, draperie.
Jean-Jacques Gayot, mercerie.
Jean De Rosnel, orfèvrerie.

1668

Juge : M.
VINCENT HERON, épicerie.
Consuls : MM.
Christophe Cadeau, mercerie.
Guy Pocquelin, draperie.
Thomas Noblet, apothicairerie.
Jean Doyen, marchand de vin.

1669

Juge : M.
ALEXANDRE DE LA VAYRIE, pelleterie.
Consuls : MM.
Claude Le Camus, draperie.
Charles Presty, mercerie.
Mathurin Niceron, épicerie.
Denys Béchet, librairie.

1670

Juges : M.
ANDRÉ LE VIEUX, draperie.
Consuls : MM.
Estienne Regnault, apothicairerie.
Jean Bussillet, draperie.
Pierre Le Maire, mercerie.
Jean-Baptiste Gorge, pelleterie.
Nicolas Souplet, apothicairerie (en rempla-
cement de Regnault, décédé).

1671

Juge : M.
JEAN COTTART, épicerie.
Consuls : MM.
Charles Gaultier, draperie.
Simon Langlois, mercerie.
Jean de Lattaignant, épicerie.
Germain Gobert, bonneterie.

1672

Juge : M.
PAUL LEFEBVRE, orfèvrerie.

Consuls : MM.
Claude Ballin, orfèvrerie.
Claude Gerault, draperie.
Marc de Lislefort, apothicairerie.
Julien Gervais, mercerie.

1673

Juge : M.
CLAUDE VILLAIN, épicerie.

Consuls : MM.
Jean Chardon, draperie.
Jean Bachelier, mercerie.
Pierre Goblet, pelleterie.
Jean Le Roy, épicerie.
Jacques Porcher, draperie (en remplacement de Chardon, décédé).
Nicolas Drouet, épicerie (en remplacement de Le Roy, décédé).

1674.

Juge : M.
NICOLAS BAUDEQUIN, draperie.

Consuls : MM.
Antoine Rousseau, mercerie.
Antoine Guiller, apothicairerie.
Pierre Prevost, apothicairerie.
Jean Cavellier, bonneterie.

1675

Juge : M
JACQUES COTTART, orfèvrerie.

Consuls : MM.
Paul Brochant, draperie.
Clovis Rousseau, mercerie.
François Niceron, épicerie.
Philippes Pijart, orfèvrerie.
Jean Ragain, épicerie (en remplacement de Niceron, décédé).
Jean Cossart, mercerie (en remplacement de Rousseau, décédé).

1676.

Juge : M.
ANTOINE DE LA PORTE, épicerie.

Consuls : MM.
Nicolas de la Balle, draperie.
Pierre Fraguier, apothicairerie.
Jean Guerreau, mercerie.
Denys Thierry, librairie et imprimerie.

1677.

Juge : M.
NICOLAS HÉRON, draperie.
Estienne Villain, mercerie (juge en remplacement de Héron, décédé).

Consuls : MM.
Michel Bachelier, mercerie.
Louis Pihault, bonneterie.
Jean Le Couteulx, draperie.
Jean Boyelleau, épicerie.

1678

Juge : M.
ROLLAND BOILLEAU, bonneterie.

Consuls : MM.
Charles Clérambault, draperie.
Charles Pijart, orfèvrerie.
Estienne Dorieux, mercerie.
Antoine Regnault, apothicairerie.
Antoine Quiquebœuf, mercerie (en remplacement de Dorieux, décédé).

1679

Juge : M.
JEAN BOUÉ, draperie.

Consuls : MM.
Julien Le Doubre, draperie.
Louis Gellain, mercerie.
Charles Harlan, épicerie.
Mathieu Houton, pelleterie.

1680

Juge : M.
THOMAS NOBLET, apothicairerie.

Consuls : MM.
Michel Gamare, apothicairerie.
Simon Poncet, draperie.
Pierre de Poys, mercerie.
Jean du Four, bonneterie.

1681

Juge : M.
MATHURIN NICERON, épicerie.

Consuls :
Jacques Le Couteulx, draperie.
Jacques Raguienne, mercerie.
Jean Crochet, orfèvrerie.
Jean de la Serre, épicerie.

1682

Juge : M.
DENYS BÉCHET, librairie.

Consuls : MM.
Louis Bignicourt, mercerie.
Louis Le Grand, pelleterie.
Antoine Yon, draperie.
Claude Poitevin, apothicairerie.

1683

Juge : M.
CLAUDE GERAULT, draperie.

Consuls : MM.
Jean Hervier, épicerie.
Nicolas Cornillier, draperie.
Honoré Calles, mercerie.
Marc Nau, bonneterie.

1684

Juge : M.
JEAN BACHELIER, mercerie.

Consuls : MM.
Guy Simon, apothicairerie.
Jean Troisdames, mercerie.
Estienne Bouquin, orfèvrerie.
Jean Duflos, draperie.

1685

Juge : M.
PIERRE GOBLET, pelleterie.

Consuls : MM.
François Tranchepain, épicerie.
Alexandre Deuvercy, mercerie.
Claude Porcher, draperie.
Pierre Pocquelin, mercerie.

1686

Juge : M.
NICOLAS DROUET, épicerie.

Consuls : MM.
François Hersant, draperie.
François Noury, mercerie.
Jean-François Chalmette, pelleterie.
Jean de la Coste, apothicairerie.

1687

Juge : M.
PIERRE PRÉVOST, apothicairerie.

Consuls : MM.
Barthélemy Boisseau, épicerie.
Charles Le Brun, mercerie.
Claude Boucher, draperie.
Jean Boursin, bonneterie.

1688

Juge : M.
PAUL BROCHANT, draperie.

Consuls : MM.
Charles Guiller, draperie.
Pierre Crouzet, mercerie.
Marc Héron, apothicairerie.
Jean Moreau, orfèvrerie.

1689

Juge : M.
DENYS THIERRY, librairie et imprimerie.

Consuls : MM.
Gilbert Paignon, draperie.
Jacques Guillebon, épicerie.
Jean-Baptiste Gorge, pelleterie
Charles Troisdames, mercerie.

1690

Juge : M.
JEAN BOYELLEAU, épicerie.

Consuls : MM.
Michel Petit, draperie.
Jean Celière, mercerie.
Pierre Berger, apothicairerie.
Nicolas Dufrayez, bonneterie.

1691

Juge : M.
CHARLES CLERAMBAULT, draperie.

Consuls : MM.
Denis Rousseau, draperie.
Henry Herlau, mercerie.
Jean Couvert, orfèvrerie.
Charles de la Roze, épicerie.

1692

Juge : M.
JACQUES LE COUTEULX, draperie.

Consuls : MM.
Claude de Berny, draperie.
Estienne Divry, mercerie.
Estienne de Romigny, marchand de vin.
Claude Villain, épicerie.

1693

Juge : M.
LOUIS BIGNICOURT, mercerie.

Consuls : MM.
Estienne de Berny, draperie.
Jacques Boutet, mercerie.
Robert Lambert, épicerie.
Pierre Héron, mercerie.
Pierre Presty, mercerie (en remplacement
de Boutet, décédé).

1694

Juge : M.
LOUIS LE GRAND, pelleterie.

Consuls : MM.
Mathieu-François Geoffroy, apothicairerie.
François Baudequin, draperie.
Jean Dumont, mercerie.
Guy Billette, bonneterie.

1695

Juge : M.
FRANÇOIS TRANCHEPAIN, épicerie.

Consuls : MM.
Claude Creton, épicerie.
Antoine Bérard, draperie.
Guillaume Hesme, mercerie.
Pierre Chauvin, mercerie.

1696

Juge : M.
JEAN-FRANÇOIS CHALMETTE, pelleterie.

Consuls : MM.
Charles Charon, draperie.
Siméon Marcadé, mercerie.
Jean Hallé, orfèvrerie.
Pierre Le Noir, apothicairerie.

1697

Juge : M.
BARTHÉLEMY BOISSEAU, épicerie.

Consuls : MM.
Antoine Niceron, épicerie.
Adrien Revellois, draperie.
Florentin Maillard, pelleterie.
Thomas Tardif, mercerie.

1698

Juge : M.
CHARLES LE BRUN, mercerie.
Jacques Guillebon, épicerie (juge en remplacement de Le Brun, décédé).

Consuls : MM.
Simon Boulduc, apothicairerie.
François Alexandre, bonneterie.
Pierre Bellavoine, mercerie.
Mathieu Marchant, bonneterie.

1699

Juge : M.
JEAN-BAPTISTE GORGE, pelleterie.

Consuls : M.
Gilles Desplasses, draperie.
Mathurin Barroy, mercerie.
Justin Boudet, épicerie.
Alexis Loir, orfèvrerie.

1700

Juge : M.
NICOLAS DUFRAYEZ, bonneterie.

Consuls : MM.
Jean Le Large, draperie.
Jean-Jacques Gayot, mercerie.
Séverin Rousseau, apothicairerie.
Charles Lohier, pelleterie.
Claude Le Brun, mercerie (en remplacement de J.-J. Gayot, décédé).

1701

Juge : M.
DENYS ROUSSEAU, draperie.

Consuls : MM.
Simon Poncet, draperie.
Guillaume Benard, bonneterie.
Aubin Le Brun, mercerie.
Charles Harlain, épicerie.

1702

Juge : M.
CLAUDE VILLAIN, épicerie.

Consuls : MM.
Léonard Chauvin, mercerie.
Henry du Bois, draperie.
Guillaume Lucas, orfèvrerie.
Charles Mesaigé, épicerie.

1703

Juge : M.
PIERRE HÉRON, mercerie.

Consuls : MM.
Guillaume-André Hébert, mercerie.
Louis-Paul Boucher, draperie.
Jean-Charles Villain, épicerie.
Jean-Pierre Panet, pelleterie.

1704

Juge : M.
PIERRE PRESTY, mercerie.

Consuls : MM.
Claude Guillebon, épicerie.
Pierre Langlois, draperie.
François Regnault, mercerie.
Jean Le Roux, bonneterie.

1705

Juge : M.
ADRIEN REVELLOIS, draperie.

Consuls : MM.
Pierre Le Doux, mercerie.
François Hersant, draperie.
Claude de Louan, orfèvrerie.
Joseph Seconds, apothicairerie.

1706

Juge : M.
THOMAS TARDIFF, mercerie.

Consuls : MM.
André de Sainct-Jean, draperie.
Jean Testart, mercerie.
Denis-François Regnard, épicerie.
Nicolas Tronchet, pelleterie.

1707

Juge : M.
Simon BOULDUC, apothicairerie.
Consuls : MM.
Pierre du Sault, banquier.
Jacques Musnier, draperie.
Jean-François Sautreau, mercerie.
Claude-François Peaget, apothicairerie.

1708

Juge : M.
François ALEXANDRE, bonneterie.
Consuls : MM.
Remy Le Grin, mercerie.
Antoine Caron, draperie.
François Guérin, épicerie.
Jean Perdrigeon, bonneterie.

1709

Juge : M.
Pierre BELLAVOINE, mercerie.
Consuls : MM.
Jean Comptour, draperie.
Guillaume Jacob, orfèvrerie.
Pierre Soubiron, apothicairerie.
Guillaume Scourjon, mercerie.

1710

Juge : M.
Charles HARLAN, épicerie.
Consuls : MM.
Jacques Fagnou, épicerie.
Nicolas Guillemet, draperie.
Guillaume Vandertin, pelleterie.
Claude Tribard, mercerie.

1711

Juge : M.
Simon PONCET, draperie.

Consuls : MM.
François Courtois, apothicairerie.
Charles Huet, mercerie.
François Desplasses, draperie.
Jean Hude, bonneterie.

1712

Juge : M.
Léonard CHAUVIN, mercerie.
Consuls : MM.
Jean-Marie Gellain, draperie.
Jean Hérault, mercerie.
Jean Andry, épicerie.
François de Lens, orfèvrerie.

1713

Juge : M.
Louis-Paul BOUCHER, draperie.
Consuls : MM.
Alexandre Deuvercy, mercerie.
Antoine-Maurice Yon, draperie.
Claude-François Gallet, épicerie.
Antoine Dezallier, librairie.

1714

Juge : M.
Pierre LE DOUX, mercerie.
Consuls : MM.
François du Caurroy, mercerie.
Jacques-Noël Salmon, draperie.
Guillaume Loiseau, épicerie.
Claude de Bierne, pelleterie.

1715

Juge : M.
André DE SAINCT-JEAN, draperie.
Consuls : MM.
Christophe Doré, mercerie.
Jean Nau, bonneterie.
Abel Poncet, draperie.
Henry Rouvière, apothicairerie.

RÈGNE DE LOUIS XV

1716

Juge : M.
Claude-François PEAGET, apothicairerie.
Consuls : MM.
Marc Nau, draperie.
Marc-François Lay, mercerie.
Nicolas Hervier, épicerie.
Sébastien Larsonnyer, marchand de vin.

1717

Juge : M.
Jean PERDRIGEON, bonneterie.
Consuls : MM.
Jacques de Vin, draperie.
Claude Gourel-Duclos, mercerie.
François Regnault, apothicairerie.
Mathurin-Lambert Payen, orfèvrerie.
Gilles-François Boulduc, apothicairerie (en remplacement de François Regnault, décédé).

1718

Juge : M.
GUILLAUME SCOURJON, mercerie.
Guillaume Vandertin, pelleterie (juge en remplacement de Scourjon, décédé).

Consuls : MM.
Philippes Regnault, mercerie.
François Sorin, épicerie.
J.-B.-Christophe Ballard, librairie et imprimerie.
Estienne Guiller, draperie.

1719

Juge : M.
FRANÇOIS COURTOIS, apothicairerie.

Consuls : MM.
Paul Dubois, apothicairerie.
Jean-Baptiste de Santeul, apothicairerie.
Antoine-Charles Langlois, draperie.
Estienne Le Tellier, pelleterie.

1720

Juge : M.
CHARLES HUET, mercerie.
Jean-Marie Gellain, draperie (juge en remplacement de Huet, décédé).

Consuls : MM.
Antoine de Serre, draperie.
Claude Peruchot, épicerie.
Nicolas-Pierre Gamard, mercerie.
Henry Auvray, bonneterie.

1721

Juge : M.
JEAN HÉRAULT, mercerie.

Consuls : MM.
Henry de Rosnel, draperie.
David Gillet, apothicairerie.
Michel Judde, mercerie.
Philippes Vandive, orfèvrerie.

1722

Juge : M.
ALEXANDRE DEUVERCY, mercerie.

Consuls : MM.
Marc-Clément Buchère, draperie.
Claude Fremin, épicerie.
Philippes Le Noir, marchand de vin.
Charles Pigeon, mercerie.
Henry Regnault, mercerie (en remplacement de Ch. Pigeon, décédé).

1723

Juge : M.
CLAUDE DE BIERNE, pelleterie.

Consuls : MM.
Estienne Rolin, draperie.
Pierre Chauvin, mercerie.
-Louis-Pierre Jaussin, apothicairerie.
Jean-Baptiste Coignard, librairie et imprimerie.

1724

Juge : M.
CHRISTOPHE DORÉ, mercerie.

Consuls : MM.
Philippe Chenavas, draperie.
Charles-Pierre Huet, mercerie.
Claude Pillet, épicerie.
Claude Lamy, pelleterie.
Antoine-Charles Guiller, draperie (en remplacement de Chenavas, décédé).
Pierre Goujon, épicerie (en remplacement de Pillet, décédé).

1725

Juge : M.
FRANÇOIS SORIN, épicerie.

Consuls : MM.
Bernard Baudin, draperie.
Charles Boscheron, mercerie.
Jean Pradignat, apothicairerie.
Henry Dufrayez, bonneterie.

1726

Juge : M.
J.-B.-CHRISTOPHE BALLARD, librairie et imprimerie).

Consuls : MM.
Jean Barault, draperie.
Louis Mettra, mercerie.
Jean-Pierre Lacombe, épicerie.
Jacques Pijart, orfèvrerie.

1727

Juge : M.
DAVID GILLET, apothicairerie.

Consuls : MM.
Estienne Laurent, mercerie.
Antoine du Verger, apothicairerie.
Jean-Charles Angot, draperie.
Jean-Baptiste Valferdin, pelleterie.

1728

Juge : M.
PHILIPPES LE NOIR, marchand de vin.

Consuls : MM.
Pierre Famin, épicerie.
Gaspard Piquelée, mercerie.
Jean Perdrigeon, draperie.
Guillaume Charlier, marchand fabricant d'étoffes d'or.

1729

Juge : M.
Louis-Pierre JAUSSIN, apothicairerie.

Consuls : MM.
Guillaume Boscheron, mercerie.
Estienne Dupuis, marchand de vin.
Pierre-Charles Caron, draperie.
Joseph Riquet, bonneterie.

1730

Juge : M.
Charles-Pierre HUET, mercerie.

Consuls : MM.
Amable-Joseph Deschamps, épicerie.
Jacques Prévost, orfèvrerie.
Michel de Sainct-Jean, draperie.
Claude-Marin Saugrain, librairie.

1731

Juge : M.
Jean PRADIGNAT, apothicairerie.

Consuls : MM.
Edme Tesnière, mercerie.
Léon-François Terreau, marchand de vin.
Jean Le Moyne, draperie.
Nicolas Bertels, pelleterie.

1732

Juge : M.
Louis METTRA, mercerie.

Consuls : MM.
Louis Jarry, épicerie.
Jacques Garnier, orfèvrerie.
Jean-François André, draperie.
Jacques de Perigny, bonneterie.

1733

Juge : M.
Gaspard PIQUELÉE, mercerie.

Consuls : MM.
J.-B.-Alexandre Delespine, librairie et imprimerie.
Jean Bardon, apothicairerie.
Claude Testelete, draperie.
Laurent Pilleron, marchand de vin.

1734

Juge : M.
Pierre FAMIN, épicerie.

Consuls : MM.
Estienne Maigret, mercerie.
Nicolas-Louis Morqueix, pelleterie.
Michel Pincemaille, bonneterie.
Charles Levesque, orfèvrerie.

1735

Juge : M.
Henry DE ROSNEL, draperie.

Consuls : MM
Louis-René Bailly, apothicairerie.
Alexandre-Amand Huet, mercerie.
Pierre-François Emery, librairie et imprimerie.
Joseph-Joachim Goblet, bonneterie.

1736

Juge : M.
Nicolas BERTELS, pelleterie.

Consuls : MM.
Nicolas Maheu, draperie.
Chefd'homme-Desbarres, épicerie.
Jean Bicquet, mercerie.
Léonor Lagneau, orfèvrerie.

1737

Juge : M.
Claude-Martin SAUGRAIN, librairie.

Consuls : MM.
Jean-Armand.Le Couteulx, draperie.
Nicolas Pia, apothicairerie.
Jean Vernay, mercerie.
Claude Houdas, marchand de vin.

1738

Juge : M.
Louis JARRY, épicerie.

Consuls : MM.
Martin Lepreux, pelleterie.
Nicolas Hureau, draperie.
Estienne Le Roy l'aîné, mercerie.
Claude Hude, bonneterie.

1739

Juge : M.
J.-B.-Alexandre DELESPINE, librairie et imprimerie.

Consuls : MM.
Charles Habert, apothicairerie.
Jean Despriez, draperie.
Philippes Legras, mercerie.
Balthazar-Philippes Vandive, orfèvrerie.

1740

Juge : M.
Jean-François ANDRÉ, draperie.

Consuls : MM.
Claude Villain, épicerie.
Michel-Estienne David, librairie.
Pierre-Philippes Rachon, mercerie.
Estienne Vaudichon, pelleterie.

1741

Juge : M.
JACQUES GARNIER, orfèvrerie.
Consuls : MM.
Nicolas Le Roy, draperie.
Claude Pagès, épicerie.
Antoine Sautreau, mercerie.
Jacques Darlot, marchand de vin.

1742

Juge : M.
LÉONOR LAGNEAU, orfèvrerie.
Consuls : MM.
Denis Hersant, draperie.
Barthélemy-Auguste Boudet, épicerie.
Henry Millon, mercerie.
François Petit, bonneterie.

1743

Juge : M.
NICOLAS PIA, apothicairerie.
Consuls : MM.
Louis-Henry Veron, draperie.
Jean de Lens, orfèvrerie.
Pierre Guyot, pelleterie.
Guillaume Cavelier, librairie.

1744

Juge : M.
ALEXANDRE-AMAND HUET, mercerie.
Consuls : MM.
Marc-Antoine Nau, draperie.
Louis-César Famin, épicerie.
Jacques-Estienne Le Sour, bonneterie.
Jean-François Vignon, marchand de vin.

1745

Juge : M.
JEAN-ARMAND LE COUTEULX, draperie.
Consuls : MM.
Jacques-Martin Fillon, mercerie.
J.-J. Gorsse, apothicairerie.
Pierre Goblet, bonneterie.
Pierre Le Roy, orfèvrerie.

1746

Juge : M.
CLAUDE VILLAIN, épicerie.
Consuls : MM.
Nicolas Desprez, draperie.
Jean Nolan, mercerie.
Charles Lepreux, pelleterie.
Jean-Baptiste Coignard, librairie et imprimerie.

1747

Juge : M.
JEAN-CLAUDE HUDE, bonneterie.
Consuls : MM.
Jean Levé, draperie.
Joseph Henry, apothicairerie.
Guillaume Bioche, mercerie.
Armand de Saint-Jullien, orfèvrerie.

1748

Juge : M.
CLAUDE PAGÈS, apothicairerie.
Consuls : MM.
Charles Brochant, draperie.
Jean Boullenger, bonneterie.
Jean Stocard, mercerie.
Benoist Chevallier, marchand de vin.

1749

Juge : M.
BARTHÉLEMY-AUGUSTE BOUDET, épicerie.
Consuls : MM.
Jean Chrestien, draperie.
Jean-Pierre Le Roy, orfèvrerie.
Claude-Robert Judde, mercerie.
Jean-Laurent de Bierne, pelleterie.

1750

Juge : M.
JEAN-BAPTISTE DE LENS, orfèvrerie.
Consuls : MM.
Jacques-Claude Musnier, draperie.
Claude Pia, apothicairerie.
Pierre-Julie Darlu, mercerie.
Pierre-Gilles Le Mercier, librairie et imprimerie.

1751

Juge : M.
MARC-ANTOINE NAU, draperie.
Consuls : MM.
Claude-René Sebré, épicerie.
Pierre Bellot, bonneterie.
Jean Rousselot, mercerie.
Jacques Pollissard, marchand de vin.
Louis Guymonneau, épicerie (en remplacement de Sebré, décédé).

1752

Juge : M.
JACQUES-ESTIENNE LE SOUR, bonneterie.
Consuls : MM.
Jean-Baptiste Veron, draperie.
Jacques Hennique, apothicairerie.
Jarry Richard, orfèvrerie.
Claude-Denys Cochin, mercerie.

1753

Juge : M.
JEAN-FRANÇOIS VIGNON, marchand de vin.
Consuls : MM.
Charles Abraham, draperie.
Louis-Charlemagne Petit, épicerie.
Pierre Bellet, mercerie.
Nicolas-François Bertels, pelleterie.

1754

NOTA. — Les juges en exercice sont continués dans leurs fonctions par ordre du Roi.

1755

Juge : M.
PIERRE GOBLET, bonneterie.
Consuls : M.
Antoine Nau, draperie.
Michel-Eléonor Chachignon, apothicairerie.
Jean-François Brallet, mercerie.
Jean-Jacques de Nully, librairie.

1756

Juge : M.
CHARLES BROCHANT, draperie.
Consuls : MM.
Pierre Goujon, épicerie.
Charles Boullenger, bonneterie.
Pierre Devarenne, mercerie.
Louis Louvet-Devilliers, orfèvrerie.

1757

Juge : M.
PIERRE BELLOT, bonneterie.
Consuls : MM.
Nicolas-Marie Quatremère, draperie.
Pierre Jordrin, marchand de vin.
Pierre-Thomas Florée, pelleterie.
Jean-Daniel Gillet, épicerie-apothicairerie.

1758

Juge : M.
CLAUDE-ROBERT JUDDE, mercerie.
Consuls : MM.
Jacques-René Devin, draperie.
Louis Rousseau, bonneterie.
Antoine-Claude Briasson, librairie.
Jacques Ferry, épicerie.

1759

Juge : M.
JACQUES POLISSARD, marchand de vin.

Consuls : MM.
Pierre Henry, mercerie.
Remy Arson. pelleterie.
Claude-François Cessac, épicerie, apothicairerie.
Philippes-Antoine Magimel, orfèvrerie.

1760

Juge : M.
CLAUDE-DENYS COCHIN, mercerie.
Consuls : MM.
François Daudin, bonneterie.
Silvain Laurent, marchand de vin.
Jean-Baptiste Séjourné, épicerie.
Pierre Guérin, draperie.

1761

Juge : M.
NICOLAS-FRANÇOIS BERTELS, pelleterie.
Consuls : MM.
Jean-Baptiste-Gaspard Odiot, orfèvrerie.
Louis-Estienne Ganeau, librairie et imprimerie.
Guillaume Richard, apothicairerie et épicerie.
Jean Picéard, mercerie.

1762

Juge : M.
PIERRE JORDRIN, marchand de vin.
Consuls : MM.
Estienne-Jean Cagniard, draperie.
Charles-Sébastien Brignon, pelleterie.
Jacques Guichon, mercerie.
Clément Vieillard, épicerie.

1763

Juge : M.
PIERRE-THOMAS FLORÉE, pelleterie.
Consuls : MM.
Jean-Jacques Vancquetin, marchand de vin.
Louis Benoist, draperie.
Pierre Le Bel, apothicairerie.
Jacob de Bussy, bonneterie.

1764

Juge : M.
PIERRE-JULIE DARLU, draperie et mercerie.
Consuls : MM.
Vaudichon, pelleterie, bonneterie et chapellerie.
Jean-Thomas Hérissant, librairie et imprimerie.
Noël de Lavoiepierre, épicerie et apothicairerie.
Nicolas Dehaynault, orfèvrerie, tireurs et batteurs d'or.

1765

Juge : M.

ANTOINE-CLAUDE BRIASSON, librairie et imprimerie.

Consuls : MM.

Boivin, draperie et mercerie.
Dehargue, pelleterie, bonneterie et chapellerie.
Louis Hudde, draperie et mercerie.
Gogois, marchand de vin.

1766

Juge : M.

JACQUES HENNIQUE, épicerie et apothicairerie.

Consuls : MM.

Autrãn, orfèvrerie.
Noël, pelleterie.
Havart, draperie.
Adrien Julien, mercerie.

1767

Juge : M.

PHILIPPES-ANTOINE MAGIMEL, orfèvrerie.

Consuls : MM.

Lebreton, librairie.
Nau, bonneterie.
François Bayard, draperie.
Dutremblay, épicerie.

1768

Juge : M.

JEAN-FRANÇOIS BRALLET, draperie.

Consuls : MM.

Boisseau, librairie.
Goüel, orfèvrerie.
Cottin, épicerie et apothicairerie.
Claude Michelet, mercerie.

1769

Juge : M.

ESTIENNE-JEAN CAGNIARD, draperie.

Consuls : MM.

Saillant, librairie.
Michel Delapierre, orfèvrerie.
Demoret, épicerie et apothicairerie.
Delamotte, mercerie.

1770

Juge : M.

LE BRETON, librairie et imprimerie.

Consuls : MM.

Jean-Baptiste Guyot, pelleterie.
Nicolas-Estienne Quatremère, draperie.
Jean Billard, épicerie et apothicairerie.
Pierre Millot, bonneterie.

1771

NOTA. — Les pouvoirs des juge et consuls en exercice sont prorogés par ordre du Roi.

1772

Juge : M.

DEVARENNE, mercerie.

Consuls : MM.

De Sainct-Jean, draperie.
Baroche, marchand de vin.
Gautier, bonneterie.
Martin-Jacques Gourdin-Delorme, orfèvrerie

1773

Juge : M.

GILLET, épicerie et apothicairerie.

Consuls : MM.

Bougier, orfèvrerie.
Leclerc, bonneterie.
Boullenger, librairie.
Martine, mercerie.

RÈGNE DE LOUIS XVI

1774

Juge : M.

VANCQUETIN, marchand de vin.

Consuls : MM.

Jard, épicerie et apothicairerie.
Balthazar Incelin, mercerie.
Léger, pelleterie.
Charles Veron, draperie.

1775

Juge : M.

RICHARD, apothicairerie et épicerie.

Consuls : MM.

Bellot, pelleterie.
Barré, mercerie.
Gondoüin, draperie.
Gros, marchand de vin.

1776

Juge : M.

ANTOINE NOEL, pelleterie.

Consuls : MM.

Louis Demoret, draperie.
Pochet, épicerie.
Pierre-Alexandre Le Prieur, librairie et imp.
Spire, orfèvrerie.

1777

Juge : M.
COTTIN, épicerie et apothicairerie.
Consuls : MM.
Bourgeois, pelleterie.
Chrétien des Ruflais, draperie.
Breton, orfèvrerie, tireurs et batteurs d'or.
Lorin, épicerie.

1778

Juge : MM.
DE LA MOTTE, mercerie.
Consuls : MM.
Laurent de Mesière, marchand de vin.
Cahours, bonneterie.
Delavoiepierre fils, épicerie et apothicairerie.
Santilly, fabricant d'étoffes, tissutier, rubanier.

1779

Juge : M.
SAILLANT, librairie et imprimerie.
Consuls : MM.
Gibert, draperie.
Chastelain, pelleterie et chapellerie.
Antoine-Marie Debourge, épicerie.
Morel, orfèvrerie.

1780

Juge : M.
JEAN-BAPTISTE GUYOT, pelleterie.
Consuls : MM.
Estienne, librairie et imprimerie.
Morice, draperie.
Séjourné, épicerie.
Vée, marchand de vin.

1781

Juge : M.
BILLARD, bonneterie.
Consuls : MM.
Boucher, mercerie.
Cheret, orfèvrerie.
Pierre-Louis Leconte, épicerie.
Helie, fabricant d'étoffes de gaze.

1782

Juge : M.
DESAINCT-JEAN, draperie.
Consuls : MM.
Jobert, marchand de vin.
Lottin aîné, imprimerie.
Morlet, bonneterie.
Pluvinet le père, épicerie.

1783

Juge : M.
LAURENT DE MESIÈRE, marchand de vin.
Consuls : MM.
Hibon, draperie et mercerie.
Grouvelle, orfèvrerie.
Petit, épicerie.
Rousseau, pelleterie.

1784

Juge : M.
LECLERC, bonneterie.
Consuls : MM.
Poirier, mercerie
Douay, fabricant d'étoffes de gaze.
Prevost, épicerie.
Onfroy, pelleterie, bonneterie.

1785

Juge : M.
SPIRE, orfèvrerie.
Consuls : MM.
Grugnelu, draperie.
D'Houry, librairie et imprimerie.
Vignon, marchand de vin.
Amblard, pelleterie, bonneterie, chapellerie.

1786

Juge : M.
SÉJOURNÉ, épicerie et apothicairerie.
Consuls : MM.
Sageret, orfèvrerie, tireurs et batteurs d'or.
Boullenger, draperie et mercerie.
Boullenger, pelleterie, chapellerie, bonneterie.
Chateau, fabricant d'étoffes de gaze.

1787

Juge : M.
GIBERT, draperie.
Consuls : MM.
Baroche, marchand de vin.
Testart, épicerie.
Dumelle, orfèvrerie, batteurs et tireurs d'or.
Knapen, imprimerie et librairie.

1788

Juge : M.
VÉE, marchand de vin.
Consuls : MM.
Caron, draperie et mercerie.
Renouard le jeune, fabricant d'étoffes.
Gillet l'aîné, épicerie.
Charier, bonneterie.

1789

Juge ; M.

ESTIENNE, ancien consul, du corps de la librairie et imprimerie, rue Saint-Jacques, près Saint-Yves.

Consuls : MM.

Serve, du corps des marchans de vin, porte Saint-Honoré.

Lecamus, du corps de la draperie-mercerie, rue et porte Saint-Jacques.

Magimel, écuyer, ancien échevin, du corps des orfèvres, tireurs, batteurs d'or, rue Saint-Antoine, près la place Baudoyer.

Maillard, du corps de la pelleterie, bonneterie, chapellerie, rue Saint-Honoré, vis-à-vis celle Saint-Nicaise.

1790-1791

Juge : M.

LE CONTE, ancien consul, du corps de l'épicerie, cloître Saint-Merri.

Consuls : MM.

Robert, du corps de la draperie-mercerie, rue Neuve-des-Petits-Champs, attenant la rue de Richelieu, 16.

Le Clerc, du corps de la librairie et imprimerie, quai de l'Horloge, 34.

Janin, du corps de la pelleterie, bonneterie, chapellerie, rue Sainte-Avoye, au coin de celle Simon-Le-Franc.

Renouard, du corps des fabricants d'étoffes, rue Sainte-Apolline, 25.

TRIBUNAL DE COMMERCE DU DÉPARTEMENT DE PARIS

Installé le 11 mai 1792 par le Conseil général de la commune.

1792-1793

Président : M.

PIERRE VIGNON, ancien consul, ancien député à l'Assemblée Constituante, rue de Grenelle-Saint-Germain, 22.

Juges ; MM.

Charles-Guillaume Leclerc, ancien consul et ex-député à l'Assemblée Constituante, quai des Augustins, 34.

Alexandre Boursier, rue du Roule, 30.

Marc-Étienne Quatremère, rue Saint-Denis, près celle de la Tabletterie.

Michel Sel, rue Saint-Martin, 211.

Juges suppléants : MM.

Jean-Baptiste Vandenyver, ancien banquier, rue Vivienne, 24.

Louis-Gilbert d'Hervilly, rue Mouffetard, vis-à-vis les Gobelins.

Pierre Psalmon, rue Helvétius, ci-devant Sainte-Anne, 15.

André-Gabriel Reinville, quai Hors-Tournelle.

1794

Président : M.

LESGUILLIEZ, rue des Lombards, 44.

Juges : MM.

Ladainte, rue Martin, 312.

Thierrard, artiste, rue du Fauxbourg-Saint-Martin, 195.

Guéroult, rue du Four, fauxbourg Germain, 293.

Minier, rue Révolutionnaire, près le Palais de Justice.

Juges suppléants : MM.

Sautot, entrepreneur de bâtimens, rue des Fossés-Bernard, 10.

Faitot, marchand de vin, rue de Bercy, fauxbourg Antoine, 2.

Forestier, ancien fondeur-doreur, rue du Plâtre-Sainte-Avoye, 3,

Laurent, ancien négociant, rue des Fossoyeurs, 1033.

1795

Président : M.

LESGUILLIEZ, rue des Lombards, 44.

Juges : MM.

Ladainte, rue Martin, 312.

Thierrard, artiste, rue du Fauxbourg-Martin, 195.

Guéroult, rue du Four, fauxbourg Germain, 293.

Minier, rue Révolutionnaire, près le Palais de Justice.

Juges suppléants :

Sautot, entrepreneur de bâtimens, rue des Fossés-Bernard, 10.

Faitot, marchand de vin, rue de Bercy, fauxbourg Antoine, 2.

Laurent, rue des Fossoyeurs, 1033.

1796

Président : M.

LESGUILLIEZ, rue des Lombards, 44.

Juges : MM.

Ladainte, rue Martin, 312.

Thierrard, artiste, rue du Fauxbourg-Martin, 195.

Guéroult, rue du Four, fauxbourg Germain, 293.

Minier, rue Révolutionnaire, près le Palais de Justice.

Juges suppléants : MM.

Sautot, entrepreneur des bâtimens, rue des Fossés-Bernard, 10.
Faitot, marchand de vin, rue de Bercy, fauxbourg Antoine, 2.
Laurent, rue des Fossoyeurs, 1033.

1797

Président : M.

LESGUILLIEZ, rue des Lombards, 44.

Juges : MM.

Ladainte, rue Martin, 312.
Thierrard, artiste, rue du Fauxbourg-Martin, 195.
Guéroult, rue du Four, fauxbourg Germain, 293.
Minier, rue Neuve-des-Petits-Champs.

Juges suppléants : MM.

Santot, entrepreneur des bâtimens, rue des Fossés-Bernard, 10.
Faitot, marchand de vin, rue de Bercy, fauxbourg Antoine, 2.
Laurent, rue des Fossoyeurs, 1033.

1798

Président : M.

VIGNON, ancien président du Tribunal, rue de Grenelle-Germain, 1175.

Juges : MM.

Boursier, rue du Roule, 30.
Lesguilliez, rue des Trois-Maures, 3.
Lemoine, quai des Orfèvres, 7.
Leroux, rue des Mauvaises-Paroles, 431.

Juges suppléants : MM.

Aubé, rue Denis, près celle des Lombards, 266.
Reinville, quai Hors-Tournelle, 41.
Chagot, rue de la Verrerie, 108.
Desages, rue du Four-Germain, au coin de celle des Cannettes.

1799

Président : M.

VIGNON, ancien président du Tribunal, rue Grenelle-Germain, 1175.

Juges : MM.

Boursier, rue du Roule, 30.
Lesguilliez, rue des Trois-Maures, 3.
Lemoine, quai des Orfèvres, 7.
Leroux, rue des Mauvaises-Paroles, 431.

Juges suppléants : MM.

Aubé, rue Denis, près celle des Lombards, 266.
Chagot, rue de la Verrerie, 108.
Desages, rue du Four-Germain, au coin de celle des Cannettes.

1800

Tous les noms à partir du xixe siècle ont été puisés dans les recueils conservés à la Bibliothèque Nationale. Ils concordent avec les noms contenus dans l'Almanach Didot, dont la première publication parut en l'an VIII (1800).

Président : M.

VIGNON, ancien président du Tribunal, rue de Grenelle-Germain, 1175.

Juges : MM.

Boursier, rue du Roule, 30.
Lesguilliez, rue des Trois-Maures, 3.
Chagot, rue de la Verrerie, 108.
Aubédel, rue Denis, près celle des Lombards, 266.

Juges suppléants : MM.

Buffault, rue Bretonvilliers, 4, île de la Fraternité.
Salleron l'aîné, rue de l'Oursine, faubourg Marceau, 63.
Bouquet père, rue de l'Oursine, faubourg Marceau, 1524.
Desages, rue du Four-Germain, au coin de celle des Cannettes.

1801

Président : M.

VIGNON, ancien président du Tribunal, rue de Grenelle-Germain, 1175.

Juges : MM.

Chagot, rue de la Verrerie, 108.
Aubédel, rue Denis, près celle des Lombards, 266.
Rousseau, rue des Jeûneurs.
Buffault, rue Bretonvilliers, 4, île de la Fraternité.

Juges suppléants : MM.

Salleron, l'aîné, rue de l'Oursine, faubourg Marceau, 63.
Stoupe, rue de la Harpe, 188.
Thibon, rue de la Réunion.
Dufrayer, rue Saint-Martin.

1802

Président : M.

VIGNON, ancien président du Tribunal, rue de Grenelle-Saint-Germain, 1175.

Juges : MM.

Chagot, rue de la Verrerie, 108.
Rousseau, rue des Jeûneurs.
Buffault, rue Bretonvilliers, 4, île de la Fraternité.
Stoupe, rue de la Harpe, 188.

Juges suppléants : MM.

Thibon, rue de la Réunion.
Dufrayer, rue Saint-Martin.
Pluvinet, rue des Lombards.
Paulus, cloître Sainte-Opportune.

1803

Président : M.

VIGNON, ancien président du Tribunal, rue de Grenelle-Saint-Germain, 1175.

Juges : MM.

Chagot, rue de la Verrerie, 208.
Stoupe, rue de la Harpe, 188.
Thibon, rue de la Réunion, 208.
Buffault, rue Bretonvilliers, 4, île de la Fraternité.

Juges suppléants : MM.

Dufrayer, rue de Cléry, 500.
Pluvinet, rue des Lombards, 39.
Milot, rue Saint-Merry, 401.
Frappier, rue Saint-Martin, 45.

1804

Président : M.

VIGNON, ancien Président du Tribunal, rue de Grenelle-Saint-Germain, 1175.

Juges : MM.

Thibon, rue de la Réunion, 208.
Buffault, rue de Bretonvilliers, 4, île de la Fraternité.
Chagot, rue de la Verrerie, 208.
Boucheron, rue Saint-Martin, 186.

Juges suppléants : MM.

Milot, rue Saint-Merry, 401.
Lemoine, rue des Lombards.
Benard, rue de Montreuil, faubourg Saint-Antoine.
Deltuf, rue de la Victoire.

1805

Président : M.

VIGNON, ancien président du Tribunal, rue de Grenelle-Saint-Germain, 1175.

Juges : MM.

Chagot, rue de la Verrerie, 208.
Boucheron, rue Saint-Martin.
Deltuf, rue de la Victoire.
Buffault, rue de Bretonvilliers, 4.

Juges suppléants : MM.

Lemoine, rue des Lombards.
Chassinon, rue .....
Cullembourg, 49, rue Croix-des-Petits-Champs.
Goulliard, rue des Francs-Bourgeois, au Marais, 7.

1806

Président : M.

VIGNON, ancien président du Tribunal, rue de Grenelle-Saint-Germain, 20.

Juges : MM.

Deltuf, rue du Temple, 40.
Buffault, Isle Saint-Louis, rue de Bretonvilliers, 5.

Chagot, rue de la Verrerie, 52.
Bertin-Devaux, rue de la Verrerie, 10.

Juges suppléants : MM.

Cullembourg, 49, rue Croix-des-Petits-Champs.
Brochant, 36, rue du Faubourg-Poissonnière.
Goulliart, rue des Francs-Bourgeois, au Marais, 7.
Sallambier, rue Saint-Honoré, au coin de celle des Bourdonnois.

1807

Président : M.

VIGNON, ancien président du Tribunal, rue de Grenelle-Saint-Germain, 20.

Juges : MM.

Chagot, rue de la Verrerie, 52.
Bertin-Devaux, rue Hauteville, 16.
Deltuf, rue du Temple, 40.
Sallambier, rue Saint-Honoré, au coin de celle des Bourdonnois.

Juges suppléants : MM.

Brochant, 36, rue du Faubourg-Poissonnière.
Goulliart, rue des Francs-Bourgeois, au Marais, 7.
Guitton, rue Michel-Lepelletier, 21.
Chevals, rue Saint-Pierre, boulevard Montmartre, 5.

1808

Président : M.

VIGNON, ancien président du Tribunal, rue de Grenelle-Saint-Germain, 20.

Juges : MM.

Deltuf, rue du Temple, 40.
Sallambier, rue Saint-Honoré, au coin de celle des Bourdonnois.
Brochant, 36, rue du Faubourg-Poissonnière.
Bertin-Devaux, rue Hauteville, 16.

Juges suppléants : MM.

Gouillart, rue des Francs-Bourgeois, au Marais, 7.
Guitton, rue de Bondi, 6.
Chevals, rue Saint-Fiacre, boulevard Montmartre, 5.
Renot, Isle Saint-Louis, quai de Béthune, 20.

1809

Président : M.

VIGNON, ancien président du Tribunal, rue de Grenelle-Saint-Germain, 20.

Juges : MM.

Deltuf, rue du Temple, 40.
Sallambier, rue Saint-Honoré, au coin de celle des Bourdonnois.

Brochant, 36, rue du Faubourg-Poissonnière.
Bertin-Devaux, rue Hauteville, 16.

Juges suppléants : MM.

Gouillart, rue des Francs-Bourgeois, au Marais, 7.
Guitton, rue de Bondi, 6.
Chevals, rue Saint-Fiacre, boulevard Montmartre, 5.
Renet, Isle-St-Louis, 20, quai de Béthune.

1810

Président : M.

Le chevalier VIGNON, ancien président du Tribunal, rue de Grenelle-Saint-Germain, 20.

Juges : MM.

Deltuf, rue du Temple, 40.
Sallambier, rue Saint-Honoré, au coin de celle des Bourdonnois.
Brochant, 36, rue du Faubourg-Poissonnière.
Bertin-Devaux, rue Hauteville, 16.

Juges suppléants : MM.

Gouillart, rue des Francs-Bourgeois, au Marais, 7.
Guitton, rue de Bondi, 6.
Chevals, rue de Grammont, 19.
Renet (Isle-St-Louis), quai de Béthune, 20.

1811

Président : M.

Le chevalier VIGNON, ancien président du Tribunal, rue de Grenelle-Saint-Germain, 20.

Juges : MM.

Deltuf, rue du Temple, 40.
Sallambier, rue Saint-Honoré, au coin de celle des Bourdonnois.
Brochant, 36, rue du Faubourg-Poissonnière.
Bertin-Devaux, rue Hauteville, 16.

Juges suppléants : MM.

Gouillart, rue des Francs-Bourgeois, au Marais, 7.
Guitton, rue de Bondi, 6.
Chevals, rue de Grammont, 19.
Renet (Isle-St-Louis), quai de Béthune, 20.

1812

Président : M.

MARTIN, fils d'André, rue du Faubourg-Poissonnière, 5.

Juges : MM.

Deltuf, rue du Temple, 40.
Bertin-Devaux, rue de la place Vendôme, 13.
Le baron Benjamin Delessert, rue du Coq-Héron, 13.
Le baron J.-Ch. Davillier, rue Basse-du-Rempart, 16.

Le baron Hottinguer, rue du Sentier, 20.
H. Flory, rue de la Victoire, 54.
Guiton aîné, rue de Bondy, 6.
Dartigue, rue de Grammont, 12.

Juges suppléants : MM.

Le baron Robillard, rue du Mont-Blanc, 22.
Jourdan aîné, rue Saint-Marc, 14.
Ollivier, rue du Faubourg-Poissonnière, 6.
Damesme, rue Neuve-Saint-Augustin, 17.
Noël Desvergers, rue de la Tisseranderie, 13.
Casimir Perrier, rue Neuve-du-Luxembourg, 27.
Gaspard Got, rue Sainte-Apolline, 16.
J.-J. Courtin, rue du Petit-Lion-Saint-Sauveur, 13.
Hacquart, rue Gît-le-Cœur, 8.
Besson aîné, quai d'Orléans, 12.
Armand Gibert, cour du Harlais, 21.
Claude Salleron, rue Saint-Hippolyte, 10.
Carayon, rue du Gros-Chenet, 3.
Cordier, rue du Faubourg-Poissonnière, 8.

1813

Président : M.

MARTIN, fils d'André, rue du Faubourg-Poissonnière, 5.

Juges : MM.

Deltuf, rue du Temple, 40.
Bertin-Deveaux, rue de la Place-Vendôme, 13.
Le baron Benjamin Delessert, rue du Coq-Héron, 13.
Le baron J.-Ch. Davillier, rue Basse-des-Remparts, 16.
Goupy père, rue du Faubourg-Poissonnière, 32.
Gaspard Got, rue Sainte-Apolline, 16.
Hacquard, rue Gît-le-Cœur, 8.
Besson aîné, quai d'Orléans, 12.

Juges suppléants :

Le baron Robillard, rue du Mont-Blanc, 22.
Jourdan aîné, rue Saint-Marc, 14.
Ollivier, rue du Faubourg-Poissonnière, 6.
Damesme, rue Neuve-Saint-Augustin, 17.
Noël Desvergers, rue de la Tisseranderie, 13.
Casimir Perrier, rue Neuve-du-Luxembourg, 27.
Bourdereau, rue d'Enfer-Saint-Michel, 20.
Delaunay-Lemierre, rue du Faubourg-Poissonnière, 8.
Cordier, rue du Faubourg-Poissonnière, 8.
Carayon, rue du Gros-Chenet, 3.
Mallet jeune, rue du Mont-Blanc, 13.
Armand Gibert, cour du Harlay, 21.
Guyot-Villeneuve, rue Simon-le-Franc. 8.
Rattier, rue Saint-Honoré, 52.
Guibon, rue Saint-Pierre-Montmartre.
Buquet, rue d'Anjou, au Marais, 8.

1814-1815

Président : M.

FLORY, régent de la Banque de France, rue de la Victoire, 54.

Juges : MM.

Goupy père, rue du Faubourg-Poisson-
nière, 32.
Gaspard Got, rue Sainte-Apolline, 16.
Hacquart, rue Gît-le-Cœur, 8.
Besson aîné, quai d'Orléans, 12.
Laffitte, rue du Mont-Blanc, 11.
Noël des Vergers, rue de la Tisseranderie, 13.
Mallet jeune, rue du Mont-Blanc, 13.
Bourdereau, rue d'Enfer-Saint-Michel, 20.

Juges suppléants : MM.

Delaunay-Lemierre, rue du Faubourg-Pois-
sonnière, 8.
Cordier, rue du Faubourg-Poissonnière, 8.
Carayon, rue du Gros-Chenet, 5.
Gibert, cour du Harlay, 21.
Guyot-Villeneuve, rue Simon-le-Franc, 8.
Rattier, rue Saint-Honoré, 52.
Odier, boulevard Poissonnière, 15.
Puget, rue Neuve-Saint-Denis, 9.
Lefebvre fils, rue Chapon, 11.
Martin Puech (Pierre-Henri), rue de Riche-
lieu, 92.
Debaecque, rue des Francs-Bourgeois, au
Marais, 15.
Audenet, rue Taitbout, 15.
De Saint-Julien Desnœux, rue Saint-An-
toine, 177.
Behic, rue de Gramont, 7.
Boutron, rue Saint-Martin, 40.

1816

Président : M.

Le chevalier HACQUART, rue Gît-le-Cœur, 8.

Juges : MM.

Cordier, rue du Faubourg-Poissonnière, 8.
Behic, rue de Grammont, 7.
Odier, boulevard Poissonnière, 15.
Scherer, rue Taitbout, 1.
Rattier, rue Saint-Honoré, 52.
Andenet, rue du Faubourg-Poissonnière, 19.
Boutron, rue Saint-Martin, 40.
Got, rue Sainte-Apolline, 16.

Juges suppléants : MM.

Pillot, rue du Mont-Blanc, 45.
Le chevalier Lapanouze, rue du Paradis-
Poissonnière, 19.
Lambin, rue Bourg-l'Abbé, 21.
Barnoin, rue Thiroux, 8.
Lottin de Saint-Germain, rue de Nazareth, 1.
Labat, rue Bar-du-Bec, 4.
Tiolier, rue Bergère, 16.
Bellangé, rue Sainte-Apolline, 13.
De Bez, vieille rue du Temple, 51.
Cottier, rue Cadet, 9.
Valois aîné, rue du Faubt-Montmartre, 19.
Xavier Besson, quai d'Orléans, 6.
Moreau, rue Saint-Claude, 2, au Marais.
Danloux-Dumesnil, rue Tiquetonne, 18.
Cinot, rue de la Verrerie, 60.
Gravier-Delondre, rue des Francs-Bourgeois,
7, au Marais.

1817

Président : M.

Le chevalier HACQUART, rue Gît-le-Cœur, 8.

Juges : MM.

Rattier, rue Saint-Honoré, 52.
Boutron, rue Saint-Martin, 40.
Barnoin, rue Thiroux, 8.
Labat, rue Bar-du-Bec, 4.
Cottier, rue Cadet, 9.
Tiolier, rue Bergère, 16.
Bellangé, rue Sainte-Apolline, 13.
Vallois aîné, rue du Faubt-Montmartre, 19.

Juges suppléants : MM.

De Bez, vieille rue du Temple, 51.
Xavier Besson, quai d'Orléans, 6.
Moreau, rue Saint-Claude, 2, au Marais.
Danloux-Dumesnil, rue Tiquetonne, 18.
Cinot, rue de la Verrerie, 60.
Gravier-Delondre, rue des Francs-Bourgeois,
7, au Marais.
Tattet aîné, rue de l'Echiquier, 38.
Jacques Lefebvre, rue de la Paix, 1.
Abr. Tesnière, rue Saint-Denis, 224.
Salleron fils, rue des Gobelins, 3.
Chaptal fils, rue des Jeûneurs, 14.
Roard (de Clichy), rue Montmartre, 160.
Hubert Lecompte, rue Basse-Saint-Denis, 8.
Lefaulotte aîné, rue Basse-du-Rempart,
76 et 78.
Ballard, rue Plâtrière, 8.
Nicolas Fessart, rue Michel-le-Comte, 24.

1818

Président : M.

Le chevalier MARTIN-D'ANDRÉ, faubourg
Poissonnière, 5.

Président honoraire : M.

Le chevalier VIGNON, rue de Grenelle-
Saint-Germain, 20.

Juges : MM.

Barnoin, rue Thiroux, 8.
Labat, rue Bar-du-Bec, 4.
Cottier, rue Cadet, 9.
Tiolier, rue Bergère, 16.
Gaspard Got, rue Sainte-Apolline, 16.
Noël des Vergers, rue de la Tisseranderie, 13.
Xavier Besson, quai d'Orléans, 6.
Moreau, rue Saint-Claude, au Marais, 2.

Juges suppléants : MM.

Gravier-Delondre, rue des Francs-Bourgeois,
7, au Marais.
Tattet aîné, rue de l'Echiquier, 38.
Jacques Lefebvre, rue de la Paix, 1.
Abr. Tesnière, rue Saint-Denis, 224.
Salleron fils, rue des Gobelins, 3.
Chaptal fils, rue des Jeûneurs, 14.
Le chevalier Roard (de Clichy), rue Mont-
martre, 160.
Hubert Lecompte, rue Basse-Saint-Denis, 8.
Nicolas Fessart, rue Michel-le-Comte, 24.
Ballard, rue J.-J.-Rousseau, 8.

Le chevalier Pillet-Will, rue des Filles-Saint-Thomas, 9.
Vassal, faubourg Poissonnière, 2.
Pierre Perier, rue Lepellier, 18.
Le chevalier Fournel, place des Victoires, 6.
Busoni fils, rue Bleue, 23.
Valois, rue du Mail.

1819

Président : M.

Le chevalier HACQUART, rue Git-le-Cœur, 8.

Président honoraire : M.

Le chevalier VIGNON, rue de Grenelle-Saint-Germain, 20.

Juges : MM.

Gaspard Got, rue Sainte-Apolline, 16.
Noël des Vergers, rue de la Tisseranderie, 13.
Besson, quai de Béthune, 18.
Moreau, rue Saint-Claude, au Marais, 2.
Boutron, rue Saint-Martin, 40.
Chaptal fils, rue des Jeûneurs, 14.
Le chevalier Pillet-Wil, rue des Filles-Saint-Thomas, 9.
Vassal, rue du Faubourg-Poissonnière, 8.

Juges suppléants : MM.

Nicolas Fessart, rue Michel-le-Comte, 24.
Ballart, rue J.-J.-Rousseau, 8.
Perier, rue Lepelletier, 18.
Valois jeune, rue du Mail, 6.
Le chevalier Fournel, place des Victoires, 6.
Busoni fils, rue Bleue, 23.
Abr. Tesnières, rue Saint-Denis, 224.
Pépin-le-Halleur, rue Sainte-Avoye, 39.
Cavallier, rue des Gravilliers, 28.
Dominique André, rue Cadet, 29.
Dubois, rue Favart, 2.
Paillot fils, rue Saint-Antoine, 32.
Beauquesne, rue Beautreillis, 14.
Louis Perrée, rue du Faubourg-Poissonnière, 30.
Prudent-Voizot, rue Saint-Denis, 237.
Lemor, rue de l'Arbre-Sec, 21.

1820

Président : M.

Le chevalier HACQUART, rue Git-le-Cœur, 8.

Président honoraire : M.

Le chevalier VIGNON, rue de Grenelle-Saint-Germain, 20.

Juges : MM.

Gaspard Got, rue Sainte-Apolline, 16.
Noël des Vergers, rue de la Tisseranderie, 13.
Besson, quai de Béthune, 18.
Moreau, rue Saint-Claude, au Marais, 2.
Boutron, quai de Béthune, 26.
Le vicomte Chaptal, rue des Jeûneurs, 14.
Le chevalier Pillet-Wil, rue des Filles-Saint-Thomas, 9.
Vassal, rue du Faubourg-Poissonnière, 2.

Juges suppléants : MM.

Fessart, rue Michel-le-Comte, 24.
Ballart, rue J.-J.-Rousseau, 8.
Perier, rue Lepelletier, 18.
Valois jeune, rue du Mail, 6.
Le chevalier Fournel, place des Victoires, 6.
Busoni fils, rue Bleue, 23.
Abr. Tesnières, rue Saint-Denis, 224.
Pépin-le-Halleur, rue Sainte-Avoye, 39.
Cavallier, rue des Gravilliers, 28, cour de Rome.
Dominique André, rue Cadet, 29.
Dubois, rue Bleue, 15.
Paillot fils, rue Saint-Antoine, 32.
Beauquesne, rue Beautreillis, 14.
Louis Perrée, rue de Menars, 6.
Prudent-Voizot, rue Saint-Denis, 237.
Lemor, rue de l'Arbre-Sec, 21.

1821

Président : M.

Gaspard GOT, r. Faubourg-Poissonnière, 1.

Président honoraire : M.

Le chevalier VIGNON, rue de Grenelle-Saint-Germain, 20.

Juges : MM.

Labat, rue Louis-le-Grand, 21.
Le chevalier Fournel, place des Victoires, 6.
Perier, rue Lepelletier, 18.
André, rue Cadet, 9.
Noël Desvergers, rue de la Tisseranderie, 13.
Pépin-le-Halleur, rue Sainte-Avoye, 39.
Dubois, rue Bleue, 15.
Louis Perrée, rue Menars, 6.

Juges suppléants : MM.

Larreguy, rue de Grammont, 17.
Ardoin, rue Bergère, 7.
Le chevalier Chanu, place des Victoires, 4.
Brochant, faubourg Poissonnière, 36.
Lachaise, rue Sainte-Croix-de-la-Bretonnerie, 52.
Le chevalier Malet, rue de la Chaussée-d'Antin, 13.
Le chevalier Cinot, rue de la Verrerie, 61.
Renouard, rue Saint-André-des-Arcs, 55.
Cavallier, rue des Jeûneurs, 4.
Chappuis, rue du Mail.
Psalmon, rue du Faubg-Saint-Honoré, 27.
Robert, île des Cygnes, au Gros-Caillou, 4.
Marchand, rue de la Verrerie, 36.
Remy-Claye, rue Sainte-Avoye, 14.
Renouard, faubourg Saint-Denis, 14.

1822

Président : M.

Gaspard-Auguste GOT, rue du Faubourg-Poissonnière, 1.

Président honoraire : M.

Le chevalier VIGNON, rue de Grenelle-Saint-Germain, 20.

Juges : MM.

Noël Desvergers, rue de la Tisseranderie, 13.
Louis Perrée, rue de Menars, 6.
Dubois, rue Bleue, 15.
Pépin-le-Halleur, rue Sainte-Avoye, 39.
Vassal, rue du Faubourg-Poissonnière, 2.
Bellanger, rue Sainte-Apolline, 13.
Cavallier, rue des Jeûneurs, 4.
Augustin Renouard, rue Saint-André-des-Arcs, 45.

Juges suppléants : MM.

Beauquesne, rue Beautreillis, 14.
Chappuis, rue du Mail.
Psalmon, rue du Faubg-Saint-Honoré, 27.
Robert, île des Cygnes, 4.
Marchand, rue de la Verrerie, 36.
Remy-Claye, rue Sainte-Avoye, 14.
Adrien Renouard, faubourg Saint-Denis, 14.
Harmand, quai de la Rapée, 5.
Charles Ternaux fils, rue des Fossés-Montmartre, 2.
Aubé, rue Saint-Denis, 68.
Dumas (Jacques), rue ... .
Sedillot (Charles-Antoine), rue des Déchargeurs, 10.
Bernard, rue Bar-de-Bec, 12.
Auguste Salleron, rue de l'Oursine, 9.
Thory, rue Chantereine, 56.
Crapelet, rue de Vaugirard, 12.

1823

Président : M.

HACQUART, rue Gît-le-Cœur, 8.

Juges : MM.

Luc de Callaghan, rue Neuve-des-Mathurins, 26.
Puget père, rue Neuve-Saint-Denis, 9.
J.-B. Guyot, rue du Faubourg - Poissonnière, 13.
Michaud, rue de Cléry, 13.
Vassal, rue du Faubourg-Poissonnière, 2.
Bellanger, rue de Vendôme, 10.
Cavallier, rue des Jeûneurs, 4.
Augustin Renouard, rue Saint-André-des-Arcs, 45.

Juges suppléants : MM.

Harmand, quai de la Rapée, 5.
Charles Ternaux fils, rue des Fossés-Montmartre, 2.
Aubé, rue Saint-Denis, 68.
Jacques Dumas, rue de Bondy, 32.
Charles-Antoine Sedillot, rue des Déchargeurs, 10.
Bernard, rue Bar-de-Bec, 12.
Auguste Salleron, rue de l'Oursine, 9.
Thory, rue Chantereine, 56.
Flahaut, rue Bar-du-Bec, 19.
Lamaille, rue du Jour, 4.
Charon, rue des Bourdonnais, 21.
Ledieu, rue des Mauvaises-Paroles. 17.
Psalmon, rue du Faubourg-St-Honoré, 17.
Lafaulotte, rue Basse-des-Remparts, 84.
Remy-Claye, rue Sainte-Avoye, 14.
Henri Meynard, rue .....

1824

Président : M.

HACQUART, rue Gît-le-Cœur, 8.

Juges : MM.

Luc de Callaghan, rue Neuve-des-Mathurins, 26.
Puget père, rue Neuve-Saint-Denis, 9.
J.-B. Guyot, rue Faubourg-Poissonnière, 13.
Michaud, rue de Cléry, 13.
Vassal, rue du Faubourg-Poissonnière, 2.
Bellanger, rue de Vendôme, 10.
Cavallier, rue des Jeûneurs, 4.
Augustin Renouard, rue Saint-André-des-Arcs, 45.

Juges suppléants : MM.

Harmand, quai de la Rapée, 5.
Charles Ternaux fils, rue des Fossés-Montmartre, 2.
Aubé, rue Saint-Denis, 68.
Jacques Dumas, rue de Bondi, 32.
Charles-Antoine Sedillot, rue des Déchargeurs, 10.
Bernard, rue Bar-de-Bec, 12.
Auguste Salleron, rue de l'Oursine, 9.
Thory, rue Chantereine, 56.
Flahaut, rue Bar-du-Bec, 19.
Lamaille, rue du Jour, 4.
Charon, rue des Bourdonnais, 21.
Ledien, rue des Mauvaises-Paroles, 17.
Psalmon, rue Faubourg-Saint-Honoré, 17.
Lafaulotte, rue Basse-du-Rempart, 84.
Remy-Claye, rue Sainte-Avoye, 14.
Henri Meynard, rue.....

1825

Président : M.

HACQUART, rue Saint-André-des-Arcs, 68.

Juges : MM.

Luc de Callaghan, rue Neuve-des-Mathurins, 26.
Puget père, rue Neuve-Saint-Denis, 9.
J.-B. Guyot, rue Faubourg-Poissonnière, 13.
Dubois, rue du Faubourg-Poissonnière, 32.
Audenet père, rue du Faubourg-Poissonnière, 19.
Aubé, rue Saint-Denis, 68.
Charon, rue Saint-Honoré, 129.
Ballard, rue J.-J.-Rousseau, 8.

Juges suppléants : MM.

Flahaut, rue Bar-du-Bec, 19.
Lamaille, rue du Jour, 4.
Ledien, rue des Mauvaises-Paroles, 17.
Lafaulotte, rue Basse-du-Rempart, 84.
Remy-Claye, rue Sainte-Avoye, 14.
Henri Meynard, rue.....
Ganneron, rue Montmartre, 151.
Cor, rue de la Sourdière, 29.
Lebeuf, rue de Cléry, 27.
Harmand, quai de la Rapée, 15.
Beauvais, rue Notre-Dame-de-Nazareth, 18.
Bergasse, place Saint-Sulpice, 6.
Tilliard-Viry, rue Hautefeuille, 22.
Besson, place Royale, 2.

1826

Président : M.

VASSAL, rue du Faubourg-Poissonnière, 2.

Juges : MM.

Dubois, rue du Faubourg-Poissonnière, 32.
Aubé, rue Saint-Denis. 68.
Audenet père, rue du Faubourg-Poissonnière, 19.
Charon, rue Saint-Honoré, 129.
Ledien, rue de Vaugirard, 20.
Claye, rue Sainte-Avoye. 23.
Meynard, rue Bretonvilliers, 16.
Ganneron, rue Montmartre, 150.

Juges suppléants : MM.

Cor, rue de la Sourdière, 29.
Louis Lebeuf, rue de Cléry, 27.
Labbé, rue Sainte-Anne, 46.
Harmand, quai de la Rapée, 15.
Beauvais, rue Notre-Dame-de-Nazareth, 18.
Bergasse, place Saint-Sulpice, 6.
Flahaut, rue Chapuy, 10.
Tilliard-Viry, rue Hautefeuille, 22.
Besson, rue Royale, 18.
Vussal, rue des Quatre-Fils, au Marais, 4.
Vernes, rue Coq-Héron, 5.
Prestat, rue des Bourdonnais, 8.
Bérard, rue de Bondi, 6.
Hamelin Bergeron, rue de Bossuet, 2.
Poulain de Ladruce, rue Porte-Foin, 17.
Guibal, rue d'Anjou, au Marais, 17.

1827

Président : M.

VASSAL, rue du Faubourg-Poissonnière, 2.

Juges : MM.

Ledien, rue de Vaugirard, 20.
Claye, rue Sainte-Avoye. 23.
Ganneron, rue Montmartre, 111.
Marchand, rue de la Verrerie, 36.
Vernes, rue Coq-Héron, 5.
Pépin-le-Halleur, rue Sainte-Avoye, 39.
Louis Lebeuf, rue de Cléry, 27.
Guyot, rue Poissonnière, 13.

Juges suppléants : MM.

Flahaut, rue Chapon, 10.
Tilliard-Viry, rue Hautefeuille, 22.
Vussal, rue des Quatre-Fils, au Marais, 4.
Prestat, rue des Bourdonnais, 8.
Bérard, rue de Bondi, 6.
Hamelin Bergeron, rue de Bossuet, 2.
Labbé, rue Sainte-Anne, 46.
Poulain de Ladruce, rue du Faubourg-Poissonnière, 32.
Caylus, rue Saint-Pierre-Montmartre, 14.
Marcellot, rue de Miromenil, 19.
Ternaux, rue du Petit-Reposoir, 6.
Dupont, cul-de-sac de la Planchette, rue Saint-Martin, 18.
Châtelet, rue de la Vrillière, 4.
Berte, rue Saint-André-des-Arcs, 60.
Lopinot, rue du Petit-Carreau, 18.

1828

Président : M.

GOT, rue du Faubourg-Poissonnière, 1.

Juges : MM.

Marchand, rue de la Verrerie, 36.
Vernes, rue Coq-Héron, 5.
Pépin-le-Halleur, rue Sainte-Avoye, 39.
Louis Lebeuf, rue de Cléry, 27.
Aubé, rue Saint-Denis, 68.
Berte, rue Saint-André-des-Arcs, 60.
Vussal, rue des Quatre-Fils, au Marais, 4.
Prestat, rue des Bourdonnais, 8.

Juges suppléants : MM.

Louis Labbé, rue Sainte-Anne, 46.
Poulain de Ladruce, rue du Faubourg-Poissonnière, 42.
Le baron Caylus, rue Saint-Pierre-Montmartre, 14.
Marcellot, rue de la Pépinière, 50.
Ternaux, rue du Petit-Reposoir, 6.
Dupont, cul-de-sac de la Planchette, rue Saint-Martin, 1.
Chatelet, rue Neuve-des-Bons-Enfans, 7.
Cheuvreux-Aubertot, rue Poissonnière, 35.
Lemoine-Tacherat, quai de la Tournelle, 25.
Michel, rue des Deux-Boules, 3.
Ferrère-Lafitte, rue d'Artois, 19.
Sanson-Davillier, rue Basse-du-Rempart, 16.
Fould fils, rue Grange-Batelière, 1.
Galland, boulevard Saint-Antoine, 15.
Burel, rue de la Chaussée-d'Antin, 7.
Berenger-Roussel, rue Française, 8.

1829

Président : M.

GOT, rue du Faubourg-Poissonnière, 1.

Juges : MM.

Aubé, rue Saint-Denis, 68.
Berte, rue Saint-André-des-Arcs, 60.
Prestat, rue des Bourdonnais, 8.
Ledien, rue de Vaugirard, 20.
Remy-Claye, rue Sainte-Avoye, 23.
Marcellot, rue de la Pépinière, 35.
Cheuvreux-Aubertot, rue Poissonnière, 35.
Louis Labbé, rue Sainte-Anne, 46.

Juges suppléants : MM.

Lemoine-Tacherat, quai de la Tournelle, 25.
Michel, rue des Deux-Boules, 3.
Ferrère-Lafitte, rue d'Artois, 19.
Sanson-Davillier, rue Basse-du-Rempart, 16.
Fould fils, rue Grange-Batelière, 1.
Galland, boulevard Saint-Antoine, 15.
Burel, rue de la Chaussée-d'Antin, 7.
Berenger-Roussel, rue Française, 8.
Ferron, rue Bourbon-Villeneuve, 57.
Panis, rue de Poleveau, 27.
Poulain de Ladrene, rue du Faubourg-Poissonnière, 32.
Lefort, rue du Doyenné, 3.
Bouvattier, petite rue Saint-Pierre, 30.
Petit-Yvelin, rue Saint-Denis, 69.
Jouet aîné, vieille rue du Temple, 30.

1830

Président : M.

VASSAL, rue du Faubourg-Poissonnière, 2.

Juges : M.

Ledien, rue de Vaugirard, 20.
Remy-Claye, rue Sainte-Avoye, 23.
Marcellot, rue de la Pépinière, 50.
Ganneron, rue Montmartre, 151.
Vernes, rue Coq-Héron, 5.
Lemoine-Tacherat, quai de la Tournelle, 25.
Sanson-Davillier, rue de Grammont, 7.
Galland, boulevard Saint-Antoine, 15.

Juges suppléants : MM.

Berenger-Roussel, rue Française, 8.
Gisquet, rue Bleue, 5.
Ferron, rue Bourbon-Villeneuve, 57.
Panis, rue de Poleveau, 27.
Poulain de Ladrene, rue du Faubourg-Poissonnière, 32.
Lefort, rue du Doyenné, 3.
Bouvattier, petite rue Saint-Pierre, 30.
Petit-Yvelin, rue Neuve-Saint-François, 16.
Jouet aîné, vieille rue du Temple, 30.
Lafond, quai de la Tournelle, 21.
Bourgeois, rue de Bondi, 22.
Richaud, rue du Sentier, 19.
Martin, place du Louvre, 4.
Truelle, rue des Petites-Écuries, 21.
Delaunay, rue de Valois, Palais-Royal, 8.
Gautier-Bouchard, rue de la Tixeranderie.

1831

Président : M.

BERTE, rue Saint-André-des-Arts, 23.

Juges : MM.

Ganneron, rue Montmartre, 151.
Vernes, rue Coq-Héron, 5.
Lemoine-Tacherat, quai de la Tournelle, 25.
Sanson-Davillier, rue de Grammont, 7.
Ferron, rue Bourbon-Villeneuve, 57.
Panis, rue de Poleveau, 27.

Juges suppléants : MM.

Jouet aîné, vieille rue du Temple, 30.
Lafond, quai de la Tournelle, 21.
Richaud, rue du Sentier, 19.
Martin, place du Louvre, 4.
Truelle, rue des Petites-Écuries, 21.
Delaunay, rue de Valois, Palais-Royal, 8.
Gautier-Bouchard, rue de la Tixeranderie, 41.
Michel, rue des Deux-Boules, 3.
Chatelet, rue Neuve-des-Petits-Champs, 42.
Marcellot, rue de Miromesnil, 19.
Gaspard-Got fils, rue Saint-Louis, 11.
Siquot-Richer, rue de la Verrerie, 60.
Barbé, cité Bergère, 10.
Floriet, rue de Malte, 17.
Duchemoy, rue de la Vieille-Monnaie, 22.

1832

Président : M.

AUBÉ, rue Sainte-Avoye, 23.

Juges : MM.

Ferron, rue Bourbon-Villeneuve, 57.
Panis, rue de Poleveau, 27.
Pépin-Le-Halleur, rue Richelieu, 89.
J.-C. Michel, rue des Deux-Boules, 3.
Chatelet, rue Neuve-des-Petits-Champs, 42.
Gautier-Bouchard, rue de la Tixeranderie, 41.
Truelle, rue des Petites-Écuries, 21.
Barbé, cité Bergère, 10.

Juges suppléants : MM.

Marcellot, rue de Miromesnil, 19.
Gaspard-Got fils, rue Saint-Louis, 11.
Duchesnay, rue de la Vieille-Monnaie, 22.
Michau, rue de Braque, 2.
Say, rue Poissonnière, 55.
Bourget, rue Saint-Louis, 58.
Boulanger, rue Albouy, 2.
Beau, rue Montmartre, 169.
Petit, place des Victoires, 5.
Darblay, rue des Vieilles-Ecuries, 16.
Gratiot, rue du Foin-Saint-Jacques, 18.
Lebobe, rue Saint-Denis, 148.
Houette, rue Poissonnière, 21.
Ledoux, rue de Bussy, 13-14.
Fessart, rue des Quatre-Fils, au Marais, 11.
Levaigneur, place des Victoires.

1833

Président : M.

AUBÉ, rue Sainte-Avoye, 23.

Juges : MM.

Ferron, rue Bourbon-Villeneuve, 57.
Pépin-Lehalleur, rue Richelieu, 89.
J.-C. Michel, rue des Deux-Boules, 3.
Chatelet, rue Saint-Lazare, 130.
Gautier-Bouchard, rue de la Tixeranderie, 41.
Louis Vassal, rue Albouy, 9.
Valois, rue de l'Echiquier, 19.
Say, rue Poissonnière, 35.
Lebobe, rue Royale, 18.

Juges suppléants : MM.

Fessart, rue des Quatre-Fils, au Marais, 11.
Michau, rue de Braque, 2.
Bourget, rue Saint-Louis, 58.
Boulanger, rue Albouy, 2.
Beau, rue Montmartre, 169.
Petit, place des Victoires, 5.
Darblay, rue des Vieilles-Ecuries, 16.
Gratiot, rue du Foin-Saint-Jacques, 18.
Ledoux, rue de Bussy, 13-14.
Levaigneur, place des Victoires.
Dufay, rue Neuve-Saint-Merry, 12.
Thoureau, rue de la Madeleine, 33.
Libert fils aîné, port de la Rapée, 18.
Prevost-Rousseau, rue des Jeûneurs, 18.
Martignon, rue Louis-le-Grand, 5.

11

1834

Président : M.

GANNERON, rue Bleue, 15.

Juges : MM.

Louis Vassal, rue Albouy, 18.
Valois jeune, rue de l'Échiquier, 19.
Say, rue Poissonnière, 35.
Lebobe, rue Royale, 18.
Ferron, rue Bourbon-Villeneuve, 57.
Michau, rue de Braque, 2.
Boulanger, rue Albouy, 2.
Bourget, rue Saint-Louis, 58.

Juges suppléants : MM.

Ledoux fils, rue de Bussy, 12-14.
Fessart, rue des Quatre-Fils, au Marais, 16.
Levaigneur, place des Victoires, 4.
Dufay, rue Neuve-Saint-Merry, 12.
Thoureau, rue de la Madeleine, 33.
Libert fils aîné, port de la Rapée, 18.
Prevost-Rousseau, rue des Jeûneurs, 17.
Beau aîné, rue du Bac, 100.
Martignon, rue Louis-le-Grand, 5.
Hennequin, rue de Cléry, 19.
Denière, rue d'Orléans, au Marais, 9.
Journet, rue de la Monnaie, 20.
Wurtz, rue de Lille, 17.
Levainville, faubourg Saint-Martin, 40.
Thoré, rue Simon-le-Franc, 8.
Audenet fils, faubourg Poissonnière, 19.

1835

Président : M.

GANNERON, rue Bleue, 15.

Juges : MM.

Ferron, rue Bourbon-Villeneuve, 57.
Michau, rue de Braque, 2.
Boulanger, rue Albouy, 2.
Bourget, rue Saint-Louis, 58.
Michel, rue des Deux-Boules, 3.
Ledoux fils, rue de Bussy, 12-14.
Fessart, rue des Quatre-Fils, 16.
Thoureau, rue de la Madeleine, 33.

Juges suppléants : MM.

Beau aîné, rue du Bac, 100.
Martignon, rue Louis-le-Grand, 5.
Hennequin, rue de Cléry, 19.
Denière, rue d'Orléans, au Marais, 9.
Journet, rue de la Monnaie 20.
Wurtz, rue de Lille, 17.
Levainville, faubourg Saint-Martin, 40.
Thoré, rue Simon-le-Franc, 8.
Levaigneur, place des Victoires, 4.
P. Prevost, rue des Jeûneurs, 3.
Dufay, rue Neuve-Saint-Merry, 12.
Carré, rue de Seine, 6.
Gaillard, rue des Martyrs, 47.
Buisson-Pezé, quai de la Mégisserie, 74.
Auvré, rue de la Ferme, 21.
Pierrugues, rue Hauteville, 48.

1836

Président : M.

AUBÉ, rue Sainte-Avoye, 23.

Juges : MM.

Michel, rue des Deux-Boules, 3
Ledoux fils, rue de Bussy, 12-14.
Fessart, rue des Quatre-Fils, 16.
Thoureau, rue de la Madeleine, 33.
Say, rue Poissonnière, 35.
Lebobe, rue Royale-Saint-Honoré, 18.
Beau, rue du Bac, 100.
Martignon, rue Louis-le-Grand, 5.

Juges suppléants : MM.

Levaigneur, place des Victoires, 4.
P. Prevost, rue des Jeûneurs, 3.
Dufay, rue Neuve-Saint-Merry, 12.
Carré, rue de Seine, 6.
Gaillard, rue des Martyrs, 47.
Buisson-Pezé, quai de la Mégisserie, 74.
Ouvré, rue de la Ferme, 21.
Pierrugues, rue Hauteville, 48.
Hennequin, rue de Cléry, 19.
Carez, cour des Fontaines, 1.
Denière, rue d'Orléans, au Marais, 9.
Gailleton, quai de Béthune, 26.
Godard, rue d'Orléans-Saint-Honoré, 19.
Bourget fils, rue Saint-Louis, au Marais, 58.
Jules Renouard, rue de Tournon, 6.
Bertrand, rue des Vinaigriers, 17.

1837

Président : M.

AUBÉ, rue Sainte-Avoye, 23.

Juges : MM.

Say, rue Poissonnière, 35.
Lebobe, rue Royale-Saint-Honoré, 18.
Beau, quai de Béthune, 14.
Martignon, rue Louis-le-Grand, 5.
Ferron, rue Bourbon-Villeneuve, 57.
Prevost, rue des Jeûneurs, 3.
Pierrugues, rue Hauteville, 48.
Levaigneur, place des Victoires, 4.

Juges suppléants : MM.

Hennequin, rue de Cléry, 19.
Carez, cour des Fontaines, 1.
Denière, rue d'Orléans, au Marais, 9.
Gailleton, quai de Béthune, 26.
Godard, rue d'Orléans-Saint-Honoré, 19.
Bourget fils, rue Saint-Louis, au Marais, 58.
Jules Renouard, rue de Tournon, 6.
Bertrand, rue du Temple, 102.
Buisson-Pezé, quai de la Mégisserie, 74.
Gaillard, rue des Martyrs, 27.
Ouvré, rue de la Ferme, 21.
Journet, rue de la Monnaie, 20.
Le Roy, rue de Beauveau-Saint-Antoine, 10.
Chauviteau, rue Grange-Batelière, 22.
Moreau, boulevard Montparnasse, 8.
Desportes, rue Hauteville, 36.

1838

Président : M.

MICHEL, rue des Deux-Boules, 3.

Juges : MM.

Ferron, rue Bourbon-Villeneuve, 57.
Pierrugues, rue Hauteville, 48.
Levaigneur, place des Victoires, 4.
Thoureau, faubourg Poissonnière, 89.
Carez, cour des Fontaines, 1.
Bourget fils, rue Saint-Louis, au Marais, 58.
Bertrand, rue du Temple, 102.
Buisson-Pezé, quai de la Mégisserie, 74.

Juges suppléants : MM.

Gaillard, rue des Martyrs, 27.
Ouvré, rue de la Ferme, 21.
Journet, rue de la Monnaie, 20.
Le Roy, rue de Beauveau-Saint-Antoine, 10.
Chauviteau, rue Grange-Batelière, 22.
Moreau, boulevard Montparnasse, 8.
Desportes, rue Hauteville, 36.
Sedillot, rue des Déchargeurs, 10.
Renouard, rue de Tournon, 6.
Gallois père, à Bercy.
Roussel, rue Coquenard, 46.
Henry aîné, rue Poissonnière, 13.
Dupérier, rue des Deux-Boules, 3.
Forsin, rue de la Michodière, 8.
Gontié, rue Bergère, 18.
Beau, rue de l'Échiquier, 5.

1839

Président : M.

MICHEL, rue de la Madeleine, 59.

Juges : MM.

Thoureau, faubourg Poissonnière, 89.
Carez, rue de Valois (Palais-Royal), 8.
Bourget fils, rue Saint-Louis, au Marais, 58.
Bertrand, rue du Temple, 102.
Lebobe, rue Royale-Saint-Honoré, 8.
Ledoux, place de l'Ecole-de-Médecine.
Gaillard, rue des Martyrs, 27.
Journet, rue de la Monnaie, 20.

Juges suppléants : MM.

Sedillot, quai de l'École, 20.
Jules Renouard, rue de Tournon, 6.
Gallois père, à Bercy.
Roussel, rue Coquenard, 46.
Henry aîné, rue Poissonnière, 13.
Dupérier, rue des Deux-Boules, 3.
Fossin, rue de la Michodière, 8.
Gontié, rue Bergère, 18.
Le Roy, rue de Beauveau-Saint-Antoine, 10.
Chauviteau, rue Grange-Batelière, 22.
Moreau, boulevard du Montparnasse, 8.
Beau, rue de l'Echiquier, 5.
Courtin, faubourg du Roule, 98.
Devinck, rue Saint-Honoré, 285.
Taconnet, rue Traverse, 22.
Héron, rue d'Enghien, 5.

1840

Président : M.

PÉPIN-LEHALLEUR, rue Richelieu, 89.

Juges : MM.

Lebobe, rue Royale-Saint-Honoré, 8.
Ledoux fils, place de l'Ecole-de-Médecine, 1.
Gaillard, rue des Martyrs, 27.
Journet, rue de la Monnaie, 20.
Martignon, rue Louis-le-Grand, 5.
Renouard, rue de Tournon, 6.
Sédillot, quai de l'Ecole, 20.
Le Roy, faubourg Saint-Antoine, 10.

Juges suppléants : MM.

Chauviteau, rue Grange-Batelière, 22.
Moreau, boulevard Montparnasse, 8.
Beau, rue des Petites-Ecuries, 52.
Courtin, faubourg du Roule, 98.
Devinck, rue Saint-Honoré, 285.
Taconnet, rue Traverse, 22.
Héron, rue d'Enghien, 5.
Gallois père, à Bercy.
Roussel, rue Coquenard, 46.
Henry aîné, rue Poissonnière, 13.
Fossin, rue de la Michodière, 8.
Gontié, rue Bergère, 18.
Méder, quai d'Austerlitz, 29.
Durand, rue Basse-du-Rempart, 30.
Aubry, rue Neuve-Saint-Eustache, 26.
Chevalier, place Vendôme, 23.

1841

Président : M.

PÉPIN-LEHALLEUR, rue Richelieu, 89.

Juges : MM.

Martignon, rue Louis-le-Grand, 5.
Jules Renouard, rue de Tournon, 6.
Leroy, rue Beauveau, 10 (faubourg Saint-Antoine).
Carez, rue de Valois (Palais Royal), 8.
Bourget fils, rue Saint-Louis, au Marais, 58.
Bertrand, rue du Temple, 102.
Devinck, rue Saint-Honoré, 285.
Taconnet, rue Traverse, 22.
Gallois père, à Bercy.
Levaigneur, place des Victoires, 4.

Juges suppléants : MM.

Roussel, rue Notre-Dame-de-Lorette, 18.
Henry aîné, rue Poissonnière, 13.
Fossin, rue de la Michodière, 8
Gontié, rue Bergère, 18.
Méder, quai d'Austerlitz, 29.
Aubry, rue Neuve-Saint-Eustache, 26.
Ouvré, rue de la Ferme, 21.
Beau, rue des Petites-Ecuries, 52.
Chevalier, place Vendôme, 23.
Callon, rue Grange-aux-Belles, 7 *bis*.
Auzouy, rue Royale-Saint-Honoré, 18.
Moinery, cloître Saint-Merry, 17.
Lefebvre, faubourg Poissonnière, 60.
Baudot, rue Neuve-des-Petits-Champs, 26.
Lacoste, rue Charlot, 14.
Manceau, rue .....

1842

Président : M.
LEBOBE, place de la Madeleine, 6.

Juges : MM.
Gaillard, rue des Martyrs, 27.
Chevalier, place Vendôme, 23.
Ouvré, rue de la Ferme, 21.
Bertrand, rue du Temple, 102.
Taconnet, rue Traverse, 22.
Moinery, rue du Cloître-Saint-Merry, 18.
Baudot, rue Neuve-Saint-Augustin, 18.
Méder, quai d'Austerlitz, 29.
Lefebvre fils, faubourg Poissonnière, 60.
Auzouy, rue Royale-Saint-Honoré, 18.

Juges suppléants : MM.
Henry aîné, rue Poissonnière, 13.
Chaudé, rue Molière, 2.
Thibaut, rue Neuve-Saint-Eustache, 36.
Lamaille, rue des Lombards, 24.
Le Dagre, rue Neuve-Vivienne, 30.
Letellier-Delafosse, 95 bis, faubourg Poissonnière.
Barthelot, rue Saint-Maur-Popincourt, 32.
Rodier, passage Saulnier, 4 *bis.*
Cornuault, rue Coq-Héron, 3 *bis.*
Rousselle-Charlard, rue Hauteville, 53.
Grimoult, rue du Gros-Chenet, 2 *bis.*
Beau jeune, rue Montmartre, 169.
Chatenet père, rue des Vinaigriers, 17.
Milliet, rue Hauteville, 58.
Le Roy, Palais-Royal, galerie Montpensier, 13.
Selles aîné, rue Bertin-Poirée, 7.

1843

Président : M.
' LEBOBE, place de la Madeleine, 6.

Juges : MM.
' Gaillard, rue des Martyrs, 27.
' Chevalier, place Vendôme, 23.
' Ouvré, rue de la Ferme, 21.
Bertrand, rue du Temple, 102.
Taconnet, rue Traverse, 22.
Moinery, rue du Cloître-Saint-Merry, 18.
Boudot, rue Neuve-Saint-Augustin, 18.
Méder, quai d'Austerlitz, 29.
' Lefebvre fils, faubourg Poissonnière, 60.
' Auzouy, rue Royale-Saint-Honoré, 18.

Juges suppléants : MM.
' Henry aîné, rue Poissonnière, 13.
' Chaudé, rue Molière, 2.
' Thibaut, rue Neuve-Saint-Eustache, 36.
' Lamaille, rue des Lombards, 24.
' Le Dagre, rue Neuve-Vivienne, 30.
Letellier-Delafosse, 95 bis, faubourg Poissonnière.
Barthelot, rue Saint-Maur-Popincourt, 32.
Rodier, passage Saulnier, 4 *bis.*
Cornuault, rue Coq-Héron, 3 *bis.*
Rousselle-Charlard, rue Hauteville, 53.
Grimoult, rue du Gros-Chenet, 2 *bis.*
Beau jeune, rue Montmartre, 169.
Chatenet père, rue des Vinaigriers, 17.

Milliet, rue Hauteville, 58.
' Le Roy, Palais-Royal, galerie Montpensier, 13.
' Selles aîné, rue Bertin-Poirée, 7.

N. B. — Les membres du Tribunal dont le nom est précédé d'un astérisque devaient cesser leurs fonctions au mois de septembre.

1843

Les membres du Tribunal élus par l'assemblée des notables commerçants et qui ne pouvaient entrer en fonctions qu'après avoir reçu l'institution du Roi, étaient MM.

Président : M.
CAREZ, rue Mont-Thabor, 9.

Juges : MM.
Devinck, rue Saint-Honoré.
Lefebvre fils, rue Poissonnière, 26.
Thibault, rue Neuve-Saint-Eustache, 36.
Lamaille, rue des Lombards, 24.
Le Dagre, rue Neuve-Vivienne, 30.

Juges suppléants : MM.
Le Roy, Palais-Royal, galerie Montpensier, 13.
Selles aîné, rue Bertin-Poirée, 7.
Dubois aîné, rue Neuve-des-Capucines, 8.
Gallois, rue Vaugirard, 116.
Riglet, rue d'Orléans, 5, au Marais.
E. Delon, place du Louvre, 4.
Pillet aîné, rue des Grands-Augustins, 7.
Ch. Leroux, rue de l'Arcade, 34.

1844

Président : M.
CAREZ, rue du Mont-Thabor, 9.

Juges : MM.
' Bertrand, rue du Temple, 102.
' Taconnet, rue Traverse, 22.
Moinery, rue du Cloître-Saint-Merry, 18.
' Baudot, rue Neuve-Saint-Augustin, 18.
' Méder, quai d'Austerlitz, 29.
Devinck, rue Saint-Honoré, 285.
Lefèvre fils, rue du Faubg-Poissonnière, 60.
Thibaut, rue Neuve-Saint-Eustache, 36.
Lamaille, rue des Lombards, 24.
Ledagre, rue Neuve-Vivienne, 30.

Juges suppléants : MM.
' Barthelot, rue Saint-Maur-Popincourt, 32.
Cornuault, rue Coq-Héron, 3 *bis.*
Rousselle-Charlard, rue Hauteville, 53.
Grimoult, rue du Gros-Chenet, 2 *bis.*
' Beau jeune, rue Montmartre, 169.
Chatenet père, rue des Vinaigriers, 17.
Milliet, rue Hauteville, 58.
' Letellier-Delafosse, faubourg Poissonnière, 95 *bis.*
Le Roy, Palais-Royal, gal rie Montpensier, 13.
Selles aîné, r. de la Ferme-des-Mathurins, 2.
Dubois aîné, rue Neuve-des-Capucines, 8.
Gallais, rue de Vaugirard, 116.
Riglet, rue d'Orléans, 5 (Marais).

Delon, place du Louvre, 4.
Pillet aîné, rue des Grands-Augustins, 7.
Leroux, rue de l'Arcade, 34.

N. B. — Les membres du Tribunal dont le nom est précédé d'un astérisque devaient cesser leurs fonctions au mois de septembre.

1844

Noms remplaçant les membres du Tribunal sortant en septembre 1844.

MM.

Bourget, rue Saint-Louis, 56.
Gaillard, rue des Martyrs, 27.
Barthelot, rue Saint-Maur-Popincourt, 32.
Letellier-Delafosse, faubourg Poissonnière, 95 *bis*.
George jeune, quai de la Rapée, 41.
Théodore Jouet, rue Sainte-Croix-de-la-Bretonnerie, 56.
Nys, rue de Lorillon, 27.

1845

Président : M.

CAREZ, rue du Mont-Thabor, 9.

Juges : MM.

* Devinck, rue Saint-Honoré, 285.
* Lefèvre fils, 60, rue du Faubourg-Poissonnière.
* Thibaut, rue Neuve-Saint-Eustache, 36.
* Lamaille, rue des Lombards, 24.
* Ledagre, rue Neuve-Vivienne, 30.
Bourget, rue Saint-Louis, au Marais, 58.
Gaillard, rue des Martyrs, 27.
Moinery, rue du Cloître-Saint-Merry, 18.
Barthelot, rue Saint-Maur-Popincourt, 32.
Letellier-Delafosse, rue du Faubourg-Poissonnière, 95 *bis*.

Juges suppléants : MM.

Le Roy, Palais-Royal, galrie Montpensier, 13.
Selles aîné, r. de la Ferme-des-Mathurins, 2.
Dubois aîné, rue Neuve-des-Capucines, 8.
Gallais, rue de Vaugirard, 116.
Riglet, rue d'Orléans, 5 (Marais).
Delon, place du Louvre, 4.
Pillet aîné, rue des Grands-Augustins, 7.
Cornuault, rue Coq-Héron, 3 *bis*.
Rousselle-Charlard, rue Hauteville, 51.
Grimoult, rue de Trévise, 17.
Chatenet père, rue des Vinaigriers, 17.
Milliet, rue Hauteville, 58.
George jeune, faubourg Poissonnière, 5.
Théodore Jouet, rue Vieille-du-Temple, 30.
Nys, rue de Lorillon, 27.

N. B. — Les membres du Tribunal dont le nom est précédé d'un astérisque (*) devraient cesser leurs fonctions au mois de septembre.

1846

Président : M.

BERTRAND, rue des Saints-Pères, 13.

Juges : MM.

Bourget, rue Saint-Louis, au Marais, 58.
Gaillard, rue des Martyrs, 27.
Moinery, rue du Cloître-Saint-Merry, 18.
Barthelot, rue Saint-Maur-Popincourt, 32.
Letellier-Delafosse, rue du Faubourg-Poissonnière, 95 *bis*.
Chevalier, place Vendôme, 23.
Baudot, rue Neuve-Saint-Augustin, 18.
Ledagre, rue Neuve-Vivienne, 30.
Roussel-Charlard, rue Hauteville, 53.
Grimoult, rue de Trévise, 17.

Juges suppléants : MM.

Cornuault, rue Coq-Héron, 3 *bis*.
Chatenet père, rue des Vinaigriers, 17.
Milliet, faubourg Poissonnière, 40 *bis*.
George jeune, rue Pigale, 9.
Théodore Jouet, rue Vieille-du-Temple, 30.
Le Boy, avenue des Champs-Elysées, 80.
Gallais, rue de Vaugirard, 116.
Bourceret, rue Mont-Thabor, 15.
Barat fils, rue et île Saint-Louis, 104.
J. Odier, rue du Houssaye, 2.
A. Sommier, rue de Flandres, à la Villette, 139.
De Rotrou, rue Bretonvilliers, 1.
Germ. Halphen, rue des Petites-Écuries, 44.
Ferté, rue Saint-Louis, au Marais, 48.
Belin-Leprieur, rue de la Harpe, 85.
Ernest Labbé, rue du Sentier, 9.

1847

Président : M.

BOURGET, rue Saint-Louis, 58, au Marais.

Juges : MM.

Devinck, rue Saint-Honoré, 285.
Barthelot, rue Saint-Maur-Popincourt, 32.
Letellier-Delafosse, faub.-Poissonnière, 95 *bis*.
Milliet, faubourg Poissonnière, 40 *bis*.
Gallais, rue de Vaugirard, 116.
Moinery, rue du Cloître-Saint-Merry, 18.
Grimoult, rue de Trévise, 17.
George, rue Pigalle, 19.
J. Odier, rue du Houssaye, 2.
Belin-Leprieur, rue de la Harpe, 82.

Juges suppléants : MM.

De Rotrou, rue Bretonvilliers, 1.
Germ. Halphen, rue des Petites-Écuries, 44.
Couriot, rue Rambuteau, 26.
Charenton jeune, rue Samson, 3.
Dénière fils, rue d'Orléans, au Marais, 9.
Léon Vallès, faubourg Poissonnière, 34.
Glaine, rue Neuve-des-Capucins, 5.
Lucy-Sédillot, rue des Jeûneurs, 10.
Vernay, rue Thévenot, 21.
Coissieu, à Bercy.
Davillier, rue Chauchat, 5.
Marquet, rue Montholon, 13.
Cheuvreux, rue Poissonnière, 35.
Leboucher, rue du Petit-Carreau, 29.
Talamon, rue Croix-des-Petits-Champs, 37.
Klein, rue Saint-Honoré, 361.

1848

Président : M.
BOURGET, rue Saint-Louis, au Marais, 58.

Juges : MM.
Devinck, rue Saint-Honoré, 285.
Barthelot, rue Saint-Maur-Popincourt, 32.
Letellier-Delafosse, faub* Poissonnière, 95 *bis*.
Milliet, faubourg Poissonnière, 40 *bis*.
Gallais, rue de Vaugirard, 116.
Moinery, rue du Cloître-Saint-Merry, 18.
Grimoult, rue de Trévise, 17.
George. rue Pigale, 9.
Odier, rue Houssaie, 2.
Belin-Leprieur, rue de la Harpe, 85.

Juges suppléants : MM.
Couriot, rue Rambuteau, 26.
Charenton jeune, rue Samson, 3.
Dénière fils, rue d'Orléans, au Marais, 9.
Léon Vallès, faubourg Poissonnière, 34.
De Rotrou, rue Bretonvilliers, 1.
Germinet, rue Saint-Denis, 191.
Halphen, rue Richer, 3 *bis*.
Glaine, rue Neuve-des-Capucins, 5.
Chatenet père, impasse Sainte-Opportune, 5.
Lucy-Sédillct, rue des Jeûneurs, 36.
Vernay, rue Thévenot, 21.
Coissieu, rue du Port-de-Bercy, 36.
Davillier, rue Chauchat, 5.
Marquet, rue Montholon, 13.
Cheuvreux, rue Poissonnière, 35.
Leboucher, rue des Petits-Carreaux, 29.
Talamon, rue Croix-des-Petits-Champs, 37.
Klein, rue Saint-Honoré, 361.

1849

Président : M.
DEVINCK, rue Saint-Honoré, 285.

Juges : MM.
Moinery, rue du Cloître-Saint-Merry, 18.
Grimoult, rue de Trévise, 43.
George, rue Pigalle, 17.
Belin-Leprieur, rue de la Harpe, 85.
Théophile Chailard, rue Hauteville, 53.
Milliet, faubourg Poissonnière, 30.
Halphen, rue Richer, 15.
Glaine, rue Neuve-des-Capucins, 5.
Couriot, rue Rambuteau, 26.
Vernay, rue Thévenot, 21.

Juges suppléants : MM.
Lucy-Sédillot, rue des Jeûneurs, 36.
Davillier, rue Chauchat, 5.
Marquet, rue Montholon, 15.
Cheuvreux, rue Saint-Georges, 51.
Leboucher, rue du Petit-Carreau, 29.
Klein, rue Saint-Honoré, 361.
Martin Darue, rue de l'École-de-Médecine, 103.
Evette, rue des Petites-Écuries, 13.
Lebel, quai d'Austerlitz, 19.
Audiffret, rue des Bons-Enfants, 26.
Coutant-Desfontaines, rue Masséna, 38.
Compagnon, boulevard Saint-Denis, 4.
Desouches-Faymet, quai d'Austerlitz, 47.

Aucler, rue Tiquetonne, 14.
Baudry, rue du Petit-Carreau, 10.
Noël, rue de l'Echiquier, 17 *bis*.

1850

Président : M.
DEVINCK, rue Saint-Honoré, 285.

Juges : MM.
Rousselle-Charlard, rue Hauteville, 53.
Plaine, rue Neuve-des-Capucines, 5.
Letellier-Delafosse, faub* Poissonnière, 139.
Barthelot, rue Saint-Maur-Popincourt, 32.
Ledagre, rue Vivienne, 30.
Vernay, rue Thévenot, 21.
George, rue Pigalle, 17.
Cheuvreux. rue Saint-Georges, 51.
Lucy-Sédillot, rue des Jeûneurs, 36.
Henri Davillier, rue Chauchat, 15.

Juges suppléants : MM.
Marquet, rue Montholon, 51.
Klein, rue Saint-Honoré, 361.
Baudry, rue du Petit-Carreau, 10.
Hip. Noël, rue de l'Echiquier, 17 *bis*.
Forget, rue de Courcelles, 14.
Girard, rue du Ponceau, 25.
Thouret, rue Richer, 24.
Berthier fils, quai d'Orléans, 12.
Langlois, rue de la Harpe, 81.
Larue, rue de l'École-de-Médecine, 103.
Fél. Evette, rue des Petites-Écuries, 13.
Lebel, quai d'Austerlitz, 19.
Audiffred, rue des Bons-Enfants, 26.
Contat-Desfontaines, rue Masséna, 38.
Compagnon, rue Hauteville, 49.
Desouches-Fayard, quai d'Austerlitz, 47.

1851

Président : M.
MOINERY, rue du Cloître-Saint-Merry, 18.

Juges : MM.
Ledagre, rue de Laval, 18.
Letellier-Delafosse, faubg Poissonnière, 139.
George, rue Pigalle, 17.
Plaine, rue Neuve-des-Capucines, 5.
Lucy-Sédillot, rue des Jeûneurs, 36.
Davillier, rue Chauchat, 15.
Cheuvreux, rue Saint-Georges, 51.
Marquet, rue Montholon, 21.
Klein, rue Saint-Honoré, 36.

Juges suppléants : MM.
Hip. Noël, rue de l'Échiquier, 19.
Girard, rue du Ponceau, 25.
Forget, rue de Courcelles, 14.
Thouret, rue Richer, 24.
Berthier fils, rue Neuve-des-Mathurins, 15.
Fél. Evette, rue des Petites-Écuries, 13.
Lebel, quai d'Austerlitz, 19.
Audiffred, rue des Bons-Enfants, 26.
Contat-Desfontaines, rue Masséna, 38.
Compagnon, rue Hauteville, 49.
Langlois, rue de la Harpe, 81.
De la Chaussée, rue Vieille-du-Temple, 117.

Hennecart, rue de l'Échiquier, 30.
Frédéric Lévy, rue de la Roquette, 50.
Dobelin, rue Hauteville, 21.
Mouton fils, rue Grenelle-Saint-Honoré, 19.

1852

Président : M.
LEDAGRE, rue de Laval, 18.

Juges : MM.
Grimoult, rue de Trévise, 43.
Lucy-Sédillot, rue des Jeûneurs, 36.
Davillier, rue Chauchat, 15.
Marquet, rue Montholon, 21.
Cheuvreux, rue Saint-Georges, 51.
Klein, rue Saint-Honoré, 361.
Denière fils, rue Charlot, 9.
Lebel, quai d'Austerlitz, 19.
Audiffred, rue des Bons-Enfants, 26.
Compagnon, rue Hauteville, 49.

Juges suppléants : MM.
Langlois, rue de la Harpe, 41.
Forget, rue de Courcelles, 14.
Girard, rue du Ponceau, 29.
Thouret, rue Richer, 24.
Berthier fils, rue Neuve-des-Mathurins, 15.
De la Chaussée, rue Vieille-du-Temple, 117.
Hennecart, rue de l'Échiquier, 30.
Frédéric Lévy, rue de la Roquette, 58.
Dobelin, rue Hauteville, 21.
Houette fils, rue du Faubg-Montmartre, 27.
Ravaut, quai de la Rapée, 41.
Fossin, rue Richelieu, 62.
Boudoille, rue de la Paix, 10.
Roy fils, rue Bleue, 15.
Salmon, rue Saint-Pierre-Popincourt, 16.
Lambert, rue d'Hauteville, 28.

1853

Président : M.
LEDAGRE, rue de Laval, 18.

Juges : MM.
Grimoult, rue de Tivoli, 7.
Lucy-Sédillot, rue des Jeûneurs, 36.
Davillier, rue Chauchat, 15.
Marquet, rue Montholon, 21.
Cheuvreux, rue Saint-Georges, 51.
Klein, rue Saint-Honoré, 361.
Denière fils, rue Charlot, 9.
Lebel, quai d'Austerlitz, 19.
Audiffred, rue des Bons-Enfants, 26.
Compagnon, rue d'Hauteville, 49.

Juges suppléants : MM.
Langlois, rue de la Harpe, 99.
Forget, rue de Courcelles, 14.
Girard, rue du Ponceau, 29.
Thouret, rue Richer, 24.
Berthier fils, rue Neuve-des-Mathurins, 15.
De la Chaussée, rue Vieille-du-Temple, 117.
Hennecart, rue de l'Echiquier, 30.
Frédéric Lévy, rue de la Roquette, 58.
Dobelin, rue d'Hauteville, 21.
Houette fils, r. du Faubourg-Montmartre, 27.
Ravaut, quai de la Rapée, 46.

Fossin, rue Richelieu, 62.
Boudaille, rue de la Paix, 10.
Roy fils, rue Bleue, 15.
Salmon, rue Saint-Pierre-Popincourt.
Lambert, rue d'Hauteville, 28.

1854

Président : M.
LEDAGRE, rue de Laval, 18.

Juges : MM.
Cheuvreux, passage Laferrière, 5.
Klein, rue Saint-Honoré, 361.
Denière fils, rue Charlot, 9.
Lebel, quai d'Austerlitz, 19.
Audiffred, rue de la Victoire, 12.
George, rue Pigalle, 17.
Forget, rue de Courcelles, 14.
Berthier fils, rue Neuve-des-Mathurins, 15.
Langlois, rue des Mathurins-St-Jacques, 10.
De la Chaussée, rue Vieille-du-Temple, 117.

Juges suppléants : MM.
Thouret, rue Richer, 24.
Frédéric Lévy, rue de la Roquette, 58.
Dobelin, rue d'Hauteville, 21.
Houette fils, r. du Faubourg-Montmartre, 27.
Ravaut, quai de la Rapée, 46.
Fossin, rue Richelieu, 62.
Fauler, rue de Rivoli, 18.
Aubry, rue Neuve-Saint-Eustache, 26.
Grellou, rue de Rambuteau, 24.
Templier, rue Pierre-Sarrazin, 14.
Godard, rue de Cléry, 40.
Bapst, rue Caumartin, 2.
Trelon, rue Rougemont, 13.
Pellou, à Bercy.
Mottet, rue d'Hauteville, 23.
Bezançon, rue Saint-Gilles, 12.

1855

Président : M.
LEDAGRE, rue de Laval, 18.

Juges : MM.
George, rue Pigalle, 17.
Forget, rue de Courcelles, 14.
Berthier fils, rue Neuve-des-Mathurins, 15.
Langlois, rue des Mathurins-St-Jacques, 10.
Denière fils, rue Charlot, 9.
Lebel, quai d'Austerlitz, 19.
Frédéric Lévy, rue de la Roquette, 58.
Dobelin, rue d'Hauteville, 21.
Houette fils, r. du Faubourg-Montmartre, 27.
Ravaut, quai de la Rapée, 46.

Juges suppléants : MM.
Fossin, rue Richelieu, 62.
Fauler, rue de Rivoli, 18.
Aubry, rue Neuve-Saint-Eustache, 26.
Grellou, rue de Rambuteau, 84.
Godard, rue de Cléry, 40.
Bapst, rue Caumartin, 2.
Trelou, rue Rougemont, 13.
Pellou, port de Bercy, 41.
Mottet, rue d'Hauteville, 23.
Bezançon, rue Saint-Gilles, 12.

1856

Président : M.

GEORGE, rue Pigalle, 17.

Juges : MM.

Lucy-Sédillot, rue Saint-Fiacre, 5.
Forget, rue de Courcelles, 14.
Rerthier fils, rue Neuve-des-Mathurins, 15.
Ravaut, quai de la Rapée, 46.
Fossin, rue Richelieu, 62.
Langlois, r. des Mathurins-St-Jacques, 10.
Frédéric Lévy, rue de la Roquette, 58.
Houette fils, r. du Faubourg-Montmartre, 27.
Godard, rue de Cléry, 40.
Bapst, rue Neuve-des-Petits-Champs, 87.

Juges suppléants : MM.

Trelon, rue Rougemont, 13.
Caillebotte, rue du Faubg-Saint-Denis, 152.
Lanseigne, rue d'Hauteville, 48.
Gaillard, place Saint-Georges, 28.
Cavaré, rue Croix-des-Petits-Champs, 38.
Drouin, rue Ste-Croix-de-la-Bretonnerie, 21.
Mottet, rue d'Hauteville, 23.
Bezançon, rue de Harlay-du-Palais, 20.
Roulhac, rue Saint-André-des-Arcs, 20.
Larenaudière, rue de Rivoli, 62.
Garnier, rue de Paradis, 14.
Louvet, rue de Cléry, 23.
Payen, rue de Cléry, 7.
Truelle, r. de la Ferme-des-Mathurins, 34 *bis*.
Blanc, rue d'Hauteville, 25.
Dumont, rue Vivienne, 41.

1857

Président : M.

GEORGE, rue Pigalle, 17.

Juges : MM.

Langlois, rue des Mathurins-St-Jacques, 10.
Frédéric Lévy, rue de la Roquette, 58.
Godard, rue de Cléry, 40.
Bapst, rue Neuve-des-Petits-Champs, 87.
Denière fils, rue Charlot, 9.
Dobelin, rue d'Hauteville, 21.
Roulhac, rue des Lavandières-Sainte-
  Opportune, 10.
Larenaudière, rue de Rivoli, 62.
Louvet, rue de Cléry, 23.
Trelon, rue Rougemont, 12.

Juges suppléants : MM.

Mottet, rue d'Hauteville, 23.
Payen, rue de Cléry, 9.
Truelle, r. de la Ferme-des-Mathurins, 34 *bis*.
Caillebotte, rue du Faubg-Saint-Denis, 152.
Gaillard, place Saint-Georges, 28.
Drouin, r. Ste-Croix-de-la-Bretonnerie, 21.
Blanc, rue d'Hauteville, 25.
Dumont, rue Vivienne, 41.
Lefébure, rue Neuve-Saint-Eustache, 13.
Duché, rue et cité Turgot, 5.
Lebaigue, rue de l'Université, 127.
Masson, place de l'Ecole-de-Médecine, 17.
Gervais, rue de la Chaussée-d'Antin, 64.
Sauvage, rue d'Aumale, 6.

Boudeuf, quai de Béthune, 24.
D'Hostel, rue Saint-Denis, 352.

1858

Président : M.

GEORGE, rue Pigalle, 17.

Juges : MM.

Langlois, r. des Mathurins-St-Jacques, 10.
Frédéric Lévy, rue de la Roquette, 58.
Godard, rue de Cléry, 40.
Bapst, rue Neuve-des-Petits-Champs, 87.
Denière fils, rue Charlot, 9.
Dobelin, rue d'Hauteville, 21.
Roulhac, rue des Lavandières-Sainte-
  Opportune, 10.
Larenaudière, rue de Rivoli, 62.
Louvet, rue de Cléry, 23.
Trelon, rue Rougemont, 12.

Juges suppléants : MM.

Mottet, rue d'Hauteville, 23.
Payen, rue de Cléry, 9.
Truelle, rue de la Ferme-des-Mathurins, 34 *bis*.
Caillebotte, rue du Faubg-Saint-Denis, 152.
Gaillard, place Saint-Georges, 28.
Drouin, rue Sainte-Croix-de-la-Breton-
  nerie, 21.
Blanc, rue d'Hauteville, 25.
Dumont, rue Vivienne, 41.
Lefébure, rue Neuve-Saint-Eustache, 13.
Duché, rue et cité Turgot, 5.
Lebaigue, rue de l'Université, 127.
Masson, place de l'Ecole-de-Médecine, 17.
Gervais, rue de la Chaussée-d'Antin, 64.
Sauvage, rue d'Aumale, 6.
Boudeuf, quai de Béthune, 24.
D'Hostel, rue Saint-Denis, 352.

1859

Président : M.

LUCY-SÉDILLOT, rue Saint-Fiacre, 5.

Juges : MM.

Houette, rue du Faubourg-Montmartre, 27.
Bapst, rue Neuve-des-Petits-Champs, 87.
Caillebotte, rue du Faubg-Saint-Denis, 152.
Gaillard, rue de la Victoire, 47.
Berthier, rue Neuve-des-Mathurins, 15.
Roulhac, boulevard de Sébastopol (rive
  gauche), 11.
Larenaudière, rue de Rivoli, 62.
Louvet, rue de Cléry, 23.
Drouin, rue Sainte-Croix-de-la-Breton-
  nerie, 21.
Blanc, rue d'Hauteville, 25.

Juges suppléants : MM.

Masson, place de l'École-de-Médecine, 17.
Gervais, rue de la Chaussée-d'Antin, 64.
Sauvage, rue d'Aumale, 6.
Basset, rue de Seine, 33.
Binder, rue Lavoisier, 9.
Charles de Mourgues ainé, rue J.-J.-Rous-
  seau, 8.
Blanchet, rue d'Hauteville, 26.

Durand, rue Saint-Nicolas-d'Antin, 29.
Dumont, rue de Louvois, 10.
Lefébure, rue Neuve-Saint-Eustache, 13.
Thivier, rue de Richelieu, 8.
Gros, boulevard Poissonnière, 15.
Raimbert, boulevard de Strasbourg, 19.
Daguin, rue Geoffroy-Marie, 5.
Michon, rue d'Enfer, 91.
Guibal, rue Vivienne, 40.

1860

Président : M.
LUCY-SÉDILLOT, rue Saint-Fiacre, 5.

Juges : MM.
Houette, rue du Faubourg-Montmartre, 27.
Bapst, rue Neuve-des-Petits-Champs, 87.
Caillebotte, rue du Faubg-Saint-Denis, 152.
Gaillard, rue de la Victoire, 47.
Berthier, rue Neuve-des-Mathurins, 15.
Roulhac, boulevard de Sébastopol (rive gauche), 11.
Larenaudière, rue de Rivoli, 62.
Louvet, rue de Cléry, 23.
Drouin, rue Sainte-Croix-de-la-Bretonnerie, 21.
Blanc, rue d'Hauteville, 25.

Juges suppléants : MM.
Masson, place de l'École-de-Médecine, 17.
Gervais, rue de la Chaussée-d'Antin, 64.
Sauvage, rue d'Aumale, 6.
Basset, rue de Seine, 33.
Binder, rue Lavoisier, 9.
Charles de Mourgues aîné, rue Jean-Jacques-Rousseau, 8.
Blanchet, rue d'Hauteville, 26.
Durand, rue Saint-Nicolas-d'Antin, 29.
Dumont, rue de Louvois, 10.
Lefébure, rue Neuve-Saint-Eustache, 13.
Thivier, rue de Richelieu, 8.
Gros, boulevard Poissonnière, 15.
Raimbert, boulevard de Strasbourg, 19.
Daguin, rue Geoffroy-Marie, 5.
Michau, rue d'Enfer, 91.
Guibal, rue Vivienne, 40.

1861

Président : M.
DENIÈRE fils, rue Rougemont, 4.

Juges : MM.
Caillebotte, rue du Faubourg-St-Denis, 152.
Gaillard, rue de la Victoire, 47.
Blanc, rue d'Hauteville, 25.
Dumont, rue Louvois, 10.
Berthier, rue de la Victoire, 98.
Bapst, rue de Choiseul.
Drouin, rue Sainte-Croix-de-la-Bretonnerie, 21.
Masson, place de l'École-de-Médecine, 17.
Gervais, rue Saint-Lazare, 108.
Sauvage, rue d'Aumale, 6.

Juges suppléants : MM.
Basset, rue de Seine, 33.
Binder, avenue des Champs-Élysées, 27.

Charles Poitevin-Delmourgues aîné, rue Jean-Jacques-Rousseau, 8.
Chabert, rue des Jeûneurs, 42.
Orsat, rue de la Victoire, 29.
Gros, boulevard Poissonnière, 15.
Daguin, rue Geoffroy-Marie, 5.
Michau, rue d'Enfer, 91.
Guibal, rue Vivienne, 40.
Hussenot, rue du Mail, 16.
Hébert fils, rue du Mail, 13.
Melon de Pradou, rue Saint-Denis, 374.
Alexandre Muller, rue Lafayette, 56.
Morel, rue Saint-Antoine, 110 *bis*.
Camuset, rue de Marignan, 27.
Boudault, rue des Lombards, 24.
Royer, rue du Caire, 30.
Girard, rue Richer, 10.

1862

Président : M.
DENIÈRE fils, rue Rougemont, 4.

Juges : MM.
Caillebotte, r. du Faubourg-Saint-Denis, 152.
Gaillard, rue de Provence, 65.
Blanc, rue d'Hauteville, 25.
Dumont, rue Louvois, 10.
Berthier, place de la Madeleine, 30.
Bapst, rue de Choiseul, 20.
Drouin, rue Sainte-Croix-de-la-Bretonnerie, 21.
Masson, place de l'École-de-Médecine, 17.
Gervais, rue Saint-Lazare, 108.
Sauvage, rue d'Aumale, 6.

Juges suppléants : MM.
Basset, rue de Seine, 33.
Binder, avenue des Champs-Élysées, 27.
Charles Poitevin-Demourgues, rue Jean-Jacques-Rousseau, 8.
Chabert, rue des Jeûneurs, 42.
Orsat, rue de la Victoire, 29.
Gros, boulevard Poissonnière, 15.
Daguin, rue Geoffroy-Marie, 5.
Michau, rue d'Enfer, 91.
Guibal, rue Vivienne, 40.
Boudault, rue des Lombards, 24.
Girard, rue du Four-Saint-Honoré, 45.
Hussenot, rue du Mail, 1.
Hébert fils, rue du Mail, 13.
Melon de Pradou, rue Saint-Denis, 374.
Alexandre Muller, rue Lafayette, 56.
Morel, rue Saint-Antoine, 110 *bis*.

1863

Président : M.
DENIÈRE fils, rue Rougemont, 4.

Juges : MM.
Berthier, place de la Madeleine, 30.
Bapst, rue de Choiseul, 20.
Drouin, rue Sainte-Croix-de-la-Bretonnerie, 21.
Masson, place de l'École-de-Médecine, 17.
Gervais, rue Saint-Lazare, 108.
Louvet, rue de Cléry, 23.

Larenaudière, rue de Rivoli, 62.
Dumont, rue Louvois, 10.
Basset, rue de Seine, 33.
Binder, avenue des Champs-Elysées, 27.
Ch.-P. Demourgues, rue J.-J.-Rousseau, 8.
Gros, boulevard Poissonnière, 15.
Daguin, rue Geoffroy-Marie, 5.
Michau, rue d'Enfer, 91.

Juges suppléants : MM.

Guibal, rue Vivienne, 40.
Boudault, rue des Lombards, 24.
Girard, rue du Four-Saint-Honoré, 45.
Hussenot, rue du Mail, 1.
Hébert fils, rue du Mail, 13.
Chabert, rue des Jeûneurs, 42.
Melon de Pradou, rue Saint-Denis, 374.
Morel, rue Saint-Antoine, 110 *bis*.
Delessert, rue Montmartre, 172.
Bouffard, rue Croix-des-Petits-Champs, 38.
Bacot, rue Neuve-Saint-Augustin, 8.
Guilmoto, rue Montmartre, 72.
Salmon fils, rue Saint-Pierre-Popincourt, 16.
Balaine fils, rue du Faubg-du-Temple, 97.
Massez, rue Martel, 9.
Guérin Boutron, boulevard Poissonnière, 27.

1864

Président : M.
DENIÈRE fils, rue Rougemont, 4.

Juges : MM.

Berthier, place de la Madeleine, 30.
Bapst, rue de Choiseul, 20.
Drouin, rue Sainte-Croix-de-la-Breton-
nerie, 21.
Masson, place de l'École-de-Médecine, 17.
Gervais, rue Saint-Lazare, 108.
Louvet, rue de Cléry, 23.
Larenaudière, rue de Rivoli, 62.
Dumont, rue Louvois, 10.
Basset, rue de Seine, 33.
Binder, avenue des Champs-Elysées, 27.
Charles Demourgues, rue Jean-Jacques-
Rousseau, 8.
Gaillard, rue de Provence, 65.
Gervais, rue de Laval, 26.
Daguin, rue Geoffroy-Marie, 15.
Michau, rue d'Enfer, 91.
Guibal, rue Vivienne, 40.
Chabert, rue des Jeûneurs, 42.
Boudault, boulevard Sébastopol, 39 (rive
droite).
Girard, rue du Four-Saint-Honoré, 45.

Juges suppléants : MM.

Melon de Pradou, rue Saint-Denis, 374.
Morel, rue Saint-Antoine, 110 *bis*.
Delessert, rue Montmartre, 172.
Bouffard, rue Croix-des-Petits-Champs, 38.
Guilmoto, rue Montmartre, 72.
Salmon fils, rue Saint-Pierre-Popincourt, 16.
Hussenot, rue du Mail, 1.
Hébert fils, rue du Mail, 13.
Balaine fils, rue du Faubourg-du-Tem-
ple, 97.
Massez, rue Martel, 9.
Guérin Boutron, boulevd Poissonnière, 27.

Paul Firmin-Didot, rue Jacob, 98.
Boullay, quai de l'École, 30.
Evette fils, rue d'Enghien, 30.
Dommartin, rue des Petites-Ecuries, 13.

1865

Président : M.
BERTHIER, place de la Madeleine, 30

Juges : M.

Gaillard, rue de Provence, 65.
Gervais, rue de Laval, 26.
Daguin, rue Geoffroy-Marie, 5.
Michau, rue d'Enfer, 91.
Guibal, rue Vivienne, 40.
Chabert, rue Royale-Saint-Honoré, 11.
Boudault, boulevard Sébastopol, 39.
Drouin, rue Sainte-Croix-de-la-Breton-
nerie, 21.
Basset, rue de Seine, 33.
Charles Demourgues, rue Jean-Jacques-
Rousseau, 8.
Girard, rue Vauvilliers, 45.
Hussenot, rue du Mail, 1.
Hébert fils, rue du Mail, 13.
Melon de Pradou, rue Saint-Denis, 374.

Juges suppléants : MM.

Balaine fils, r. du Faubourg-du-Temple, 97.
Guérin Boutron, boulevd Poissonnière, 27.
Frédéric Moreau, rue de la Victoire, 56.
Paul Firmin-Didot, rue Jacob, 56.
Boullay, quai de l'Ecole, 30.
Morel, rue Saint-Antoine, 110 *bis*.
Delessert, rue Montmartre, 172.
Guilmoto, rue Montmartre, 72.
Salmon fils, r. Saint-Pierre-Popincourt, 16.
Evette fils, rue d'Enghien, 30.
Dommartin, rue des Petites-Ecuries, 13.
Hunebelle, boulevard de la Madeleine, 17.
Bucquet, rue Pavée, 13 (Marais).
Jourde, rue de Paradis-Poissonnière, 50.
Cappronnier, r. de l'Oratoire-du-Roule, 15.
Mercier, rue Saint-Honoré, 129.

1866

Président : M.
BERTHIER, place de la Madeleine, 30.

Juges : MM.

Drouin, r. Ste-Croix-de-la-Bretonnerie, 21.
Basset, rue des Saints-Pères, 13.
Charles Demourgues, rue Jean-Jacques-
Rousseau, 8.
Girard, rue Vauvilliers, 45.
Hussenot, rue du Mail, 1.
Hébert, rue du Mail, 13.
Melon de Pradou, rue Saint-Denis, 374.
Guibal, rue Vivienne, 40.
Chabert, rue Royale-Saint-Honoré, 11.
Boudault, rue Martel, 3.
Morel, rue Saint-Antoine, 110 *bis*.
Delessert, rue Basse, 11 (Passy).
Guilmoto, rue Montmartre, 72.
Salmon fils, r. Saint-Pierre-Popincourt, 16.

Juges suppléants : MM.

Evette fils, rue d'Enghien, 30.
Dommartin, rue des Petites-Ecuries, 13.
Bucquet, rue Pavée, 13 (Marais).
Balaine fils, rue du Faubg-du-Temple, 97.
Frédéric Moreau, r. de la Victoire, 98.
Paul Firmin-Didot, rue Jacob, 56.
Boullay, quai de l'Ecole, 30.
Jourde, rue du Paradis-Poissonnière, 50.
Cappronnier, r. de l'Oratoire-du-Roule, 15.
Mercier, rue Saint-Honoré, 129.
Mauban, rue Guénégaud, 17.
Baudelot, quai de la Rapée, 84.
Ricord, rue Française, 2.
Cousté, quai des Célestins, 16.
Séguier, rue Cadet, 24.
N...

1867

Président : MM.

LOUVET, rue de Cléry, 63.

Juges : MM.

Drouin, r. Ste-Croix-de-la-Bretonnerie, 21.
Basset, rue des Saints-Pères, 13.
Charles Demourgues, rue J.-J.-Rousseau, 8.
Girard, rue Vauvilliers, 45.
Guibal, rue Vivienne, 40.
Chabert, rue Royale-Saint-Honoré, 11.
Boudault, rue Martel, 3.
Morel, rue Saint-Antoine, 110 *bis.*
Delessert, rue Basse, 11 (Passy).
Salmon fils, r. Saint-Pierre-Popincourt, 16.
Gervais, rue de Laval, 26.
Daguin, rue Geoffroy-Marie, 5.
Michau, rue d'Enfer, 91.
Hussenot, rue du Mail, 1.
Melon de Pradou, rue Saint-Denis, 374.
Balaine fils, rue du Faubourg-du-Temple, 97.
Frédéric Moreau, rue de la Victoire, 98.
Paul Firmin-Didot, rue Jacob, 56.

Juges suppléants : MM.

Boullay, quai de l'École, 30.
Jourde, rue du Paradis-Poissonnière, 50.
Cappronnier, rue de l'Oratoire-du-Roule, 15.
Mercier, rue Saint-Honoré, 19.
Evette fils, rue d'Enghien, 30.
Dommartin, rue des Petites-Ecuries, 13.
Bucquet, rue Pavée, 13 (Marais).
Mauban, rue Guénégaud, 17.
Baudelot, quai de la Rapée, 84.
Ricord, rue Alibert prolongée, 9.
Cousté, quai des Célestins, 16.
Séguier, rue Cadet, 24.
Martinet, boulevard de Sébastopol, 131.
Veyrat, rue du Château-d'Eau, 31.
Paillard-Turenne, rue de Dunkerque, 37.
Baugrand, rue de la Paix, 19.

1868

Président : M.

LOUVET, rue Bergère, 26.

Juges : MM.

Daguin, rue Geoffroy-Marie, 5.
Michau, rue d'Enfer, 91.

Hussenot, rue du Mail, 1.
Melon de Pradou, rue Saint-Denis, 374.
Frédéric Moreau, rue de la Victoire, 98.
Drouin, rue Sainte-Croix-de-la-Bretonnerie, 21.
Girard, rue de Rivoli, 136.
Salmon, rue Saint-Pierre-Popincourt, 16.
Boullay, quai de l'Ecole, 30.
Evette, rue Turgot, 15.
Dommartin, rue des Petites-Écuries, 13.
Bucquet, rue Pavée, 13 (Marais).
Jourde, rue de Paradis-Poissonnière, 50.
Cappronnier, rue de l'Oratoire-du-Roule, 15.

Juges suppléants : MM.

Mauban, rue Guénégaud, 17.
Baudelot, quai de la Rapée, 84.
Ricord, rue Dieu, 9.
Cousté, quai des Célestins, 16.
Séguier, rue Cadet, 24.
Mercier, rue d'Enghien, 48.
Martinet, boulevard de Sébastopol, 131.
Paillard-Turenne, rue de Dunkerque, 37.
Baugrand, rue de la Paix, 19.
Rondelet, rue Bonaparte, 76.
Cheysson, boulevard de Sébastopol, 109.
Israël, rue du Sentier, 32.
Bouillet, rue Notre-Dame-des-Victoires, 26.
Ferry, rue Notre-Dame-des-Victoires, 32.
Truelle, rue de la Verrerie, 15.
Marteau, rue des Gobelins, 21.

1869

Président : M.

DROUIN, rue Sainte-Croix-de-la-Bretonnerie, 21.

Juges : MM.

Girard, rue du Mont-Thabor, 6.
Salmon, rue Saint-Pierre-Popincourt, 16.
Boullay, quai de l'Ecole, 30.
Evette, rue Turgot, 15.
Dommartin, rue des Petites-Écuries, 13.
Bucquet, rue Pavée, 13 (Marais).
Daguin, rue Geoffroy-Marie, 5.
Chabert, rue Royale-Saint-Honoré, 11.
Moreau, rue de la Victoire, 98.
Jourde, rue du Paradis-Poissonnière, 50.
Cappronnier, rue de l'Oratoire-du-Roule, 15.
Mercier, rue d'Enghien, 48.
Baudelot, quai de la Rapée, 84.
Mauban, rue Guénégaud, 17.

Juges suppléants : MM.

Martinet, boulevard de Sébastopol, 131.
Paillard-Turenne, rue de Dunkerque, 37.
Baugrand, rue de la Paix, 19.
Rondelet, rue Bonaparte, 74.
Cheysson, boulevard de Sébastopol, 109.
Israël, rue du Sentier, 32.
Bouillet, rue Notre-Dame-des-Victoires, 26.
Cousté, quai des Célestins, 16.
Séguier, rue Cadet, 24.
Ferry, rue Notre-Dame-des-Victoires, 32.
Truelle, rue de la Verrerie, 15.
Marteau, rue des Gobelins, 21.

Bardou, rue de Chabrol, 55.
Foucher, à la Briche (Saint-Denis).
Simon, boulevard Richard-Lenoir, 22.
Courvoisier, rue Lafayette, 126.

1870

Président : M.
DROUIN, rue Sainte-Croix-de-la-Bretonnerie, 21.

Juges : MM.
Chabert, rue Royale-Saint-Honoré, 11.
Moreau, rue de la Victoire, 98.
Jourde, rue de Paradis-Poissonnière, 50.
Cappronnier, rue Billault, 15.
Mercier, rue d'Enghien, 48.
Baudelot. quai de la Rapée, 84.
Girard, rue du Mont-Thabor, 6.
Hussenot, rue du Mail, 1.
Melon de Pradou, chaussée de la Muette, 6
(Passy).
Boullay, quai du Louvre, 30.
Evette, rue Turgot, 15.
Dommartin, rue des Petites-Écuries, 13.
Cousté, quai des Célestins, 16.
Séguier, rue Cadet, 24.

Juges suppléants : MM.
Ferry, rue Notre-Dame-des-Victoires, 32.
Truelle, rue de la Verrerie, 15.
Marteau, rue des Gobelins, 21.
Bardou, rue de Chabrol, 55.
Foucher, à la Briche (Saint-Denis).
Firmin-Didot, rue Jacob, 56.
Martinet, boulevard de Sébastopol, 131.
Baugrand, rue de la Paix, 19.
Rondelet, rue Bonaparte, 74.
Cheysson, boulevard de Sébastopol, 109.
Bouillet, rue Notre-Dame-des-Victoires, 26.
Courvoisier, rue Lafayette, 126.
Dépinay, boulevard de Strasbourg, 12.
Delaporte, rue du Cardinal-Fesch, 26.
Bessand, rue du Pont-Neuf, 2.
Dietz-Monnin, rue du Château-d'Eau, 11.
Croué, rue de la Grange-Batelière, 12.
Christofle, rue de Bondy, 56.
Dru, rue Rochechouart, 69.
Bernard, rue de la Paix, 1.
Desvignes, à Saint-Maurice.

1871-1872

Président : M.
DROUIN, rue Sainte-Croix-de-la-Bretonnerie, 21.

Juges : MM.
Chabert, rue Royale-Saint-Honoré, 11.
Moreau, rue de la Victoire, 98.
Jourde, rue de Paradis-Poissonnière, 50.
Cappronnier, rue Billault, 15.
Mercier, rue d'Enghien, 48.
Baudelot, quai de la Rapée, 84.
Girard, rue du Mont-Thabor, 6.
Hussenot, rue du Mail, 1.
Melon de Pradou, chaussée de la Muette, 16
(Passy).

Boullay, quai du Louvre, 30.
Evette, rue Turgot, 15.
Cousté, quai des Célestins, 8.
Séguier, rue Cadet, 24.

Juges suppléants : MM.
Ferry, rue de Turin, 27.
Truelle, rue Saint-Arnaud, 3.
Marteau, rue Meyerbeer, 7.
Bardou, rue de Chabrol, 55.
Foucher, rue de Chabrol, 31.
Simon, boulevard Richard-Lenoir, 22.
Firmin-Didot, rue Jacob, 56.
Martinet, boulevard de Sébastopol, 131.
Rondelet, rue Bonaparte, 74.
Bouillet, rue Notre-Dame-des-Victoires, 26.
Courvoisier, rue Lafayette, 126.
Dépinay, boulevard de Strasbourg, 12.
Delaporte, rue de Châteaudun, 26.
Bessand, rue du Pont-Neuf, 2.
Dietz-Monnin, rue du Château-d'Eau, 11.
Croué, rue de la Grange-Batelière, 12.
Bernard, rue de la Paix, 1.
Desvignes, à Saint-Maurice (Seine).
Mozet, boulevard Denain, 10.
Hachette, boulevard Saint-Germain, 79.
Jousset, rue de Furstenberg, 8.
Reynier, rue Vieille-du-Temple, 30.
Cogniet, rue Laffitte, 15.

1873

Président : M.
JEAN-BAPTISTE-ERNEST DAGUIN, rue Castellane, 4.

Juges : MM.
Chabert, rue Royale-Saint-Honoré, 11.
Moreau, rue de la Victoire, 98.
Cappronnier, rue Billault, 15.
Mercier, rue d'Enghien, 48.
Baudelot, quai de la Rapée, 84.
Cousté, quai des Célestins, 8.
Séguier, rue Cadet, 24.
Foucher, rue de Chabrol, 31.
Bucquet, rue Pavée-au-Marais, 13.
Bouillet, rue Notre-Dame-des-Victoires, 26.
Firmin-Didot, rue Jacob, 56.
Martinet, boulevard de Sébastopol, 131.
Marteau, rue Meyerbeer, 7.
Ferry, rue de Turin, 27.

Juges suppléants : MM.
Truelle, rue Saint-Arnaud, 3.
Bardou, rue de Chabrol, 55.
Simon, boulevard Richard-Lenoir, 22.
Courvoisier, rue Lafayette, 126.
Delaporte, rue de Châteaudun, 26.
Bessand, rue du Pont-Neuf, 2.
Croué, rue de la Grange-Batelière, 15.
Desvignes, à Saint-Maurice.
Mozet, boulevard Denain, 10.
Hachette, boulevard Saint-Germain, 79.
Jousset, rue de Furstenberg, 8.
Reynier, place Saint-Michel, 3.
Cogniet, rue Laffitte, 15.
Giraudeau, rue des Jeûneurs, 33.
Cellier, rue de l'Echelle, 3.
Hennecart, rue des Deux-Boules, 9.

Deshayes, boulevard des Italiens, 27.
Baillière, rue Hautefeuille, 19.
Bourgeois, boulevard Haussmann, 106.
Stopin, rue des Sablons, 62 (Passy).
Bénilan, rue du Conservatoire, 10.

1874

Président : M.

Jean-Baptiste-Ernest DAGUIN, rue Castellane, 4.

Juges : MM.

Ernest Baudelot, quai de la Rapée, 84.
Joseph-Désiré Cousté, quai des Célestins, 8.
Louis-Auguste Foucher, rue de Chabrol, 31.
Marie-Pierre-Edmond Bucquet, rue Pavée-au-Marais, 13.
Jean-Baptiste Bouillet, rue Notre-Dame-des-Victoires, 26.
Paul Firmin-Didot, rue Jacob, 56.
Louis-Paul Martinet, boulevard de Sébastopol, 131.
Firmin-Albert Marteau, rue Meyerbeer, 7.
Jean-Denis-Tiburce Ferry, rue de Turin, 27.
François-Léon Truelle, rue Saint-Arnaud, 3.
Ernest Simon, boulevard Richard-Lenoir, 22.
Marie-Phil. Courvoisier, rue Lafayette, 126.
Honoré-Charles-Alloënd Bessand, rue du Pont-Neuf, 2.
Pierre-Gabriel Bardou, rue de Chabrol, 55.

Juges suppléants : MM.

César Desvignes, à Saint-Maurice (Seine).
Alfred-Henri Giraudeau, r. des Jeûneurs, 33.
Michel-Jacques Cogniet, rue Laffitte, 15.
Léon-François Hennecart, rue des Deux-Boules, 9.
Jean-Georges Hachette, boulevard Saint-Germain, 79.
Gabriel Jousset, rue de Furstenberg, 8.
Hyacinthe-Charles Mozet, boulevard Denain, 10.
Louis-Henri Croué, r. Grange-Batelière, 15.
Eugène Deshayes, boulevard des Italiens, 27.
Henri-Paul-Charles Baillière, rue Hautefeuille, 19.
Victor Bourgeois, boulevᵈ Haussmann, 106.
Amable-Anselme-Paul Stopin, rue des Sablons, 62 (Passy).
Théodore Bénilan, rue du Conservatoire, 10.
Paul-Emile Truchy, rue de Rivoli, 136.
Louis-César Couvreur, quai de la Marne, 10.
Jean-Jacques-Ernest Véver, r. de la Paix, 19.
Octave Bourdier, rue Réaumur, 9.
Edme-Eugène Chambron, 60, quai de la Rapée.
Ferdinand Simon, rue Poissonnière, 33.
Félix-Paul Hurez, rue du Faubourg-Poissonnière, 79.
Nicolas-Edouard Salmon, rue Amelot, 96.
Félix-Philibert Michau, rue Médicis, 9.

1875

Président : M.

Joseph CHABERT, rue Royale-Saint-Honoré, 11.

Juges : MM.

Louis-Paul Martinet, boulevard Sébastopol, 131.
Firmin-Albert Marteau, rue Meyerbeer, 7.
Jean-Denis-Tiburce Ferry, rue de Turin, 27.
François-Léon Truelle, r. Saint-Arnaud, 3.
Ernest Simon, boulevᵈ Richard-Lenoir, 22.
Marie-Philippe Courvoisier, r. Lafayette, 126.
Honoré-Charles-Alloënd Bessand, rue du Pont-Neuf, 2.
Charles-Etienne Cappronnier, r. Billault, 15.
Ernest-Auguste Séguier, rue Cadet, 24.
Marie-Pierre-Edmond Bucquet, rue Pavée, 13, au Marais.
Jean-Baptiste Bouillet, rue Notre-Dame-des-Victoires, 26.
Louis-Henri Croué, rue de la Grange-Batelière, 15.
César Desvignes, à Saint-Maurice (Seine).
Hyacinthe-Charles Mozet, boulevard Denain, 10.

Juges suppléants : MM.

Eugène Deshayes, rue Pajou, 9 (Passy).
Henri-Paul-Charles Baillière, rue Hautefeuille, 19.
Victor Bourgeois, boulvᵈ Haussmann, 106.
Amable-Anselme-Paul Stopin, rue des Sablons, 62 (Passy).
Théodore Bénilan, r. du Conservatoire, 10.
Paul-Emile Truchy, rue de Rivoli, 136.
Louis-César Couvreur, rue de la Marne, 10.
Jean-Jacques-Ernest Vever, rue de la Paix, 19.
Octave Bourdier, rue Réaumur, 9.
Michel-Jacques Cogniet, rue Laffitte, 15.
Alfred-Henri Giraudeau, r. des Jeûneurs, 33.
Léon-François Hennecart, rue des Deux-Boules, 9.
Edme-Eugène Chambron, q. de la Rapée, 60
Ferdinand Simon, rue de Courcelles, 81.
Félix-Paul Hurez, rue du Faubourg-Poissonnière, 79.
Nicolas-Edouard Salmon, rue Amelot, 96.
Félix-Philibert Michau, rue de Médicis, 9.
Bernard-Désiré Texier, rue de Rome, 61.
Auguste-Eugène Bureau, boulevard de Strasbourg, 14.
Antoine-Félix Moinery fils, rue du Cloître-Saint-Méry, 18.
Marie-Georges-Henri Poussielgue, rue Cassette, 27.
Louis-Armand Billard, rue d'Assas, 88.

1876

Président : M.

Joseph CHABERT, rue Royale-Saint-Honoré, 11.

Juges : MM.

Ernest-Auguste Séguier, rue Cadet, 24.
Marie-Pierre-Edmond Bucquet, rue Pavée, 13 (Marais).
Jean-Baptiste Bouillet, rue Notre-Dame-des-Victoires, 26.
Louis-Henri Croué, rue de la Grange-Batelière, 15.

César Desvignes, à Saint-Maurice (Seine).
Hyacinthe-Charles Mozet, boulevard De-
nain, 10.
François-Léon Truelle, rue St-Arnaud, 3.
Ernest Simon, bould Richard-Lenoir, 22.
Marie-Philippe Courvoisier, r. Lafayette,126
Honoré-Charles-Alloënd Bessand, rue du
Pont-Neuf, 15.
Michel-Jacques Cogniet, rue Laffitte, 15.
Alfred-Henri Giraudeau, r. des Jeûneurs, 33.
Eugène Deshayes, rue Pajou, 9 (Passy).
Léon-François Hennecart, rue des Deux-
Boules, 9.

Juges suppléants : MM.

Edme-Eugène Chambron, quai de la Ra-
pée, 60.
Ferdinand Simon, rue de Courcelle, 81.
Félix-Paul Hurez, rue du Faubourg-Pois-
sonnière, 79.
Nicolas-Edouard Salmon, rue Amelot, 96.
Félix-Philibert Michau, rue d'Enfer, 47.
Bernard-Désiré Texier, rue de Rome, 61.
Auguste-Eugène Bureau, boulevard de Stras-
bourg, 14.
Antoine-Félix Moinery fils, rue du Cloître-
Saint-Méry, 18.
Henri-Paul-Charles Baillière, rue Haute-
feuille, 19.
Jean-Baptiste-Victor Bourgeois, avenue des
Champs-Elysées, 88.
Amable-Anselme-Paul Stopin, rue des Sa-
blons, 62 (Passy).
Paul-Emile Truchy, rue de Rivoli, 136.
Louis-César Couvreur, quai de la Marne, 10.
Jean-Jacques-Ernest Vever, quai de la
Paix, 19.
Octave Bourdier, rue Réaumur, 9.
Marie-Georges-Henri Poussielgue, rue Cas-
sette, 27.
Louis-Armand Billard, rue d'Assas, 88.
François Soufflot, rue de Rome, 14.
Pierre-Nicolas Hervieu, boulevard Saint-
Germain, 15.
Charles-Emile Ouachée, quai de Conti, 17.
Charles-Henri-Philippe Lévêque de Vilmo-
rin, quai de la Mégisserie, 4.
Armand-Augustin-Bressole Gibert, rue de
Provence, 122.

1877

Président : M.

ERNEST BAUDELOT, rue Neuve-des-Capucines, 22.

Juges : MM.

François-Léon Truelle, rue Saint-Arnaud, 3.
Ernest Simon, boulevd Richard-Lenoir, 22.
Marie-Phil. Courvoisier, rue Lafayette, 126.
Honoré-Charles-Alloënd Bessand, rue du
Pont-Neuf, 2.
Jacques-Michel Cogniet, rue Laffitte, 15.
Eugène Deshayes, rue Pajou, 9 (Passy).
Edouard-Frédéric Moreau, rue de la Vic-
toire, 98.
Louis-Paul Martinet, rue de Trévise, 32.
Firmin-Albert Marteau, rue Meyerbeer, 7.

Louis-Henri Croué, rue de la Grange-Bate-
lière, 15.
Hyacinthe-Charles Mozet, boulevd Denain, 6.
Léon-François Hennecart, quai de la Mé-
gisserie, 16.
Henri-Paul-Charles Baillière, rue Haute-
feuille, 19.
Jean-Baptiste-Victor Bourgeois, avenue des
Champs-Elysées, 88.

Juges suppléants : MM.

Amable-Anselme-Paul Stopin, rue des Sa-
blons, 62 (Passy).
Paul-Emile Truchy, rue de Rivoli, 158.
Louis-César Couvreur, quai de la Marne, 10.
Marie-Georges-Henri Poussielgue, rue Cas-
sette, 27.
Louis-Armand Billard, rue d'Assas, 88.
Pierre-Nicolas Hervieu, boulevard Saint-
Germain, 28.
Edme-Eugène Chambron, quai de la Ra-
pée, 60
Ferdinand Simon-Auvray, passr Lathuile, 6.
Félix-Paul Hurez, rue du Faubourg-Pois-
sonnière, 79.
Nicolas-Edouard Salmon, rue Amelot, 96.
Félix-Philibert Michau, rue d'Enfer, 47.
Bernard-Désiré Texier, rue de Rome, 61.
Auguste-Eugène Bureau, rue de Stras-
bourg, 14.
Antoine-Félix Moinery fils, rue du Cloître-
Saint-Méry, 18.
Charles-Emile Ouachée, quai de Conti, 17.
Jean-Baptiste-Louis Guérin, rue de la Fer-
ronnerie, 31.
Jean-Pierre Deville-Cavellin, rue Gaillon, 12.
Edouard Cardeilhac, rue de Rivoli, 91.
Louis Gaudineau, rue Martel, 17.
Edouard-Clément Naud, rue Saint-La-
zare, 77.
Charles-Félix Petit, rue de Saint-Ouen, 4,
à Saint-Denis.
Charles-Adolphe Fortier-Beaulieu, rue de
Charenton, 241.

1878

Président : M.

ERNEST BAUDELOT, rue Neuve-des-Capucines, 22.

Juges : MM.

Firmin-Albert Marteau, rue Meyerbeer, 7.
Louis-Henri Croué, rue de la Grange-Bate-
lière, 15.
Hyacinthe-Charles Mozet, rue Rovigo, 23.
Léon-François Hennecart, quai de la Mégis-
serie, 16.
Henri-Paul-Charles Baillière, rue Haute-
feuille, 19.
Jean-Baptiste Bouillet, rue Notre-Dame-des-
Victoires, 26.
Michel-Jacques Cogniet, rue Laffitte, 15.
Eugène Deshayes, rue Pajou, 9 (Passy).
Jean-Baptiste-Victor Bourgeois, avenue des
Champs-Elysées, 88.
Amable-Anselme-Paul Stopin, rue des Sa-
blons, 62 (Passy).

Paul-Emile Truchy, rue de Rivoli, 158.
Louis-César Couvreur, quai de la Marne, 10.
Edme-Eugène Chambron, quai de la Ra-
pée, 60.
Ferdinand Simon-Auvray, pass⁰ Lathuile, 6.

Juges suppléants : MM.

Félix-Paul Hurez, rue du Faubourg-Poisson-
nière, 79.
Nicolas-Edouard Salmon, rue Amelot, 96.
Félix-Philibert Michau, rue d'Enfer, 47.
Bernard-Désiré Texier, rue de Rome, 61.
Auguste-Eugène Bureau, r. de Strasbourg, 14.
Antoine-Félix Moinery fils, rue du Cloître-
Saint-Merri, 18.
Charles-Emile Ouachée, quai de Conti, 17.
Jules-Pierre Deville-Cavellin, rue Gaillon, 12.
Marie-Georges-Henri Poussielgue, rue Cas-
sette, 27.
Louis-Armand Billard, rue d'Assas, 88.
Pierre-Nicolas Hervieu, boulevard Saint-
Germain, 28.
Louis Gaudineau, rue Martel, 17.
Ldouard-Clément Naud, rue St-Lazare, 77.
Charles-Félix Petit, route de Saint-Ouen, 4
(Saint-Denis).
Charles-Adolphe Fortier-Beaulieu, boule-
vard Magenta, 46.
Adolphe-René Chevalier, boulevard Saint-
Germain, 243.
Louis-Romain-Alexandre Vallet, rue Saint-
Joseph, 11.
François-Casimir Jumelle, rue Saint-Louis,
10 (Vincennes).
Amédée-Léon-Jean Guillotin, r. Lourmel, 77.
Joseph-Daniel-Léon Grus, boulevard Bonne-
Nouvelle, 31.
Ludovic Labbé, rue de Cléry, 9.
Edmond Terrillon, quai de la Mégisserie, 12.'

1879

Président : M.

FRÉDÉRIC MOREAU, rue de la Victoire, 98.

Juges : MM.

Jean-Baptiste Bouillet, rue Notre-Dame-des-
Victoires, 26.
Eugène Deshayes, rue Pajou, 9 (Passy).
Paul-Emile Truchy, rue de Rivoli, 158.
Louis-César Couvreur, quai de la Marne, 10.
François-Léon Truelle, rue Saint-Arnaud, 3.
Honoré-Charles-Alloënd Bessand, rue du
Pont-Neuf, 2.
Henri-Paul-Charles Baillière, rue Haute-
feuille, 19.
Félix-Paul Hurez, rue du Faubourg-Poisson-
nière, 79.
Nicolas-Edouard Salmon, rue Amelot, 96.
Félix-Philibert Michau, rue Denfert-Roche-
reau, 47.
Alfred-Henri Giraudeau, r. des Jeûneurs, 33.
Bernard-Désiré Texier, rue de Rome, 61.
Auguste-Eugène Bureau, r. de Strasbourg, 14.
Antoine-Félix Moinery fils, rue de Rivoli, 80.

Juges suppléants : MM.

Marie-Georges-Henri Poussielgue, rue Cassette, 15.

Louis-Armand Billard, rue d'Assas, 88.
Pierre-Nicolas Hervieu, boulevard Saint-
Germain, 28.
Louis Gaudineau, rue Martel, 17.
Edouard-Clément Naud, rue St-Lazare, 77.
Charles-Félix Petit, route de Saint-Ouen, 4
(Saint-Denis).
Charles-Adolphe Fortier-Beaulieu, boule-
vard Magenta, 46.
Adolphe-René Chevalier, boulevard Saint-
Germain, 243.
Louis-Romain-Alexandre Vallet, rue Saint-
Joseph, 11.
François-Casimir Jumelle, rue Saint-Louis,
10 (Vincennes).
Amédée-Léon-Jean Guillotin, rue de Lour-
mel, 77.
Charles-Emile Ouachée, quai de Conti, 17.
Jules-Pierre Deville-Cavellin, rue Gaillon, 12.
Ludovic Labbé, rue de Cléry, 9.
Edmond Terrillon, quai de la Mégisserie, 12.
Armand-Augustin-Bressolle Gibert, rue du
Quatre-Septembre, 12.
Charles Francastel, boulevard Voltaire, 200.
Jean-Claude Savoy, rue Abbatucci, 25.
Jean-Armand Fumouze, rue du Faubourg-
Saint-Denis, 78.
Émile-Louis Richemond, route d'Aubervil-
liers, 50 (Pantin).
Charles-Alexandre-Hubert Chouet, place de
l'Opéra, 8.
Victor Deseglise, rue Geoffroy-l'Angevin, 17.

1880

Président : M.

FRÉDÉRIC MOREAU, rue de la Victoire, 98.

Juges : MM.

François-Léon Truelle, rue Volney, 3.
Henri-Paul-Charles Baillière, rue Haute-
feuille, 19.
Nicolas-Edouard Salmon, rue Amelot, 96.
Félix-Philibert Michau, rue Denfert-Roche-
reau, 47.
Louis-Henri Croué, 15, rue Grange-Bate-
lière.
Paul-Emile Truchy, rue de Rivoli, 158.
Louis-César Couvreur, quai de la Marne, 10.
Bernard-Désiré Texier, rue de Rome, 61.
Auguste-Eugène Bureau, rue de Stras-
bourg, 14.
Antoine-Félix Moinery fils, 80, rue de Ri-
voli.
Marie-Georges-Henri Poussielgue, rue Cas-
sette, 15.
Louis-Armand Billard, rue d'Assas, 88.
Pierre-Nicolas Hervieu, boulevard Saint-
Germain, 28.
Charles-Emile Ouachée, quai de Conti, 17.

Juges suppléants : MM.

Jules-Pierre Deville-Cavellin, r. Gaillon, 12.
Edmond Terrillon, q. de la Mégisserie, 12.
Armand-Augustin-Bressolle Gibert, rue du
Quatre-Septembre, 12.
Charles Francastel, boulevard Voltaire, 200.
Jean-Claude Savoy, rue de la Boétie, 25.

Jean-Armand Fumouze, faub. St-Denis, 78.
Émile-Louis Richemont, route d'Aubervilliers, 50 (Pantin).
Charles-Alexandre-Hubert Chouet, place de l'Opéra, 8.
Victor Déséglise, r. Geoffroy-l'Angevin, 17.
Louis Gaudineau, rue Martel, 17.
Édouard-Clément Naud, rue St-Lazare, 77.
Charles-Félix Petit, route de Saint-Ouen, 4, Saint-Denis.
Charles-Adolphe Fortier-Beaulieu, boulevard Magenta, 46.
Adolphe-René Chevalier, boulevard Saint-Germain, 243.
Louis-Romain-Alexandre Vallet, rue Saint-Joseph, 11.
Amédée-Léon-Jean Guillotin, rue de Lourmel, 77.
Émile-Albert Lejeune, rue Notre-Dame-de-Nazareth, 39.
Jean-Cyrille Cavé, r. des Saints-Pères, 78.
Ernest-Eugène Guy, boul. St-Germain, 134.
Gustave-Amédée-Albert Foucher fils, rue du Faubourg-Poissonnière, 175.
Constant-Henri Girard fils, r. Vauvilliers, 45.
Stéphane-Adolphe Dervillé, quai Jemmapes, 164.

1881

Président : M.

HONORÉ-CHARLES-ALLOEND BESSAND, rue du Pont-Neuf, 2.

Juges : MM.

Paul-Émile Truchy, rue de Rivoli, 158.
Louis-César Couvreur, rue Lafayette, 257.
Auguste-Eugène Bureau, rue de Strasbourg, 14.
Antoine-Félix Moinery fils, r. de Rivoli, 80.
Marie-Georges-Henri Poussielgue, rue Cassette, 15.
Eugène Deshayes. rue Pajou, 9 (Passy).
Nicolas-_douard Salmon, rue Amelot, 96.
Félix-Philibert Michau, rue Denfert-Rochereau 47.
Louis-Armand Billard, place Dauphine, 27.
Pierre-Nicolas Hervieu, boulevard Saint-Germain, 28.
Charles-Emile Ouachée, quai de Conti, 17.
Louis Gaudineau, rue Martel, 17.
Jules-Pierre Deville-Cavellin, 10, rue Gaillon.
Édouard-Clément Naud, 77, rue Saint-Lazare.

Juges suppléants : MM.

Charles-Félix Petit, route de Saint-Ouen, 4 (Saint-Denis.)
Adolphe-René Chevalier, boulevard Saint-Germain, 243.
Louis-Romain-Alexandre Vallet, rue Saint-Joseph, 11.
Amédée-Léon-Jean Guillotin, 77, rue Lourmel.
Émile-Albert Lejeune, rue Notre-Dame-de-Nazareth, 39.
Jean-Cyrille Cavé, rue des Saints-Pères, 78.

Ernest-Eugène Guy, boulevard Saint-Germain, 134.
Gustave-Amédée-Albert Foucher fils, rue du Faubourg-Poissonnière, 175.
Edmond Terrillon, quai de la Mégisserie, 12.
Charles Francastel, boulevard Voltaire, 200.
Jean-Claude Savoy, rue de la Boétie, 25.
Jean-Armand Fumouze, rue du Faubourg-Saint-Denis, 78.
Émile-Louis Richemond, route d'Aubervilliers, 50 (Pantin).
Charles-Alexandre-Hubert Chouet, place de l'Opéra, 8.
Constant-Henri Girard fils, 45, rue Vauvilliers.
Stéphane-Adolphe Dervillé, quai Jemmapes, 164.
Edmond-Louis Topart, boulevard Beauséjour, 15.
Ernest Poulain, place de la Bourse, 6.
Marie-Claude-Antoine-Ernest Massin, boulevard Saint-Michel, 66.
Joseph-Adolphe-Julien Laferrière, rue de Trévise, 28.
Samuel-Hirsch-Aimé Manheimer, rue Rossini, 3.
Louis-Henry May, rue Thévenot, 14.

1882

Président : M.

HONORÉ-CHARLES-ALLOEND BESSAND, rue du Pont-Neuf, 2.

Juges : MM.

Nicolas-Édouard Salmon, rue Amelot, 96.
Félix-Philibert Michau, rue Denfert-Rochereau, 47.
Louis-Armand Billard, place Dauphine, 27.
Pierre-Nicolas Hervieu, boulevard Saint-Germain, 28.
Charles-Emile Ouachée, quai de Conti, 17.
Louis Gaudineau, rue Martel, 17.
Marie-Georges-Henri Poussielgue, rue Cassette, 15.
Édouard-Clément Naud, rue St-Lazare, 77.
Charles-Félix Petit, route de Saint-Ouen, 4 (Saint-Denis).
Louis-Romain-Alexandre Vallet, rue Saint-Joseph, 11.
Amédée-Léon-Jean Guillotin, rue Lourmel, 77.
Edmond Terrillon, quai de la Mégisserie, 12.
Charles Francastel, boulevard Voltaire, 200.

Juges suppléants : MM.

Jean-Claude Savoy, rue de la Boétie, 25.
Jean-Armand Fumouze, rue du Faubourg-Saint-Denis, 78.
Émile-Louis Richemond, route d'Aubervilliers, 50 (Pantin).
Charles-Alexandre-Hubert Chouet, place de l'Opéra, 8.
Constant-Henri Girard, rue Vauvilliers, 45.
Stéphane-Adolphe Dervillé, quai Jemmapes, 164.
Edmond-Louis Topart, boulevard Beauséjour, 15.

Ernest Poulain, place de la Bourse, 6.

Marie-Claude-Antoine-Ernest Massin, boulevard Saint-Michel, 66.

Jean-Cyrille Cavé, rue des Saints-Pères, 78.

Gustave-Amédée-Albert Foucher, rue du Faubourg-Poissonnière, 175.

Joseph-Adolphe-Julien Laferrière, rue. de Trévise, 28.

Louis-Henry May, rue Thévenot, 14.

Camille Clerc, rue de la Chaussée-d'Antin, 22.

Louis Soubrier, rue de Reuilly, 14.

Edmond-Gaëtan Magimel, rue Jacob, 56.

Jules-Jean Schæffer, rue Neuve, 10, à Aubervilliers.

Adrien Levylier, rue d'Anjou-Saint-Honoré, 4.

Joseph-Désilles Sudrot, rue Lafayette, 189.

Edouard-Valentin Heina, rue Perrault, 4.

Emile-Joseph Desplanques, r. de Rocroy, 21.

Ernest Lévy, rue des Petites-Ecuries, 13.

1883

Président : M.

EUGÈNE DESHAYES, rue Pajou, 9.

Juges : MM.

Paul-Émile Truchy, rue de Rivoli, 158.

Antoine-Félix Moinery, rue de Rivoli, 80.

Marie-Georges-Henri Poussielgue, rue Cassette, 15.

Louis Gaudineau, rue Martel, 17.

Edouard-Clément Naud, rue Mogador, 4.

Charles-Félix Petit, route du Landy, 4, plaine Saint-Denis.

Adolphe-René Chevalier, boulevard Saint-Germain, 243.

Louis-Romain-Alexandre Vallét, rue Saint-Joseph, 11.

Amédée-Léon-Jean Guillotin, r. Lourmel,77.

Charles Francastel, boulevard Voltaire, 200.

Jean-Claude Savoy, rue de la Boétie, 25.

Jean-Armand Fumouze, rue du Faubourg-Saint-Denis. 78.

Émile-Louis Richemond, route d'Aubervilliers, 50, à Pantin.

Charles-Alexandre-Hubert Chouet, place de l'Opéra, 8.

Juges suppléants : MM.

Jean-Cyrille Cavé, rue des Saints-Pères, 78.

Gustave-Amédée-Albert Foucher, rue du Faubourg-Poissonnière, 175.

Constant-Henri Girard, rue Vauvilliers, 45.

Stéphane-Adolphe Dervillé, quai Jemmapes, 164.

Ernest Poulain, boulevard Haussmann, 73.

Joseph-Adolphe-Julien Laferrière, rue Martel, 12.

Louis Henry May, rue Thévenot, 14.

Louis Soubrier, rue de Reuilly, 14.

Edmond-Gaëtan Maginel, rue Jacob, 56.

Jules-Jean Schaeffer, rue Neuve, 10, à Aubervilliers.

Adrien Levylier, rue Messonnier, 6.

Joseph-Desiles Sudrot, rue Lafayette, 189.

Edouard Valentin Heina, rue Perrault, 4.

Emile-Joseph Desplanques, r. de Rocroy, 21

Ernest Lévy, rue des Petites-Ecuries, 13.

Adolphe-Nicolas Maujan, r. de Flandre,199.

Auguste-Hilaire Rodanet, r. Vivienne, 36.

Edouard-James Nay, r. du Faubourg-Poissonnière, 96.

Jean Bresson, boulevd Saint-Germain, 136.

Ernest-Laurent Droin, quai des Grands-Augustins, 53 *bis.*

Paul Raffard, rue Saint-Denis, 226.

Germain-Louis-Auguste Thomas, boulevard Sébastopol, 25.

1884

Président : M.

EUGÈNE DESHAYES, rue Lajou, 9.

Juges : MM.

Louis Gaudineau, rue Martel, 17.

Marie-Georges-Henri Poussielgue, rue Cassette, 15.

Édouard-Clément Naud, rue Mogador, 4.

Charles-Félix Petit, rue du Landy, 4 (Saint-Denis).

Adolphe-René Chevalier, boulevard Saint-Germain, 243.

Louis-Romain-Alexandre Vallet, rue Saint-Joseph, 11.

Amédée-Léon-Jean Guillotin, rue Lourmel, 77.

Charles Francastel, boulevard Voltaire, 200.

Paul-Emile Truchy, rue de Rivoli, 158.

Antoine-Félix Moinery, rue de Rivoli, 80.

Jean-Claude Savoy, rue du Cirque, 4.

Jean-Armand Fumouze, rue du Faubourg-Saint-Denis, 78.

Émile-Louis Richemond, route d'Aubervilliers, 50 (Pantin).

Charles-Alexandre-Hubert Chouet, place de l'Opéra, 8.

Juges suppléants : MM.

Constant-Henri Girard, rue Vauvilliers, 45, Stéphane-Adolphe Dervillé, quai Jemmapes, 164.

Ernest Poulain, boulevard Haussmann, 73.

Joseph-Adolphe-Julien Laferrière, rue Martel, 12.

Louis-Henry May, rue Thévenot, 14.

Louis Soubrier, rue de Reuilly, 14.

Edmond-Gaëtan Magimel, rue Jacob, 56.

Jules-Jean Schæffer, rue Neuve, 10, à Aubervilliers.

Adrien Levylier, rue Messonnier, 6.

Joseph-Désilles Sudrot, rue Lafayette, 189.

Ernest Lévy, rue des Petites-Ecuries, 13.

Jean-Cyrille Cavé, rue du Ranelagh, 54.

Gustave-Amédée-Albert Foucher, rue du Faubourg-Poissonnière, 175.

Adolphe-Nicolas Maujan, rue de Flandre, 199.

Auguste-Hilaire Rodanet, rue Vivienne, 36.

Edouard-James Nay, rue du Faubourg-Poissonnière, 96.

Jean Bresson, boulevard Saint-Germain, 136.

Ernest-Laurent Droin, quai des Grands-Augustins, 53 *bis.*

Paul Raffard, rue Saint-Denis, 226.
Louis-Auguste Thomas-Germain, boulevard Sébastopol, 25.

1885

Président : M.

Félix-Philibert MICHAU, avenue Montaigne, 85.

Juges : MM.

Antoine-Félix Moinery, rue de Rivoli, 80.
Pierre-Nicolas Hervieu, boulevard Bourdon, 37.
Charles-Emile Ouachée, quai Conti, 17.
Charles-Félix Petit, route .du Landy, 4 (plaine Saint-Denis).
Adolphe-René Chevalier, boulevard Saint-Germain, 243.
Louis-Romain-Alexandre Vallet, rue Saint-Joseph, 11.
Amédée-Léon-Jean Guillotin, 77, rue Lourmel.
Jean-Claude Savoy, rue du Cirque, 4.
Jean-Armand Fumouze, rue du Faubourg-Saint-Denis, 78.
Émile-Louis Richemond, route d'Aubervilliers, 50, à Pantin.
Jean-Cyrille Cavé, rue du Ranelagh, 54, à Passy.
Gustave-Amédée-Albert Foucher, rue du Faubourg-Poissonnière, 175.
Constant-Henri Girard, rue Vauvilliers, 45.
Stéphane Dervillé, quai Jemmapes, 164.

Juges suppléants : MM.

Louis-Henri May, rue Thévenot, 14.
Louis Soubrier, rue de Reuilly, 14.
Edmond-Gaëtan Magimel, rue Jacob, 56.
Adrien Levylier, rue Meissonnier, 6.
Ernest Lévy, rue des Petites-Ecuries, 13.
Jean Bresson, boulevard St-Germain, 136.
Ernest-Laurent Droin, quai des Grands-Augustins, 53 *bis.*
Paul Raffard, rue Saint-Denis, 226.
Louis-Auguste-Thomas Germain, avenue du Trocadéro, 144.
Louis-Alexis-Hubert Garnier, rue Boursault, 26.
Léon-Pierre-Marie Mazet, rue de Châteaudun, 12.
Pierre Duché, rue des·Sablons, 69 (Passy).
Charles Sédillot, rue Saint-Fiacre, 7.
Sylvain-Benjamin Morel-Thibault, rue des Entrepreneurs, 19.
Charles Ledoux, rue Saint-Denis, 24.
Jules-Jean-Baptiste Lefevre, rue Molière, 5.
Amédée-François Goy, rue Hauteville, 85.
Victor Hugot, boulevard de Strasbourg, 30.
Paul-Justin Soufflot, rue de Lisbonne, 53.
Louis-Victor-Emilien Meunier, rue de Richelieu, 100.
Alphonse-Camille-Théophile Falco, rue Taitbout, 63.
Gaston-Marie Pillois, 107, boulevard Sébastopol.

1886

Président : M.

Félix-Philibert MICHAU, avenue Montaigne, 85.

Juges : MM.

Pierre-Nicolas Hervieu, boulvd Bourdon, 37.
Charles-Emile Ouachée, quai Conti, 17.
Charles-Félix Petit, route du Landy, 4, (plaine Saint-Denis).
Adolphe-René Chevalier, boulevard Saint-Germain, 243.
Louis-Romain-Alexandre Vallet, rue Saint-Joseph, 11.
Émile-Louis Richemond, route d'Aubervilliers, 50 (Pantin).
Jean-Cyrille Cavé, rue du Ranelagh, 54, (Passy).
Gustave-Amédée-Albert Foucher, rue du Faubourg-Poissonnière, 175.
Constant-Henri Girard, rue Vauvilliers, 45.
Stéphane Dervillé, quai Jemmapes, 164.
Louis-Henri May, rue Logelbach, 7.
Adrien Levylier, rue Messonnier, 6.
Ernest Lévy, rue des Petites-Ecuries, 13.

Juges suppléants : MM.

Louis Soubrier, rue de Reuilly, 14.
Jean Bresson, boulevd Saint-Germain, 136.
Ernest-Laurent Droin, quai des Grands-Augustins, 53 *bis.*
Paul Raffard, rue Saint-Denis, 226.
Louis-Auguste Germain-Thomas, avenue du Trocadéro, 146.
Louis-Alexis-Hubert Garnier, rue Boursault, 26.
Léon-Pierre-Marie Mazet, rue de Châteaudun, 12.
Pierre Duché, rue des Sablons, 69 (Passy).
Charles Sédillot, rue Saint-Fiacre, 7.
Sylvain-Benjamin Morel-Thibaut, rue des Entrepreneurs, 19.
Charles Ledoux, rue Saint-Denis, 24.
Jules-Jean-Baptiste Lefèvre, rue Molière, 5.
Amédée-François Goy, rue Hauteville, 85.
Victor Hugot, boulevard de Strasbourg, 30.
Paul-Justin Soufflot, rue de Lisbonne, 53.
·Louis-Victor-Emilien Meunier, rue de Richelieu, 100.
Alphonse-Camille-Théophile Falco, rue Taitbout, 63.
Hippolyte-François Fontaine, r. Drouot, 15,
Emile Balliman, rue de Rivoli, 70.
Jean-Baptiste Grosclaude, boulevard Diderot, 96.
Émile Douillet, rue de Vigny, 7.
Victor Lapeyre, boulevard Haussmann, 19.

1887

Président : M.

Félix-Philibert MICHAU, avenue Montaigne, 53.

Juges : MM.

Pierre-Nicolas Hervieu, boulevard Bourdon, 37.
Charles-Emile Ouachée, quai Conti, 17.

Louis Gaudineau, rue Martel, 17.
Amédée-Léon-Jean Guillotin, rue Lour-
mel, 77.
Gustave-Amédée-Albert Foucher, rue du
Faubourg-Poissonnière, 175.
Constant-Henri Girard, rue Vauvilliers, 45.
Stéphane Dervillé, quai Jemmapes, 164.
Louis-Henri May, rue Logelbach, 7 (Parc
Monceau).
Adrien Levylier, rue Meissonnier, 6.
Ernest Lévy, rue des Petites-Ecuries, 13.
Louis Soubrier, rue de Reuilly, 14.
Jean Bresson, boulevard Saint-Germain, 136.
Ernest-Laurent Droin, quai des Grands-
Augustins, 53 *bis*.
Paul Raffard, rue Saint-Denis, 226.

Juges suppléants : MM.

Louis-Auguste Germain-Thomas, avenue
Henri-Martin, 66.
Louis-Alexis-Hubert Garnier, rue Bour-
sault, 26.
Silvain-Benjamin Morel-Thibault, rue des
Entrepreneurs, 19.
Charles Ledoux, rue Saint-Denis, 24.
Amédée-François Goy, rue Hauteville, 85.
Victor Hugot, boulevard de Strasbourg, 30.
Paul-Justin Soufflot, rue de Lisbonne, 53.
Alphonse-Camille-Théophile Falco, rue
Taitbout, 63.
Émile Balliman, rue de Rivoli, 174.
Jean-Baptiste Grosclaude, boulevard Dide-
rot, 96.
Émile Douillet, rue de Vigny, 7.
Albert-Anne-François Le Tellier, rue de
Ponthieu, 61.
François-Paul-Victor Legrand, rue Sainte-
Foy, 8.
Charles-Félix Samson, rue Dieu, 8.
Richard-Gabriel Morris, rue Amelot, 64.
Pierre-Gustave Houet, impasse du Coq, 8.
Pierre-Paul-Balthazar Brunel, 7, rue de
l'Echelle.
Alfred-Adrien Donon, rue Saussure, 139.
Ernest-Alexandre-Adrien-Laurent Lavoisier,
rue Laval, 16.
Sylvain-Pierre-Eugène Treignier, boulevard
d'Italie, 40.
N...
N...

1888

Président : MM.

FÉLIX-PHILIBERT MICHAU, avenue Montaigne, 53.

Juges : MM.

Louis Gaudineau, rue Martel, 17.
Amédée-Léon-Jean Guillotin, 77, rue Lour-
mel.
Émile-Louis Richemond, route d'Aubervil-
liers, 50, à Pantin.
Gustave-Amédée-Albert Foucher, rue du
Faubourg-Poissonnière, 175.
Louis-Henri May, rue Logelbach, 7 (Parc
Monceau).
Adrien Levylier, rue Meissonnier, 6.
Ernest Lévy, boulevard Bonne-Nouvelle, 20.

Ernest-Laurent Droin, quai des Grands-
Augustins, 53 *bis*.
Paul Raffard, rue Saint-Denis, 226.
Louis-Auguste Germain-Thomas, avenue
Henri-Martin, 66.
Louis-Alexis-Hubert Garnier, 26, rue Bour-
sault.
Silvain-Benjamin Morel-Thibaut, rue des
Entrepreneurs, 19.
Charles Ledoux, rue Saint-Denis, 24.
Amédée-François Goy, rue Hauteville, 85.

Juges suppléants : MM.

Victor Hugot, boulevard de Strasbourg, 30.
Paul-Justin Soufflot, rue de Lisbonne, 53.
Alphonse-Camille-Théophile Falco, 63, rue
Taitbout.
Émile Balliman, rue de Rivoli, 174.
Jean-Baptiste Grosclaude, boulevard Dide-
rot, 96.
Émile Douillet, rue de Vigny, 7.
Albert-Anne-François Le Tellier, rue de
Ponthieu, 61.
François-Paul-Victor Legrand, rue Sainte-
Foy, 8.
Charles-Félix Samson, rue Dieu, 8.
Pierre-Gustave Houet, impasse du Coq, 8.
Pierre-Paul-Balthazar Brunel, 7, rue de
l'Echelle.
Alfred-Adrien Donon, rue Saussure, 139.
Sylvain-Pierre-Eugène Treignier, boulevard
d'Italie, 40.
Frédéric-Joseph Jarry, quai de la Tour-
nelle, 37.
Abel-Albert-François Renault, 73, rue Ri-
quet.
Paul Bernhard, rue du Faubourg-Poisson-
nière, 62.
Jules-Vincent Thiébaut, rue Chaptal, 26.
Louis Aucoc, rue du Quatre-Septembre, 9.
Jean-Jules-Eugène Godet, rue Palestro, 9.
Georges Rousseau, 12, r. de la Cossonnerie.
Michel-Gaston Girandier, place de l'Eglise,
10, à Bagneux.
Amédée Alasseur, rue Bertin-Poirée, 8.

1889

Président : M.

AMÉDÉE-LÉON-JEAN GUILLOTIN, rue Lourmel, 77.

Juges : MM.

Émile-Louis Richemond, route d'Auber-
villiers, 50, à Pantin.
Constant-Henri Girard, rue Vauvilliers, 45.
Stéphane Dervillé, quai Jemmapes, 164.
Louis-Henri May, rue Logelbach, 7 (Parc
Monceau).
Ernest-Laurent Droin, quai des Grands-
Augustins, 53 *bis*.
Paul Raffard, rue Saint-Denis, 226.
Louis-Auguste Germain-Thomas, avenue
Henri-Martin, 66.
Louis-Alexis-Hubert Garnier, rue Bour-
sault, 26.
Silvain-Benjamin Morel-Thibaut, rue des
Entrepreneurs, 19.

Charles Ledoux, rue Saint-Denis, 24.
Amédée-François Goy, rue d'Hauteville, 85.
Victor Hugot, boulevard de Strasbourg, 30.
Paul-Justin Soufflot, rue de Lisbonne, 53.
Alphonse-Camille-Théophile Falco, 63, rue Taitbout.

Juges suppléants : MM.

Jean-Baptiste Grosclaude, boulevard Diderot, 96.
Émile Douillet, rue Alfred-de-Vigny, 7.
Albert-Anne-François Le Tellier, rue de Ponthieu, 61.
François-Paul-Victor Legrand, rue Sainte-Foy, 8.
Charles-Félix Samson, rue Dieu, 8.
Pierre-Paul-Balthazar Brunel, 7, rue de l'Echelle.
Alfred-Adrien Donon, rue Saussure, 139.
Frédéric-Joseph Jarry, quai de la Tournelle, 37.
Abel-Albert-François Renault, 73, rue Riquet.
Paul Bernhard, rue du Faubourg-Poissonnière, 62.
Jules-Vincent Thiébaut, rue Chaptal, 26.
Louis Aucoc, rue du Quatre-Septembre, 9.
Jean-Jules-Eugène Godet, rue Palestro, 9.
Michel-Gaston Girandier, place de l'Eglise, 10, à Bagneux.
Amédée Alasseur, rue Bertin-Poirée, 8.
Charles-Joseph-Henri Jeanselme, rue des Arquebusiers, 7.
Louis-Joseph-Jean-Baptiste Barrallon, boulevard Beaumarchais, 26.
Édouard-François Chevalier, r. Turbigo, 12.
Denis-Auguste Poiret, 21, rue des Deux-Ecus.
Pierre-Auguste-Léon Suzanne, rue Malebranche, 3.
Ernest-Auguste Gaillard, rue du Temple, 101.
Charles Hanoteau, boulevard Voltaire, 60.

1890

Président : M.

Amédée-Léon-Jean GUILLOTIN, rue Lourmel, 77.

Juges : MM.

Constant-Henri Girard, rue Vauvilliers, 45.
Stéphane Dervillé, quai Jemmapes, 164.
Ernest-Laurent Droin, rue Pergolèse, 48.
Paul Raffard, rue de Courcelles, 62.
Louis-Auguste Germain-Thomas, avenue Henri-Martin, 66.
Louis-Alexis-Hubert Garnier, 26, rue Boursault, 26.
Silvain-Benjamin Morel-Thibaut, rue des Entrepreneurs, 19.
Charles Ledoux, rue Saint-Denis, 24.
Amédée-François Goy, rue Raynouard, 28-30, Passy.
Victor Hugot, boulevard de Strasbourg, 30.
Paul-Justin Soufflot, rue du Cirque, 8.
Alphonse-Camille-Théophile Falco, rue Taitbout, 63.
Jean-Baptiste Grosclaude, 96, boulevard Diderot.

Émile Douillet, rue Alfred-de-Vigny, 7.
Albert-Anne-François Le Tellier, rue de Ponthieu, 61.
François-Paul-Victor Legrand, rue Sainte-Foy, 8.
Pierre-Paul-Balthazar Brunel, 7, rue de l'Echelle.
Alfred-Adrien Donon, rue Saussure, 139.
Frédéric-Joseph Jarry, rue de la Chaise, 9.
Paul Bernhard, rue du Louvre, 44.
Jules-Vincent Thiébaut, rue Chaptal, 26.

Juges suppléants : MM.

Louis Aucoc, rue du Quatre-Septembre, 9.
Jean-Jules-Eugène Godet, rue Palestro, 9.
Michel-Gaston Girandier, place de l'Eglise, 10, à Bagneux.
Amédée Alasseur, rue Bertin-Poirée, 8.
Charles-Joseph-Henri Jeanselme, rue des Arquebusiers, 7.
Charles Hanoteau, au parc Saint-Maur, Castel Beauregard.
Jean-Louis-Edouard Bouvelet, 148, rue de Rivoli.
Émile-Léon Delalonde, rue d'Erlanger, 65.
Armand-Alphonse Dufrène, rue de Tocqueville, 132.
Henri-Joseph-Étienne-Mathurin Giraux, boulevard de Strasbourg, 59.
Victor-Emile Mandard, 14, rue Étienne-Marcel.
Gustave-Olivier Picou, rue de Paris 123, à Saint-Denis.
Eugène Hatton, rue de la République, 38, à Montreuil-sous-Bois.
Paul-Eugène-Marie Millet, place de la République, 9.
Georges-Ernest-Auguste Masson, 33, rue Réaumur.
Charles Fouinat, quai Jemmapes, 170.
Albert-Maurice Broca, rue Daumesnil, 15, à Vincennes.
Sébastien de Neufville, rue Halévy, 6.
Théodore Ulmann, boulevard Maillot, 118, à Neuilly.
Eugène-Louis-Henri Launcy, rue de Villiers, 48, à Levallois-Perret.
Jean-Baptiste-Emile Surun, rue Saint-Honoré, 376.

1891

Président : M.

Émile-Louis RICHEMOND, boulevard Malesherbes, 88.

Juges : MM.

Stéphane Dervillé, quai Jemmapes, 164.
Louis-Auguste Germain-Thomas, avenue Henri-Martin, 66.
Louis-Alexis-Hubert Garnier, rue Boursault, 26.
Silvain-Benjamin Morel-Thibaut, rue des Entrepreneurs, 19.
Charles Ledoux, rue Saint-Denis, 24.
Amédée-François Goy, rue Raynouard, 28-30, Passy.
Victor Hugot, boulevard de Strasbourg, 30.

Paul-Justin Soufflot, rue du Cirque, 8.
Alphonse-Camille-Théophile Falco, rue de Provence, 43.
Jean-Baptiste Grosclaude, boul. Diderot, 96.
Émile Douillet, rue Alfred-de-Vigny, 7.
Albert-Anne-François Le Tellier, rue de Ponthieu, 61.
François-Paul-Victor Legrand, r. Ste-Foy, 8.
Pierre-Paul-Balthazar Brunel, 7, rue de l'Echelle.
Alfred-Adrien Donon, rue Saussure, 139.
Frédéric-Joseph Jarry, rue de la Chaise, 9.
Paul Bernhard, rue du Louvre, 44.
Jules-Vincent Thiébaut, rue Chaptal, 26.
Louis Aucoc, rue du Quatre-Septembre, 9.
Jean-Jules-Eugène Godet, rue Palestro, 9.
Michel-Gaston Girandier, place de l'Eglise, 10, Bagneux.

Juges suppléants : MM.

Amédée Alasseur, rue du Louvre, 5.
Charles-Joseph-Henri Jeanselme, rue des Arquebusiers, 7.
Charles Hanoteau, au parc Saint-Maur, Castel Beauregard.
Jean-Louis-Edouard Bouvelet, r. Rivoli, 148.
Emile-Léon Delalonde, rue d'Erlanger, 65.
Armand-Alphonse Dufrène, rue de Tocqueville, 132.
Henri-Joseph-Étienne-Mathurin Giraux, boulevard de Strasbourg, 59.
Victor-Emile Mandard, rue Étienne-Marcel, 14.
Gustave-Olivier Picou, rue de Paris, 123, à Saint-Denis.
Eugène Hatton, rue de la République, 38, à Montreuil-sous-Bois.
Paul-Eugène-Marie Millet, place de la République, 9.
Georges-Ernest-Auguste Masson, rue Réaumur, 33.
Charles Fouinat, quai Jemmapes, 170.
Albert-Maurice Broca, rue Daumesnil, 15, à Vincennes.
Sébastien de Neufville, rue Halévy, 6.
Etienne-Ernest Guyot-Sionnest, rue Madame, 1.
Charles-Adolphe Vaury, 104, av. d'Orléans.
Gaston-Prosper-Désiré Coirre, rue du Cherche-Midi, 79.
Pierre-Paul Loiseau, rue des Boulangers, 30.
Victor-Charles-Edouard Duruy, rue Dussoubs, 22.
Bernard-Louis Michel, boulevard de Vaugirard, 16.

1892

Président : M.

Émile-Louis RICHEMOND, boulevard Malesherbes, 88.

Juges : MM.

Stéphane Dervillé, quai Jemmapes, 164.
Paul Raffard, rue de Courcelles, 62.
Victor Hugot, boulevard de Strasbourg, 30.
Paul-Justin Soufflot, rue du Cirque, 8.
Alphonse-Camille-Théophile Falco, rue de Provence, 43.

Jean-Baptiste Grosclaude, boul. Diderot, 96.
Emile Douillet, rue Alfred-de-Vigny, 7.
Albert-Anne-François Le Tellier, rue de Ponthieu, 61.
François-Paul-Victor Legrand, r. Ste-Foy, 8.
Pierre-Paul-Balthazar Brunel, 7, rue de l'Echelle.
Frédéric-Joseph Jarry, rue de la Chaise, 9.
Paul Bernhard, rue du Louvre, 44.
Jules-Vincent Thiébaut, rue Chaptal, 26.
Louis Aucoc, rue du Quatre-Septembre, 9.
Jean-Jules-Eugène Codet, rue Palestro, 9.
Amédée Alasseur, rue du Louvre, 5.
Charles-Joseph-Henri Jeanselme, rue des Arquebusiers, 7.
Charles Hanoteau, au parc Saint-Maur, Castel Beauregard.
Jean-Louis-Edouard Bouvelet, 148, rue de Rivoli.
Emile-Léon Delalonde, rue d'Erlanger, 65.
Armand-Alphonse Dufrène, rue de Tocqueville, 132.

Juges suppléants : MM.

Henri-Joseph-Étienne-Mathurin Giraux, boulevard de Strasbourg, 59.
Victor-Emile Mandard, rue Etienne-Marcel, 14.
Gustave-Olivier Picou, rue de Paris, 123, à Saint-Denis.
Eugène Hatton, rue de la République, 38, à Montreuil-sous-Bois.
Georges-Ernest-Auguste Masson, rue Réaumur, 33.
Charles Fouinat, quai Jemmapes, 170.
Etienne-Ernest Guyot-Sionnest, rue Madame, 1.
Charles-Adolphe Vaury, 104, avenue d'Orléans.
Gaston-Prosper-Désiré Coirre, rue du Cherche-Midi, 79.
Pierre-Paul Loiseau, rue des Boulangers, 30.
Victor-Charles-Edouard Duruy, 22, rue Dussoubs.
Bernard-Louis Michel, boulevard de Vaugirard, 16.
Prosper-Frédéric Dezaux, rue du Sentier, 18.
Adrien-Antoine Appert, rue Notre-Dame-de-Nazareth, 66.
Jules-Paul Lœbnitz, rue Pierre-Levée, 4.
Georges-Edmond Sohier, rue Lafayette, 121.
Frédéric-Edmond Buttner, rue Laffitte, 34.
Albert-Charles-Léon Dupont, 237, rue Lafayette.
Guillaume-Alban-Hubert Desmons, quai d'Orsay, 25.
Henri-Léon Gateclout, rue Weber, 10.
Camille Chabanne, rue du Quatre-Septembre, 9.

1893

Président : M.

Stéphane DERVILLÉ, rue Fortuny, 37.

Juges : MM.

Paul Raffard, rue de Courcelles, 62.
Amédée-François Goy, 28-30, rue Raynouard.

Jean-Baptiste Grosclaude, boulevard Diderot, 96.

Émile Douillet, rue Alfred-de-Vigny, 7.

Albert-Anne-François Le Tellier, rue de
Ponthieu, 61.

François-Paul-Victor Legrand, rue Sainte-
Foy, 8.

Pierre-Paul-Balthazar Brunel, 7, rue de
l'Echelle.

Jean-Jules-Eugène Godet, rue Palestro, 9.

Amédée Alasseur, rue du Louvre, 5.

Charles-Joseph-Henri Jeanselme, rue des
Arquebusiers, 7.

Émile-Léon Delalonde, rue d'Erlanger, 65.

Armand-Alphonse Dufrène, rue de Tocqueville, 132.

Henri-Joseph-Étienne-Mathurin Giraux,
boulevard de Strasbourg, 59.

Victor-Emile Mandard, rue Étienne-Marcel, 14.

Gustave-Olivier Picou, rue de Paris, 123, à
Saint-Denis.

Eugène Hatton, rue de la République, 38,
à Montreuil-sous-Bois.

Georges-Ernest-Auguste Masson, rue Réaumur, 33.

Charles Fouinat, quai Jemmapes, 170.

Etienne-Ernest Guyot-Sionnest, rue Madame, 1.

Charles-Adolphe Vaury, 104, avenue d'Orléans.

Gaston-Prosper-Désiré Coirre, rue du Cherche-Midi, 79.

Juges suppléants : MM.

Pierre-Paul Loiseau, rue Nationale, 43, à
Ivry-Port.

Victor-Charles-Édouard Duruy, rue Dussoubs, 22.

Bernard-Louis Michel, boulevard de Vaugirard, 16.

Prosper-Frédéric Dezaux, rue de Passy, 80.

Georges-Edmond Sohier, rue Lafayette, 121.

Frédéric-Edmond Buttner, rue Laffitte, 34.

Charles-Léon Albert-Dupont, place Saint-
Sulpice, 1.

Guillaume-Alban-Hubert Desmons, quai
d'Orsay, 25.

Henri-Léon Gateclout, rue Weber, 10.

Alphonse-Charles-Albert Huguet, boulevard
Malesherbes, 62.

Léon d'Anthonay, rue d'Assas, 41.

Auguste-Gabriel Delarue, rue des Grands-
Augustins, 5.

Alexandre-Laurent-Fernand Maurel, rue de
Rivoli, 140.

Pierre Aubrun, boulevard Montparnasse, 62.

Georges-Hippolyte Laurent, rue des Bourdonnais, 27.

Georges-Marie Thomas, place du Trocadéro, 4.

Louis-Amand Alphonse-Dupont, rue de Rivoli, 210.

Louis-Cyrille Bourgaux, rue de la Petite-
Pierre, 5.

Auguste Ecalle, galerie Beaujolais, 93.

Camille-Amédée Gaudermen, quai Mala-
quais, 5.

1894

Président : M.

Stéphane DERVILLÉ, rue Fortuny, 37.

Juges : MM.

Paul Raffard, rue de Courcelles, 62.

Amédée-François Goy, rue Raynouard, 28
et 30.

Alphonse-Camille-Théophile Falco, avenue
d'Eylau, 6.

Frédéric-Joseph Jarry, rue de Varenne, 53.

Paul Bernhard, rue du Louvre, 44.

Jules-Vincent Thiébaut, rue Chaptal, 26.

Jean-Jules-Eugène Godet, rue Palestro, 9.

Amédée Alasseur, rue du Louvre, 5.

Charles-Joseph-Henri Jeanselme, rue des
Arquebusiers, 7.

Armand-Alphonse Dufrène, rue de Tocqueville, 132.

Henri-Joseph-Étienne-Mathurin Giraux,
boulevard de Strasbourg, 59.

Victor-Emile Mandard, rue Étienne-Marcel, 14

Gustave-Olivier Picou, rue de Paris, 123, à
Saint-Denis.

Eugène Hatton, rue de la République, 38, à
Montreuil-sous-Bois.

Georges-Ernest-Auguste Masson, rue Réaumur, 33.

Étienne-Ernest Guyot-Sionnest, rue Madame, 1.

Charles-Adolphe Vaury, 104, avenue d'Orléans, 104.

Gaston-Prosper-Désiré Coirre, rue du Cherche-Midi, 79.

Victor-Charles-Édouard Duruy, rue Dussoubs, 22.

Prosper-Frédéric Dezaux, rue de Passy, 80.

Georges-Edmond Sohier, rue Lafayette, 121.

Juges suppléants : MM.

Frédéric-Edmond Buttner, rue Laffitte, 34.

Charles-Léon-Albert Dupont, place Saint-
Sulpice, 1.

Guillaume-Alban-Hubert Desmons, quai
d'Orsay, 25.

Henri-Léon Gateclout, rue Weber, 10.

Alphonse-Charles-Albert Huguet, boulevard
Malesherbes, 62.

Léon d'Anthonay, rue d'Assas, 41.

Auguste-Gabriel Delarue, rue des Grands-
Augustins, 5.

Alexandre-Laurent-Fernand Maurel, rue de
Rivoli, 140.

Pierre Aubrun, boulevard du Montparnasse, 62.

Georges-Hippolyte Laurent, rue des Bourdonnais, 27.

Georges-Marie Thomas, place du Trocadéro, 4.

Louis-Amand-Alphonse Dupont, rue de
Rivoli, 210.

Louis-Cyrille Bourgaux, rue de la Petite-
Pierre, 5.

Auguste Ecalle, galerie Beaujolais, 93.

Camille-Amédée Gaudermen, quai Mala-
quais, 5.

Maurice Lantin, rue d'Argenson, 11.
Mathieu-Jules-Justin Prévot, rue des Vinaigriers, 11.
Anatole-Achille Boland, 211, rue Saint-Honoré.
Henri-Christophe Poiret, rue Bonaparte, 36 et 38.
Marie-Emmanuel-Raoul Racine, rue Montorgueil, 46.
Gustave-Louis Bergerot, boulevard de la Villette, 76.

1895

Président : M.
STÉPHANE DERVILLÉ, rue Fortuny, 37.

Juges : MM.

Amédée-François Goy, 28-30, rue Raynouard.
Alphonse-Camille-Théophile Falco, avenue d'Eylau, 6.
François-Paul-Victor Legrand, rue Sainte-Foy, 8.
Pierre-Paul-Balthazar Brunel, 7, rue de l'Echelle.
Frédéric-Joseph Jarry, rue de Varenne, 53.
Paul Bernhard, rue du Louvre, 44.
Jules-Vincent Thiébaut, rue Chaptal, 26.
Amédée Alasseur, rue du Louvre, 5.
Henri-Joseph-Etienne-Mathurin Giraux, boulevard de Strasbourg, 59.
Victor-Emile Mandard, 14, rue Étienne-Marcel.
Gustave-Olivier Picou, rue de Paris, 123, à Saint-Denis.
Eugène Hatton, rue de la République, 38, à Montreuil-sous-Bois.
Georges-Ernest-Auguste Masson, rue du Faubourg-Saint-Martin, 140.
Étienne-Ernest Guyot-Sionnest, rue Madame, 1.
Charles-Adolphe Vaury, 104, avenue d'Orléans.
Gaston-Prosper-Désiré Coirre, rue du Cherche-Midi, 79.
Victor-Charles-Édouard Duruy, rue Dussoubs, 22.
Prosper-Frédéric Dezaux, rue de Passy, 80.
Georges-Edmond Sohier, rue Lafayette, 121.
Frédéric-Edmond Buttner, rue Laffitte, 34.
Charles-Léon Albert-Dupont, place Saint-Sulpice, 1.

Juges suppléants : MM.

Guillaume-Alban-Hubert Desmons, quai d'Orsay, 25.
Henri-Léon Gateclout, rue Weber, 10.
Alphonse-Charles-Albert Huguet, boulevard Malesherbes, 62.
Auguste-Gabriel Delarue, rue des Grands-Augustins, 5.
Alexandre-Laurent-Fernand Maurel, rue de Rivoli, 140.
Pierre Aubrun, boulevard Montparnasse, 62.
Georges-Hippolyte Laurent, rue des Bourdonnais, 27.
Georges-Marie Thomas, rue Léo-Delibes, 4.

Louis-Amand Alphonse-Dupont, rue de Rivoli, 210.
Louis-Cyrille Bourgaux, rue de la Petite-Pierre, 5.
Auguste Escalle, galerie Beaujolais, 93.
Camille-Amédée Gaudermen, rue de Médicis, 9.
Maurice Lantin, rue d'Argenson, 11.
Anatole-Achille Boland, 211, rue Saint-Honoré, 211.
Henri-Christophe Poiret, rue Bonaparte, 38.
Raoul-Marie-Emmanuel Racine, rue Montorgueil, 46.
Jacques-Alfred Allain, 1, rue des Saints-Pères.
Édouard-Marie-Louis Hussenot, rue de Phalsbourg, 4.
Louis-Jean-Paul Roux, 20, rue de la Perle.
Jean-Julien-Joseph Agnellet, rue Richelieu, 73.
Gabriel-Joseph Fortin, rue Pierre-Charron, 40.

1896

Président : M.
STÉPHANE DERVILLÉ, rue Fortuny, 37.

Juges : MM.

Amédée-François Goy, rue Raynouard, 28 et 30.
Alphonse-Camille-Théophile Falco, avenue d'Eylau, 6.
François-Paul-Victor Legrand, 42, rue de Cléry.
Pierre-Paul-Balthazar Brunel, 7, rue de l'Échelle.
Frédéric-Joseph Jarry, rue des Saints-Pères, 60.
Jules-Vincent Thiébaut, rue Chaptal, 26.
Henri-Joseph-Etienne-Mathurin Giraux, boulevard de Strasbourg, 59.
Victor-Emile Mandard, rue Étienne-Marcel, 14.
Gustave-Olivier Picou, rue de Paris, 123, Saint-Denis.
Eugène Hatton, rue de la République, 38, Montreuil-sous-Bois.
Georges-Ernest-Auguste Masson, rue du Faubourg-Saint-Martin, 140.
Étienne-Ernest Guyot-Sionnest, rue Madame, 1.
Victor-Charles-Édouard Duruy, rue Dussoubs, 22.
Prosper-Frédéric Dezaux, rue de Passy, 80.
Georges-Edmond Sohier, rue Lafayette, 121.
Frédéric-Edmond Buttner, rue Laffitte, 34.
Albert-Charles-Léon Dupont, place Saint-Sulpice, 1.
Guillaume-Alban-Hubert Desmons, quai d'Orsay, 25.
Henri-Léon Gateclout, rue Weber, 10.
Alphonse-Charles-Albert Huguet, boulevard Malesherbes, 62.
Auguste-Gabriel Delarue, rue des Grands-Augustins, 5.

Juges suppléants : MM.

Alexandre-Laurent-Fernand Maurel, rue de
Rivoli, 140.
Pierre Aubrun, boulevard du Montpar-
nasse, 62.
Georges-Hippolyte Laurent, rue des Bour-
donnais, 27.
Georges-Marie Thomas, rue Léo-Delibes, 4.
Louis-Cyrille Bourgaux, rue de la Petite-
Pierre, 5.
Henri-Christophe Poiret, rue Bonaparte, 38.
Raoul-Marie-Émmanuel Racine, rue Mon-
torgueil, 46.
Jacques-Alfred Allain, 1, rue des Saints-
Pères.
Louis-Jean-Paul Roux, rue de la Perle, 20.
Gabriel-Joseph Fortin, 40, rue Pierre-
Charron.
Georges-Hyacinthe Cornille, 21, boulevard
Montmartre.
Marie-Georges Poussielgue-Rusand, rue
Cassette, 5.
Pierre-Henri Landrin, 30, avenue Henri-
Martin.
Charles Piketty, boulevard Bourdon, 9.
Marie-Georges Dutreih, rue Hautefeuille, 12.
Henri Guye, boulevard Sébastopol, 38.
Albert-Ferdinand Chapuis, quai de la
Loire, 30.
Paul-Aimé-Louis Laneyrie, rue des Quatre-
Vents, 30, à Charenton.
Frédéric-Alexandre Massin, rue Saint-Sul-
pice, 29.
Henri-Louis Leclaire, rue Stanislas, 16.
Antoine Pourcheiroux, rue de Sfax, 5.

1897

Président : M.

AMÉDÉE-FRANÇOIS GOY, 28-30, rue Raynouard.

Juges : MM.

Alphonse-Camille-Théophile Falco, avenue
d'Eylau, 6.
François-Paul-Victor Legrand, 42, rue de
Cléry.
Pierre-Paul-Balthazar Brunel, 7, rue de
l'Echelle.
Jules-Vincent Thiébaut, rue Chaptal, 26.
Charles-Adolphe Vaury, 104, avenue d'Or-
léans.
Gaston-Prosper-Désiré Coirre, rue du Cher-
che-Midi, 79.
Victor-Charles-Édouard Duruy, rue Dus-
soubs, 22.
Prosper-Frédéric Dezaux, rue de Passy, 80.
Frédéric-Edmond Buttner, rue Laffitte, 34.
Albert-Charles-Léon Dupont, place Saint-
Sulpice, 1.
Guillaume-Alban-Hubert Desmons, quai
d'Orsay, 25.
Henri-Léon Gateclout, rue Weber, 10.
Alphonse-Charles-Albert Huguet, boulevard
Malesherbes, 62.
Auguste-Gabriel Delarue, rue des Grands-
Augustins, 5.

Alexandre-Laurent-Fernand Maurel, rue de
Rivoli, 140.
Pierre Aubrun, 62, boulevard du Montpar-
nasse.
Georges-Hippolyte Laurent, rue des Bour-
donnais, 27.
Georges-Marie Thomas, rue Léo-Delibes, 4.
Louis-Cyrille Bourgaux, rue de la Petite-
Pierre, 5.
Henri-Christophe Poiret, 51, av. Marceau.
Raoul-Marie-Émmanuel Racine, rue Mon-
torgueil, 46.

Juges suppléants : MM.

Jacques-Alfred Allain, 1, rue des Saints-
Pères.
Louis-Jean-Paul Roux, rue de Madrid, 18.
Gabriel-Joseph Fortin, rue Pierre-Char-
ron, 40.
Georges-Hyacinthe Cornille, 21, boulevard
Montmartre.
Marie-Georges Poussielgue-Rusand, rue
Cassette, 5.
Pierre-Henri Landrin, 30, avenue Henri-
Martin.
Charles Piketty, boulevard de la Contres-
carpe, 8.
Marie-Georges Dutreih, rue Hautefeuille, 12.
Henri Guye, boulevard Sébastopol, 38.
Albert-Ferdinand Chapuis, 30, quai de la
Loire.
Paul-Aimé-Louis Laneyrie, rue des Quatre-
Vents, 30, à Charenton.
Frédéric-Alexandre Massin, rue Saint-Sul-
pice, 29.
Edmond-Augustin Lefebvre, rue Montpen-
sier, 24.
Félix Pingault, boulevard de Latour-Mau-
bourg, 88.
Paul-Charles-Émile Crouvezier, rue du
Sentier, 24.
Louis Chapuis, quai de Bercy, 49.
Charles-Joseph Sauvelet, 96, avenue Gam-
betta.
Louis-Edmond Borne, rue Condorcet, 64.
Marie-Félix-Auguste Lemoüé, 114, rue de
Rennes.
Paul-Henri-Armand Taconnet, boulevard
Saint-Michel, 63.
Maurice-Edouard Hesse, rue du Caire, 35.

1898

Président : M.

AMÉDÉE-FRANÇOIS GOY, 28 et 30, rue Raynouard.

Juges ; MM.

François-Paul-Victor Legrand, 42, rue de
Cléry.
Pierre-Paul-Balthazar Brunel, 7, rue de
l'Echelle.
Étienne-Ernest Guyot-Sionnest, rue du
Général-Foy, 17.
Charles-Adolphe Vaury, 104, avenue d'Or-
léans.
Gaston-Prosper-Désiré Coirre, rue du Cher-
che-Midi, 79.

Georges-Edmond Sohier, rue Lafayette, 121.
Guillaume-Alban-Hubert Desmons, quai d'Orsay, 25.
Henri-Léon Gateclout, rue Weber, 10.
Alphonse-Charles-Albert Huguet, boulevard Malesherbes, 62.
Auguste-Gabriel Delarue, rue des Grands-Augustins, 5.
Alexandre-Laurent-Fernand Maurel, rue de Rivoli, 140.
Pierre Aubrun, boulevard Montparnasse, 62.
Georges-Hippolyte Laurent, rue des Bour-donnais, 27.
Georges-Marie Thomas, rue Léo-Delibes, 4.
Louis-Cyrille Bourgaux, boulevard Voltaire, 202.
Henri-Christophe Poiret, 51, avenue Marceau.
Raoul-Marie-Emmanuel Racine, rue Montorgueil, 46.
Jacques-Alfred Allain, r. des Saints-Pères, 1.
Louis-Jean-Paul. Roux, rue de Madrid, 18.
Gabriel-Joseph Fortin, rue Pierre-Charron, 40.
Georges-Hyacinthe Cornille, boulevard Montmartre, 21.

Juges suppléants : MM.

Marie-Georges Poussielgue-Rusand, rue Cassette, 5.
Pierre-Henri Landrin, avenue Henri-Martin, 30.
Marie-Georges Dutreih, rue Hautefeuille, 12.
Henri Guye, boulevard Sébastopol, 38.
Albert-Ferdinand Chapuis, 30, quai de la Loire.
Paul-Aimé-Louis Laneyrie, rue des Quatre-Vents, 30, à Charenton.
Frédéric-Alexandre Massin, rue Saint-Sulpice, 29.
Edmond-Augustin Lefebvre, rue Montpensier, 24.
Félix Pingault, boulevard de Latour-Maubourg, 88.
Louis Chapuis, quai de Bercy, 49.
Charles-Joseph Sauvelet, 96, avenue Gambetta.
Louis-Edmond Borne, rue Condorcet, 64.
Marie-Félix-Auguste Lemoüé, 114, rue de Rennes.
Paul-Henri-Armand Taconnet, boulevard Saint-Michel, 63.
Maurice-Edouard Hesse, rue du Caire, 35.
Paul Dubreuil, rue Clauzel, 18.
Albert-Louis-Antoine Pagès, boulevard Henri-IV, 34.
Hector Bouruet-Aubertot, rue des Pyramides, 29.
Edouard Nitot, rue des Saints-Pères, 22.
Edouard-Jacques Bengel aîné, avenue Parmentier, 74.
Georges Sanoner, boulevard Arago, 46.

1899

Président : M.

FRANÇOIS-PAUL VICTOR-LEGRAND, rue Lafayette, 115.

Juges : MM.

Étienne-Ernest Guyot-Sionnest, rue du Général-Foy, 17.
Charles-Adolphe Vaury, 104, avenue d'Orléans.
Prosper-Frédéric Dézaux, boulevard Beauséjour, 55.
Georges-Edmond Sohier, rue Lafayette, 121.
François-Edouard Buttner, rue Laffitte, 34.
Albert-Charles-Léon Dupont, place Saint-Sulpice, 1.
Guillaume-Alban-Hubert Desmons, quai d'Orsay, 25.
Henri-Léon Gateclout, rue Weber, 10.
Alphonse-Charles-Albert Huguet, boulevard Malesherbes, 62.
Auguste-Gabriel Delarue, rue des Grands-Augustins, 5.
Alexandre-Laurent-Fernand Maurel, rue de Rivoli, 140.
Pierre Aubrun, 62, boulevard du Montparnasse.
Georges-Hippolyte Laurent, rue des Bour-donnais, 27.
Georges-Marie Thomas, rue Léo-Delibes, 4.
Louis-Cyrille Bourgaux, 202, boulevard Voltaire.
Henri-Christophe Poiret, 51, avenue Marceau.
Raoul-Marie-Emmanuel Racine, rue Montorgueil, 46.
Jacques-Alfred Allain, 1, rue des Saints-Pères.
Louis-Jean-Paul Roux, rue de Madrid, 18.
Gabriel-Joseph Fortin, 40, rue Pierre-Charron.
Georges-Hyacinthe Cornille, 21, boulevard Montmartre.

Juges suppléants : MM.

Pierre-Henri Landrin, 30, avenue Henri-Martin.
Marie-Georges Dutreih, rue Hautefeuille, 12.
Henri Guye, boulevard Sébastopol, 38.
Albert-Ferdinand Chapuis, 30, quai de la Loire.
Paul-Aimé-Louis Laneyrie, rue des Quatre-Vents, 30, à Charenton.
Edmond-Augustin Lefebvre, rue Montpensier, 24.
Félix Pingault, boulevard de Latour-Maubourg, 88.
Louis Chapuis, quai de Bercy, 49.
Charles-Joseph Sauvelet, 96, avenue Gambetta.
Louis-Edmond Borne, rue Condorcet, 64.
Marie-Félix-Auguste Lemoüé, rue de Rennes, 114.
Paul-Henri-Armand Taconnet, boulevard Saint-Michel, 63.
Maurice-Edouard Hesse, rue du Caire, 35.
Paul Dubreuil, rue Clauzel, 18.
Albert-Louis-Antoine Pagès, 34, boulevard Henri-IV.
Hector Bouruet-Aubertot, 29, rue des Pyramides, 29.
Edouard Nitot, rue des Saints-Pères, 22.
Georges Sanouer, boulevard Arago, 46.

Henri-Joseph Bourdel, rue Garancière, 8.
Gaston-Alexandre Le Brun, 48, faubourg Saint-Denis.
Lucien Millot, boulevard Morland, 14 *bis.*

1900

Président : M.

FRANÇOIS-PAUL VICTOR-LEGRAND, rue Lafayette, 115.

Juges : MM.

Étienne-Ernest Guyot-Sionnest, rue du Général-Foy, 17.
Charles-Adolphe Vaury, 104, avenue d'Orléans.
Prosper-Frédéric Dezaux, boulevard Beauséjour, 55.
Georges-Edmond Sohier, rue Lafayette, 121.
Frédéric-Edmond Buttner, rue Laffitte, 34.
Albert-Charles-Léon Dupont, place Saint-Sulpice, 1.
Alexandre-Laurent-Fernand Maurel, rue de Rivoli, 140.
Pierre Aubrun, 62, boulevard de Montparnasse.
Georges-Hippolyte Laurent, rue des Bourdonnais, 27.
Georges-Marie Thomas, rue Léo-Delibes, 4.
Louis-Cyrille Bourgaux, 202, boulevard Voltaire.
Henri-Christophe Poiret, 51, avenue Marceau.
Jacques-Alfred Allain, 1, rue des Saints-Pères.
Louis-Jean-Paul Roux, rue de Madrid, 18.
Gabriel-Joseph Fortin, 40, rue Pierre-Charron.
Georges-Hyacinthe Cornille, boulevard Montmartre, 21.
Pierre-Henri Landrin, avenue Henri-Martin, 30.
Marie-Georges Dutreih, rue Hautefeuille, 12.
Henri Guye, boulevard Sébastopol, 38.
Albert-Ferdinand Chapuis, 30, quai de la Loire.
Paul-Aimé-Louis Laneyrie, rue des Quatre-Vents, 30, à Charenton.

Juges suppléants : MM.

Edmond-Augustin Lefebvre, rue Montpensier, 24.
Félix Pingault, boulevard de Latour-Maubourg, 88.
Louis Chapuis, quai de Bercy, 49.
Charles-Joseph Sauvelet, 96, avenue Gambetta.
Louis-Edmond Borne, rue Condorcet, 64.
Marie-Félix-Auguste Lemoüé, 114, rue de Rennes.
Paul-Henri-Armand Taconnet, rue Gay-Lussac, 36.
Maurice-Edouard Hesse, rue du Caire, 35.
Paul Dubreuil, rue Clauzel, 18.
Albert-Louis-Antoine Pagès, boulevard Henri-IV, 34.
Hector Bouruet-Aubertot, rue des Pyramides, 29.

Edouard Nitot, rue Chanoinesse, 6.
Georges Sanoner, boulevard Arago, 46.
Henri-Joseph Bourdel, rue Garancière, 8.
Gaston-Alexandre Le Brun, faubourg Saint-Denis, 48.
Ernest-Louis Borderel, boulevard Ornano, 6.
Charles-Jean-Eugène Petit, avenue Parmentier, 9.
Antoine-Joseph Dubouloz, boulevard Poissonnière, 9.
Paul-Jean-Ferdinand Daulnoy, rue Saint-Lazare, 93.
Ernest-Pierre Lozouet, boulevard Edgar-Quinet, 30.
Gaston-Ernest Puel de Lobel, 53, rue Lafayette.

1901

Président : M.

CHARLES-ADOLPHE VAURY, r. Rembrandt, 7.

Juges : MM.

Prosper-Frédéric Dezaux, boulevard Beauséjour, 55.
Georges-Edmond Sohier, rue Lafayette, 21.
Frédéric-Edmond Buttner, rue Laffitte, 34.
Raoul-Marie-Emmanuel Racine, rue Montorgueil, 46.
Jacques-Alfred Allain, 1, rue des Saints-Pères.
Louis-Jean-Paul Roux, rue de Madrid, 18.
Gabriel-Joseph Fortin, rue Pierre-Charron, 40.
Georges-Hyacinthe Cornille, 21, boulevard Montmartre.
Marie-Georges Dutreih, rue Hautefeuille, 12.
Henri Guye, boulevard Sébastopol, 38.
Albert-Ferdinand Chapuis, 30, quai de la Loire.
Paul-Aimé-Louis Laneyrie, rue des Quatre-Vents, 30, à Charenton.
Edmond-Augustin Lefebvre, rue du Ranelagh, 137.
Louis Chapuis, quai de Bercy, 49.
Charles-Joseph Sauvelet, 96, avenue Gambetta.
Louis-Edmond Borne, rue Condorcet, 64.
Marie-Félix-Auguste Lemoüé, rue de Rennes, 114.
Paul-Henri-Armand Taconnet, rue Gay-Lussac, 36.
Maurice-Edouard Hesse, rue du Caire, 35.
Paul Dubreuil, rue Clauzel, 18.
Albert-Louis-Antoine Pagès, boulevard Henri-IV, 34.

Suppléants : MM.

Hector Bouruet-Aubertot, rue des Pyramides, 29.
Édouard Nitot, rue Chanoinesse, 6.
Henri-Joseph Bourdel, rue Garancière, 8.
Gaston-Alexandre Le Brun, faubourg Saint-Denis, 48.
Ernest-Louis Borderel, boulevard Ornano, 6.
Charles-Jean-Eugène Petit, avenue Parmentier, 9.
Antoine-Joseph Dubouloz, boulevard Poissonnière, 9.

Paul-Jean-Ferdinand Daulnoy, rue Saint-Lazare, 93.

Gaston-Ernest Puel de Lobel, 53, rue Lafayette.

Ange Tellière, rue de Clichy, 82.

Jacques-Louis-Georges Murat, rue des Archives, 62.

Albert-Charles Blavette, boulevard Arago, 45.

Georges-Hubert Leclerc, avenue Percier, 8.

Pierre-Louis Collin, 18, rue Saint-Pétersbourg.

Alfred Brault, à Choisy-le-Roi.

Joseph-Marie-Emile Malesset, 25, rue d'Alsace.

Jean-Maurice Brunet, rue des Coutures-Saint-Gervais, 16.

Gabriel-Léopold Massias, rue de Chartres. 7, à Neuilly.

Ernest-Eugène Beauvalet, rue de Rivoli, 89.

Emile-Edmond Douin, rue Saint-Quentin, 8.

Paul Grouselle, rue Chasseloup-Laubat, 10.

1902

Président : M.

CHARLES-ADOLPHE VAURY, rue Rembrandt, 7.

Juges : MM.

Georges-Hippolyte Laurent, rue des Bourdonnais, 27.

Louis-Cyrille Bourgaux, boulevard Voltaire, 202.

Henri-Christophe Poiret, avenue Marceau, 51.

Raoul-Marie-Emmanuel Racine, rue Montorgueil, 46.

Marie-Georges Dutreih, rue Hautefeuille, 12.

Henri Guye, boulevard Sébastopol, 48.

Albert-Ferdinand Chapuis, quai de la Loire, 30.

Paul-Aimé-Louis Laneyrie, rue des Quatre-Vents, 30, à Charenton.

Edmond-Augustin Lefebvre, rue du Ranelagh, 137.

Louis Chapuis, quai de Bercy, 49.

Charles-Joseph Sauvelet, avenue Gambetta, 96.

Louis-Edmond Borne, rue Condorcet, 64.

Marie-Félix-Auguste Lemoüé, 114, rue de Rennes.

Paul-Henri-Armand Taconnet, rue Gay-Lussac, 36.

Maurice-Edouard Hesse, rue du Caire, 35.

Paul Dubreuil, rue Clauzel, 18,

Albert-Louis-Antoine Pagès, boulevard Henri-IV, 34.

Hector Bouruet-Aubertot, rue des Pyramides, 29.

Édouard Nitot, rue Chanoinesse, 6.

Henri-Joseph Bourdel, rue Garancière, 8.

Gaston-Alexandre Le Brun, faubourg Saint-Denis, 48.

Juges suppléants : MM.

Ernest-Louis Borderel, boulevard Ornano, 6.

Charles-Jean-Eugène Petit, avenue Parmentier, 9.

Paul-Jean-Ferdinand Daulnoy, rue Saint-Lazare, 93.

Gaston-Ernest Puel de Lobel, 53, rue Lafayette.

Jacques-Louis-Georges Murat, rue des Archives, 62.

Georges-Hubert Leclerc, avenue Percier, 8.

Pierre-Louis Collin, 18, rue Saint-Pétersbourg.

Joseph-Marie-Émile Malesset, rue de l'Hôtel-de-Ville, 22, à Neuilly.

Jean-Maurice Brunet, rue des Coutures-Saint-Gervais, 16.

Ernest-Eugène Beauvalet, rue de Rivoli, 89.

Emile-Edmond Douin, rue Saint-Quentin, 8.

Louis-Auguste Anthoine, rue Faidherbe, 39.

Paul-Alexandre Cormier, rue d'Arcole, 23.

François-Albert Goumain, 54, rue de Charonne.

Casimir-Félix Angilbert, rue de Provence, 71.

Gaston-Céleste Pichelin, rue de Turin, 27.

Charles-Lucien Maufroy, faubourg Montmartre, 28.

Louis-Constantin-Félix, dit Lucien Prevost, rue Alibert, 16.

Henri-Emile-Marie Pacheu, rue Bonaparte, 64.

Maurice Rosenbaum, boulevard Picpus, 38.

N...

1903

Président : M.

GEORGES-EDMOND SOHIER, avenue de Messine, 34.

Juges : MM.

Georges-Hippolyte Laurent, rue des Bourdonnais, 27.

Louis-Cyrille Bourgaux, boulevard Voltaire, 202.

Marie-Georges Dutreih, rue Hautefeuille, 12.

Henri Guye, boulevard Sébastopol, 38.

Albert-Ferdinand Chapuis, 30, quai de la Loire.

Paul-Aimé-Louis Laneyrie, rue des Quatre-Vents, 30, à Charenton.

Edmond-Augustin Lefebvre, rue du Ranelagh, 137.

Louis Chapuis, quai de Bercy, 49.

Charles-Joseph Sauvelet, 96, av. Gambetta.

Louis-Edmond Borne, rue Condorcet, 64.

Marie-Félix-Auguste Lemoüé, 114, rue de Rennes.

Paul-Henri-Armand Taconnet, rue Gay-Lussac, 36.

Maurice-Edouard Hesse, rue du Caire, 35.

Paul Dubreuil, rue Clauzel, 18.

Albert-Louis-Antoine Pagès, 34, boulevard Henri-IV.

Édouard Nitot, rue Chanoinesse, 6.

Gaston-Alexandre Le Brun, faubourg Saint-Denis, 48.

Ernest-Louis Borderel, boulevard Ornano, 6.

Charles-Jean-Eugène Petit, avenue Parmentier, 9.

Paul-Jean-Ferdinand Daulnoy, rue Saint-Lazare, 93.

Gaston-Ernest Puel de Lobel, 53, rue Lafayette.

Juges suppléants : MM.

Jacques-Louis-Georges Murat, rue des Archives, 62.

Georges-Hubert Leclerc, avenue Percier, 8.

Pierre-Louis Collin, 18, rue Saint-Pétersbourg.

Joseph-Marie-Émile Malesset, rue de l'Hôtel-de-Ville, 22, à Neuilly.

Jean-Maurice Brunet, rue des Coutures-Saint-Gervais, 16.

Ernest-Eugène Beauvalet, rue de Rivoli, 89.

Emile-Edmond Douin, rue Saint-Quentin, 8.

Louis-Auguste Anthoine, rue Faidherbe, 39.

Paul-Alexandre Cormier, rue d'Arcole, 23.

Charles-Lucien Maufroy, faubourg Montmartre, 28.

Louis-Constantin-Félix dit Lucien Prévost, rue Alibert, 16.

Maurice Rosenbaum, boulevard Picpus, 38.

Emile-Charles Henry, 5, faubourg Saint-Honoré.

Léon-Jean-Constant Porte, 6, pl. de l'Ecole.

Marcel Delmas, boulevard Emile-Augier, 10.

Henri Bardot, rue Croix-Nivert, 190.

Edouard Barbas, boulevard Magenta, 76.

Jean-Baptiste-Auguste Nanquette, avenue du Trocadéro, 26.

Eugène-Victor Aubry, 114, rue d'Aubervilliers.

Auguste-Eugène Picard, rue Bonaparte, 82.

Georges Rotival, avenue Ledru-Rollin, 40.

1904

Président : M.

GEORGES-EDMOND SOHIER, avenue de Messine, 34.

Juges : MM.

Georges-Hippolyte Laurent, rue des Bourdonnais, 27.

Louis-Cyrille Bourgaux, 202, boulevard Voltaire.

Edmond-Augustin Lefebvre, rue du Ranelagh, 137.

Louis Chapuis, quai de Bercy, 49.

Charles-Joseph Sauvelet, 96, avenue Gambetta.

Louis-Edmond Borne, rue Condorcet, 64.

Marie-Félix-Auguste Lemoué, 114, rue de Rennes.

Paul-Henri-Armand Taconnet, rue Gay-Lussac, 36.

Maurice-Edouard Hesse, rue du Caire, 35.

Edouard Nitot, rue Chanoinesse, 6.

Gaston-Alexandre Le Brun, faubourg Saint-Denis, 48.

Ernest-Louis Borderel, boulevard Ornano, 6.

Charles-Jean-Eugène Petit, avenue Parmentier, 9.

Paul-Jean-Ferdinand Daulnoy, rue Saint-Lazare, 93.

Georges-Hubert Leclerc, rue d'Argenson, 1.

Pierre-Louis Collin, rue Saint-Pétersbourg, 18.

Joseph-Marie-Émile Malesset, rue de l'Hôtel-de-Ville, 22, à Neuilly.

Jean-Maurice Brunet, rue des Coutures-Saint-Gervais, 16.

Ernest-Eugène Beauvalet, rue de Rivoli, 88.

Emile-Edmond Douin, rue Chauchat, 20.

Louis-Auguste Anthoine, rue Faidherbe, 39.

Juges suppléants : MM.

Paul-Alexandre Cormier, rue d'Arcole, 22.

Charles-Lucien Maufroy, faubourg Montmartre, 28.

Louis-Constantin-Félix dit Lucien Prevost, rue Alibert, 16.

Maurice Rosenbaum, boulevard Picpus, 38.

Emile-Charles Henry, rue Poisson, 12.

Léon-Jean-Constant Porte, 6, place de l'Ecole.

Marcel Delmas, boulevard Émile-Augier, 10.

Henri Bardot, rue Croix-Nivert, 100.

Edouard Barbas, boulevard Magenta, 76.

Jean-Baptiste-Auguste Nanquette, avenue du Trocadéro, 26.

Georges Rotival, avenue Ledru-Rollin, 104.

Eugène-Hippolyte Fournier, 140, rue de Rivoli.

Oscar-Louis Legrand, rue Joubert, 25.

Auguste Marlaud, boulevard Richard-Lenoir, 116.

Charles-Louis-Albert Gallin, boulevard Pasteur, 59.

Georges-Albert Carré, faubourg Saint-Honoré, 16.

Henri-Charles Hazeler, boulevard de Strasbourg, 19.

Gabriel-Marie-Pierre Clément, 16, rue du Colisée.

Élie-Adolphe-Alfred Hennebuisse, rue de l'Abbaye, 6.

René Israël, 62, rue de la Folie-Méricourt.

Jules-Alphonse Clapin, rue Coq-Héron, 6.

1905

Président : M.

GEORGES LAURENT, rue du Louvre, 6.

Juges titulaires : MM.

Louis-Cyrille Bourqaux, 202, boulevard Voltaire.

Albert-Ferdinand Chapuis, 30, quai de la Loire.

Paul-Aimé-Louis Laneyrie, rue des Quatre-Vents, 30, à Charenton.

Paul Dubreuil, rue Clauzel, 18.

Albert-Louis-Antoine Pagès, 34, boulevard Henri-IV.

Édouard Nitot, rue Chanoinesse, 6.

Ernest-Louis Bordevel, boulevard Ornano, 6.

Charles-Jean-Eugène Petit, avenue Parmentier, 9.

Paul-Jean-Ferdinand Daulnoy, rue Saint-Lazare, 93.

Georges-Hubert Leclerc, rue d'Argenson, 1.

Pierre-Louis Collin, rue St-Pétersbourg, 18.

Joseph-Marie-Emile Malesset, rue de l'Hôtel-de-Ville, 22, à Neuilly.

Jean-Maurice Brunet, rue des Coutures-Saint-Gervais, 16.

Ernest-Eugène Beauvalet, rue de Rivoli, 88.
Emile-Edmond Douin, rue Chauchat, 20.
Louis-Auguste Anthoine, rue Faidherbe, 39.
Paul-Alexandre Cormier, rue d'Arcole, 23
Charles-Lucien Maufroy, rue du Faubourg-
  Montmartre, 28.
Louis-Constantin-Félix dit Lucien Prevost
  rue Claude-Decaen, 10.
Maurice Rosenbaum, boulevard Picpus, 38.
Emile-Charles Henry, rue Poisson, 12.

Juges suppléants : MM.

Léon-Jean-Constant Porte, place de l'Ecole, 6
Marcel Delmas, boulevard Emile-Augier, 10.
Henri Bardot, rue Croix-Nivert, 190.
Edouard Barbas, rue Chauveau-Lagarde, 14.
Jean-Baptiste-Auguste Nanquette, avenue
  du Trocadéro, 26.
Georges Rotival, avenue Ledru-Rollin, 40.
Eugène-Hippolyte Fournier, 140, rue de
  Rivoli.

Oscar-Louis Legrand, rue Joubert, 25.
Auguste Marlaud, 116, boulevard Richard-
  Lenoir.
Charles-Louis-Albert Gallin, boulevard Pas-
  teur, 59.
Georges-Albert Carré, faubourg Saint-
  Honoré, 16.
Henri-Charles Hazeler, boulevard de Stras-
  bourg, 19.
Gabriel-Marie-Pierre Clément, rue d'Or-
  léans, 23, à Neuilly.
Élie-Adolphe-Alfred Hennebuisse, rue Beau-
  séjour, 12, à Colombes.
René Israël, rue de la Folie-Méricourt, 62.
Charles-Jean-Baptiste Lecreux-Lardot, rue
  de la Roquette, 181.
Camille-Eugène Chauvris, rue Soufflot, 18.
Marie-Jules-Gérard Vialle, cité Paradis, 1.
Lucien Piquée, rue Saint-Louis-en-l'Ile, 11.
Hector L'Herbier, rue de la Douane, 18.
Michel-André Collot, rue Turbigo, 27.

TABLE DES MATIÈRES

48080. — Bordeaux. — Imp. G. DELMAS, rue Saint-Christoly, 10.

Reproductions photographiques de J. DUBOULOZ.